大中华区数字营销领袖思想录系列(一)

全媒时代的品牌智造

超4A大咖数字营销思想录

张殿元　肖广胜 编著

东方出版中心有限公司

站在营销时代转折点的创意人

张国华　国际广告协会全球副主席、中国广告协会会长

报刊、广播、电视等大众媒体的勃兴和一众品牌的市场开拓孕育了一批伟大的 4A 广告公司和杰出的广告人。大卫·奥格威、李奥·贝纳、威廉·伯恩巴克等"广告狂人"，引领了 20 世纪 60 年代美国乃至全世界的"创意革命"。他们凭借天才般的创意和卓有成效的执行帮助品牌攻克了一个个营销难题，在取得成功的同时，也为广告业本身赢得了社会认可和价值认同。"不做总统，就做广告人"，始终查无出处的这句名言至今仍激励着无数人投身广告行业，并引之以证广告从业者身份之荣耀。

1979 年，中国广告业恢复，但营业额仅为 1000 万元。2019 年，中国广告业经营额达 8674.28 亿元。短短 40 年间，中国的广告业突飞猛进，广告市场规模跃居全球第二。素有国家经济发展"晴雨表"之称的广告业在 40 年间取得的巨大成就，彰显了中国宏观经济增长的强劲动力。数字经济已经成为驱动经济又好又快增长的新引擎，日新月异的媒介变革和势头迅猛的数字营销正在加快推动中国传统广告业的数字化转型。媒体技术、消费行为、传播理念、品牌营销、商业模式处在不断的变化之中，唯一不变的仍是对卓有实效的伟大创意的执着追求。

然而，正是在这种营销环境急剧变化，而对伟大创意的追求始终如一的境况下，不少在传统媒体时代叱咤风云的 4A 广告公司，在新媒体和移动互联网的冲击下，逐渐显露出制度僵硬和作业缓慢的弊端。正如传统媒体孕育了 4A 广告公司一样，数字媒介的大地上也开出了一朵朵新兴创意机构之花——越来越多的创意人"叛走"4A，成立自己的创意热店。深感传统 4A 广告公司在数字媒介环境下的"阵痛"，这些新兴创意热店凭借小而美的特色，以更快的反应速度、更灵活的姿态、更富想象力的数字创意应对营销环境的变

化，满足品牌的各类需求，与传统 4A 广告公司分庭抗礼，共享广告市场的大蛋糕。

创意热店让话语权回归创意人本身，它是真正意义上的创意型公司。中国当下代表性创意热店，如九曜、W 公司、天与空、F5、H&H Creative、有门互动、oookini、火橙、FARFAR FILMS、成班好人、MATCH·马马也、胜加、OnBrand、佛海佛瑞、KARMA 等，他们的创始人和管理者虽然背景各异，却几乎都有知名 4A 广告公司高级创意职位的履职经历，是服务过众多国内外一线品牌的创意精英，是一群真正忠于创意的广告人。他们既是 4A 广告公司的佼佼者，也是新兴创意热店的领袖。从传统营销，到如今的数字营销，站在营销时代的转折点上，他们见证着中国广告行业的变革。他们在工作中带有浓厚的个人特色，信奉不同的创意哲学，遵循不同的创意路径，却殊途同归——回归创意文化本身，用创意跨越沟通障碍，为品牌创造价值。

诚如创意热店 OnBrand 的创始人陈耀福所说，中国的创意热店这种形式，从目前来看主要服务的还是本土的客户，没有走出中国，国际客户对热店的需求目前还仅仅限定在国际品牌在中国本土的传播。这些从 4A 广告公司出走成立创意热店的创始人和管理者，兼具国际视野和经验，又熟稔中国文化，能够使作品既接地气又有国际观。随着中国经济的持续上行，中国品牌的海外扩张进一步加快，中国本土的创意热店将迎来巨大的"中国机会"。伴随着这些创意热店触角的全球延伸，它们将会成就更多的中国品牌，帮助更多的中国品牌走向世界。

应复旦大学新闻学院张殿元教授盛邀，为介绍当下中国代表性创意热店创始人和管理者营销思想的《全媒时代的品牌智造》一书作序。该书是大中华区数字营销领袖思想录系列著作之一，全书的内容丰富多彩，为读者呈现了 16 位超 4A 大咖关于广告、品牌、营销乃至生活的不同看法。

创意人是品牌营销工程的幕后工作者，这本书将他们推到台前。同样是介绍创意人营销思想的著作，大卫·奥格威的《一个广告人的自白》是自述性质的，《全媒时代的品牌智造》是一本立足于对话的书：它是学界与业界对话的成果，第一作者张殿元教授是中国广告领域的著名学者，这本书基于对 16 位广告行业精英的访谈整理而成；它是理论与实践对话的成果，书中介绍了由 16 位创意大咖及其团队成功操刀的众多创意案例，作者基于对这些广告创意案例的文本分析，剖析了这些成功案例背后的广告学理；它是传统 4A 广告公司与创意热店对话的结果，作为前 4A 广告公司员工，16 位创意领袖深感传统 4A

广告公司的弊病以及数字媒介时代赋予创意人的巨大机遇，"叛走"4A 公司，投身创意热店，因此有了这次对话；它是本土与国际对话的成果，本书介绍的 16 位热店创始人几乎都有长期的国际 4A 广告公司工作经验，同时他们又深受中国文化的熏陶，他们对于创意、品牌、营销的看法既具国际视野，又带有明显的中国文化的烙印；它是传统媒体时代与数字媒介时代对话的成果，16 位数字营销领袖均成长于传统的大众媒介仍然风头正劲的年代，站在时代的转折点上，他们成为这个时代广告创意的旗手。

本书的对话属性决定了它拥有广泛的读者群体：高等院校广告学、营销学、传播学专业的师生可以读一读，理论与实践的对话可以帮助其缩小课堂教学与营销实战的距离；广告行业从业者、企业营销人员、新晋企业家可以读一读，16 位营销领袖关于广告、营销和品牌的思想可以为他们的营销实践和品牌战略的制订提供富有价值的参考；对于未来励志投身广告行业的大学生来说，本书同样值得一读，16 位广告业前辈在书中亦给他们提出了中肯的广告从业建议。

最后，再次感谢本书作者，他们为我们贡献了一本介绍中国当代杰出创意人的优秀著作！

2020 年秋

致青春、致勇气、致创意

莫康孙　MATCH·马马也创意热店创始人

　　以前我认为从事广告创作的人就叫"广告人"，直到看到这本《全媒时代的品牌智造》，我才觉得，广告人固然是广告从业者，然而，他们中的杰出者何尝不是智造者？光看书名，我就期待着认识这些品牌智造者，希望更深入了解这些大咖们的营销思想。

　　这本书包含了大咖们的优秀创意案例，也道出了目前国内广告创意领域的这群中流砥柱的心路历程与奋斗感悟。

　　书中的许多作品在过去十多年中也给我留下了深刻印象，有的是很有口碑的项目，有的是在大大小小的评奖活动中接触到的好作品。今天，这些作品的主创人员亲口讲述作品的来龙去脉，真的是让我们大饱眼福。

　　以前看到好的广告创意，就会停留在欣赏的层面，心里十分艳羡，很是希望自己也能做出那么出众的好作品。今天当这些作品与主创对上号了，才知道广告创意背后的真相、故事、花絮、过程，艳羡中就多了几分钦佩。反正，好事多磨，在这本书中可以体会到广告创意人的不容易。每一个作品都有一段历史、一个教训、一个因与果。他们对美与创意的执着、对工艺的不懈追求，坚持用自己的作品说话，这些都感动了受众。这不是一朝一夕的功夫，而是多年来在这个领域的修行让作品发光发亮，大放异彩。书中记录了这些大咖们的独特观点与见解。每一位说的都是千锤百炼的金句，字字珠玑。

　　九曜的熊超说：广告人不是艺术家，但需要艺术家的审美眼光。

　　W公司的李三水说：不做创意人，只做创造者。

　　天与空的杨烨炘说：广告从创意开始，又回归创意本身。

　　F5的创始人范耀威说：全球思维，中国市场。

H&H 的李丹说：一个广告创意人的坚持与守望。

okk. 创意咨询的王小塞说：人生处处有门。

oookini 的王元元说：广告是可以达到艺术高度的。

火橙广告的屈伸与廖义源说：用故事传递能量和理念，强化认可和信心。

FARFAR FILMS 的李兆光说：因为热爱，所以坚持。

技能冷却的蔡萌说：要不停地"输入"，才有"输出"的欲望。

成班好人的林文质说：文案在数字时代仍可闪闪发光。

MATCH·马马也的孙涛说：让生活成为创意灵感的不竭之源。

胜加的马晓波说：放弃纯交易执行的促销业务，专注品牌核心创意和价值观。

OnBrand 工作室的陈耀福说：面对多元的市场，广告要直击人性。

佛海佛瑞的黄峰说：人工智能时代，非逻辑的、脑洞大开的创意无法替代。

KARMA 的张俊杰说：数字营销没有改变传播策略。

　　一帮 70 后的创意人，不管学历背景与广告是否有直接关系，总是机缘巧合之下在这个行业扎了根，结下不解之缘。他们也都曾年轻过、疯狂过。多少人在求学期间还梦想着做油画家、做装潢设计、做老师、做记者、做 DJ，甚至是当律师，等等。青春曾经给过他们无数的梦想与憧憬，他们大部分还曾经在国际或本土 4A 广告公司工作过，都曾经稳稳地"扎过马步"，甚至"打过木人巷"，才出江湖，寻找自己的一片天空。他们不管是被"逼上梁山"，还是自我更新，反正能脱离多年的舒适圈，单独或结伴创业，就是一种尝试、一次蜕变，让行业对他们的创举刮目相看。

　　广告创意少不了勇气与热情，创意人由此才能努力不懈地追求更独特的想法与手法。在目前这个信息泛滥与媒体多元的年代，人们挂在嘴边的一句"广告已死"，不知道祸害了多少初涉广告圈的新人。但是这一帮中流砥柱，依然不断创造出叫好又叫座的广告，年复一年，天天有新鲜事，天天有新创意。无论是内容创意的优化，还是新平台的整合使用，都让创意更具效益。这些都是广告创意人目前必须要懂的，而且难度比他们入行时大多了。事实证明，好的创意是可以跨越时空、跨越文化、跨越科技、跨越平台的。

　　这帮全媒时代的品牌智造大咖们，奉献了他们的青春，付出了他们的智慧，在广告创作的路上不懈地追求，让我们看到了广告创意的未来，或许是未来广告的创意。谁说广告已死？谁说广告创意已死？只有缺少好创意的人才会说这种晦气的话。好好看看这本书，好好听听大咖们说的话，好好琢磨，说不定你就是未来的大咖。

2020 年 10 月

各有"黑调"

金定海　上海师范大学人文与传播学院教授、博士生导师

创意之河从远古奔突而来，流经时代的河岸，卷出一个个诡魅的文明之漩。逝者如斯，不可追随！

创意之人犹如船夫，创意作品犹如船歌小调，或川江号子，驾船者心随潮动，思接千载，眼前奇观幻象，所见无非不同的自己！

十年前，流行的是"4A"；十年后，流行的是"超4A"。

十年前，聚焦的是"整合营销"；十年后，讨论的是"数字营销"。

十年前，常见的是"对话录"；十年后，端出的是"思想录"。

时光流转，建构与解构同在，我们依然不能承受生命之轻，即便是真虚幻的愿景、无实体的概念、非必要的沉思以及不自觉的装酷，倘若走不进现实之门，最终将归于尘埃，一阵风来，就隐了、散了！

创意仍是本书的精神底色。这个底色是黑色的。

不经意中，我发现：书中收集了创意人的肖像，总共有十七张，只有五张照片与黑色无关（除了与生俱来的头发），其他十二张不是黑衣，就是黑裤，或黑色色块的背景和装置。显然，这些不是大咖们的事前约定，但是就是这么巧合，他们在不同方位、不同个性、不同理念的交错中，走向了"不同之同"。

黑色自有夜的压抑和神秘，也有高贵的沉郁和理性的威严，尤其当创意行走在黑夜里，那种孤独与寂寥，只有他们自己能体会，他们在等待旨趣相谐的太阳升起。

漫长的历史沉淀，孕育了黑色的叛逆性格和超越之美。从拜伦的诗意之黑，到朋克的反叛之黑、山本耀司的态度之黑，黑色同时具有最诗意、最狂妄的文化性格，凸显了大咖

们创意眼神的不屑、戏谑、犀利以及藏不住的野性和杀气。

本书集中了中国当红创意人的最新创作以及创作背后的体验、经验和超验。

在体验层面，他们的身心分明感受到了底层的困顿和人际的酸辛，由此，生成了不可压抑的创作内驱力。

在经验层面，他们的才智充分摄取了艺术象征和人物细节，运用灵感和智慧，调动各种戏剧方式和表现技术，打造出作品的社会影响和策略深度。

在超验层面，他们的信念始终灌注了价值判断和终极叩问，遵循着内心世界的法则，用不同的故事与话语，呼唤着各自的理想以及超越理想的人性之爱。

心有所念，意有所动。从此出发，你可以看见未来，这远比其他的都重要！

由于是在不同场景中采写，所以大咖们的表述逻辑也不尽相同，各有各的理解，难免自说自话，就像不同的导游为你解说不同的景点，会让你产生各美其美的感受。当然，你也可抽身出来，建立自己的游览路线，找一个点，横向考察，找出某位大咖的作品，一一体会，这也许同样会有收获！

"明日驱车入城去，却从尘里望山间。"这是明代严嵩的纠结，以此来反观本书的受访者，他们有着同样的纠结和苦恼：行与望、城与山、物自在与心自在，往往不在一起。然而，这种错落却酝酿出动人心魄的创意之花，值得我们寻味！

2020 年 10 月

Chapter 1

寻找品牌 DNA
——"OnBrand" 工作室陈耀福

陈耀福（Norman Tan），新加坡人，1982 年开始
广告生涯，曾任职于新加坡李奥贝纳、葛瑞（GREY），
后担任智威汤逊东南亚执行创意总监、达彼思中国区执行
创意总监、睿狮（Lowe）中国首席创意官兼副董事长、智
威汤逊（JWT）中国区主席兼北亚区首席创意长。中国台北
地区广告界将其早年带来的广告创意影响力称为"陈耀福
现象"。 作品曾获得无数国内外广告奖，只在 2014 年便赢
取了全球各种广告节共十个全场大奖，及法国戛纳广告金奖。2015 年，获得权威的 D&AD 黄、
白铅笔及美国 One Show 两支金铅笔的荣誉。多次担任国内外广告节评审及评委主席，他还
是中国 One Show、龙玺华文广告奖、金犊奖、学院奖等奖项顾问及讲师，曾是睿狮全球创
意委员会的成员，积极推动了集团的创意水平的提高。

推开上海市静安区昌化路 46 号的侧门，沿着木质地板拾级而上，我们来到了 Black Note
酒馆，出乎意料地见到了正在洗碗的陈耀福。陈耀福放下手中的工作，热情地接待了我们。我
们谈话的地点正是这家陈耀福自己经营的酒吧，这也是上海第一家黑胶唱片爵士酒馆。当然，
对于陈耀福来说，这并不是一家酒吧，而是广告人聚会的平台，让大家能在这里集会、社交。
在接下来长达两个小时的对话中，他为我们讲述了自己职业生涯中的一些经历，并向我们分享
了他在广告创作中的许多心得体会。

留心灵的净土，做热爱的工作

陈耀福成为广告人，是机缘巧合，也是命中注定。和很多现在的年轻人一样，刚毕业时，陈耀福也不知道自己学习的专业究竟是不是他以后会从事的行业。毕业之后，他也在找寻自己的人生之路。两年强制兵役对他产生了很大的影响，不仅锻炼出了强健的体魄，也影响了他的职业生涯。从小热爱音乐的他，从五年级开始便一直在乐队里打小鼓、吹单簧管、吹萨克斯，有着很好的音乐基础，因此在服役时被分配到军乐队。在陈耀福看来，军乐队是一个非常有制度的团体，很有纪律，也很有趣，但在这里，他的工作是音乐。退役后，陈耀福并不确定要不要继续从事这份工作，他并不想成为一名全职的乐手，因为他觉得音乐应该是他的兴趣而不是职业。

在这之后，陈耀福尝试做了 8 个月的保险代理。他做得还不错，但他发现这份工作并没有很吸引他，反而是他在团队中做的一些宣传、美术工作，让他感受到了工作的快乐。在这之后，陈耀福得到了两个不同的工作机会：一个来自熟悉的文工团，另一个是朋友介绍的广告公司的美术设计。前一份工作不仅有熟人，还能从事与他热爱的音乐相关的工作，薪水是 550 新币，比做一个美术设计高出 200 新币。最后，陈耀福选择了薪水比较低的那一个。他想知道：如果做一个广告公司的美术设计，他可以进入怎样的一个新领域。而更重要的是，他想让音乐成为他的一种娱乐，而不是一份工作。陈耀福做了 37 年的广告人，音乐却陪伴了他更长的时间，至今仍然是他重要的业余爱好。"我们在工作与生活中难免会遇到一些压力与瓶颈，在这些时候，保留一份兴趣爱好，留给自己一块心灵的净土，是十分有意义的。"

陈耀福同样热爱自己的工作。从进入广告行业开始，陈耀福已经在广告行业工作了 37 年，中间只离开了一年。为利选择的工作很难长久，为爱选择的事业却可以经久不变。陈耀福谈道，入行以后，他就很专注地做广告这件事情。如今陈耀福成立了自己的工作室，用另一种方式继续着自己的事业。

回顾自己的职业生涯，陈耀福觉得，有三个重要的转折点，第一个是 1995 年入职新加坡李奥贝纳。广告公司的工作是一个全新的开始，陈耀福很感谢其中老师、同事以及老板的教导。当时的李奥贝纳是一个非常有魅力的公司，他们对为什么要做一家广告公司有坚定的信念，这完全改变了陈耀福对广告的看法。他们的培训、企业理念，都使陈耀福受益匪浅。

陈耀福入行后的另一个转折点是离开新加坡，带着家人来到陌生的台北，去那边工作、生活。当时陈耀福的两个女儿才两岁和四岁，这对他来说是个勇敢的选择。那时候大陆的广告业还不成熟，中文广告中台北的广告是最好的，陈耀福特别喜欢台北的创意文案。新加坡的广告人一般不会去台北，但台北成了陈耀福特别喜欢的地方之一，他甚至觉得台北像是自己的第二个家。这是陈耀福职业生涯的第二个转折点。之后陈耀福从台北回到新加坡，担任公司东南亚的创意总监。

陈耀福职业生涯的第三个转折点，是 2005 年到上海工作。上海的工作以及生活环境与之前的很不同，让他有一种"大爆炸"的感觉。生活上的一些不适应还在其次，更重要的是创作上遇到了一些困难。这些转变都需要陈耀福自己去调整、去解决。

回顾职业生涯，陈耀福说："你只要努力，就一定会得到回报。越努力越幸运！我想老天有眼，你只要努力去把一件事情做好，就没有可能做不好。"

捕捉并放大顾客心声，转化需求，创造价值

陈耀福在访谈中提到了一些令他印象深刻的作品，这些作品的创作过程和获得的反馈使他感得到满足。其中一个是他为戴比尔斯钻石创作的广告。原本的广告语"钻石恒久远，一颗永流传"获得巨大成功后被推广到中国大陆，但品牌每一年都需要新的广告片与创意。"一颗永流传"的话，人结一次婚只需要一颗钻石，当时客户希望能打破这个限制，希望能多卖一点。于是陈耀福给一枚戒指上的三颗钻石各赋予一个故事，象征每一个女人的过去、现在和未来，这样一次就能多卖两颗了。陈耀福还为其创作了一句广告语："都是钻石惹的祸。"并用一个故事讲述了为什么都是钻石惹的祸：一个女生她可以有好几个名牌包，为什么只能有一颗钻石？钻石不仅是爱情的象征，同时是一个时尚产品，并用这句话创作了很多故事。在这里，陈耀福向我们展示了他创意构思的第一个诀窍：捕捉受众的想法，放大他们心中的

声音，最终转化为需求并创造价值。陈耀福提到，钻石广告的成功，主要得益于精准捕捉到女性的需求。在传统观念中，钻石被符号化为爱情的象征，对爱的依赖赋予了钻石以价值，钻石又反过来为爱情"标价"，象征情侣对彼此的珍重。殊不知，对于多数女性而言，钻石不仅有爱的意义，也有美的价值，也是时尚的象征。为什么女性只能由伴侣来赠以钻石，自己不能拥有钻石？女性要为自己的时尚代言，要为自己的美主张，每一个女生都可以拥有属于自己的钻石，当最美丽的"公主"。"都是钻石惹的祸"，"烦恼"背后，正是因为女性给钻石赋予了独特的意义，钻石贯穿了女人的过去、现在和未来，将女人的不同人生阶段用同样的事物——钻石来标示，展示了女性美与爱的永恒，辉映了"钻石恒久远，一颗永流传"的经典广告语。陈耀福把握住了女性心中对钻石复杂的情愫，又通过巧妙的手法给女性不同的人生阶段赋予不同的"钻石"意义，从而也地成功实现了产品的商业价值。这就是关注受众需求，展现人们"心中所想"所迸发的力量与光芒。

陈耀福到大陆后创作的第一个广告也令他印象深刻。那是一个喜力啤酒"大师杯篇"的影视广告，广告故事是这样的：观众在看喜力啤酒赞助的网球比赛实况转播，一看到紧张的关头，镜头就往上转，然后又落回来了，如此循环往复。原来现场的摄影师拿着啤酒在喝，一会儿喝一口，因此电视机观众看到的就是这样的结果。这给了观众一种代入感：网球大师杯大家都参与了，你要不要一起来？陈耀福回忆说，这个广告在当时拿了一些奖，并不是很大的奖，但受到了外界的认可，被媒体评选为当年最佳电视广告，在整个圈子里引起了不小的关注。客户也很满意。有时别人会问：这个是国外的片子吗？做得蛮好的。陈耀福满面笑容地告诉我们，做广告，做的是"满意"。自己都不满意的广告，有什么资格拿给别人看呢？每一个广告都需要得到承认，不管是业界同行的认可也好，还是市场上的消费者的认可也好，这样它的生命力才能迸发出来。抓住受众的心，得到了关注，这还不够，更重要的是产生效果，让观者为之动容，对之满意。要做到这一点，广告人自己就要在创作时不断思考，考察创意，揣摩观者的想法，和普通人（比如家人）、业内人士交流心得，直到做出令多数人感到满意的广告。对"满意"的追求，就是对广告质量的追求，也是对广告人自我价值的升华与实现。

社会责任和人性联结，产生非凡社会影响

　　陈耀福最为引以为傲的作品之一，是他为别克汽车所制作的公益广告 *Human Traffic Signs*。这则广告不仅获得了 2014 年戛纳广告节的大奖，而且在公益类创意广告领域产生了巨大而深远的影响。在这则广告中，陈耀福邀请了九位在交通事故中因伤致残的人，让他们举起交通指示牌，站在与他们出事地点相似的街头，警示路过的车辆与行人：倘若不遵守交通规则，你就会像我一样。画面采取一种较为灰暗的色调，给人一种压抑的感觉。镜头从残疾人的肢体一晃而过，定格在他们的眼神中，给人的心灵带来了巨大的震撼，警示人们遵守交通规则，安全驾驶。

Human Traffic Signs 视频广告画面

　　图中一位因车祸失去一条腿的残疾人士，艰难地拄着拐杖向路人展示交通警示牌，以此告诫司机和行人遵守交通规则。陈耀福创作这个公益广告的出发点很单纯：有人不重视公共标识，藐视它们，限速不管，禁行不管，才产生许多不必要的事故。中国大陆当年每天生产 6 万辆汽车，每 3 分钟就有一起交通事故发生，每 10 分钟可能就有一个人死亡。基于这一点，他们请了 9 个曾经在交通事故中受伤的人，让他们拿着交通标志给人看。这些受害者所处的场景几乎模拟当时的事故现场，带给人很大的心灵震撼。希望能提醒驾驶员再看到交通标志的时候，就会想到这个广告，从而产生极佳的公益效果。

　　创造出真正让人满意的公益广告很不容易，因为公益广告不仅仅需要创意，还需要引发人们更深层次的感情共鸣和深入思考，这与有着明确产品和品牌导向的商

业广告是不同的。在构思 *Human Traffic Signs* 这个广告的时候，陈耀福一直在想该用什么样的方式引起人们对交通安全足够的重视，让观众一看到这个广告就能想起要注意交通安全。为此，他决定走感性的路线，试图以震撼人心的感情力量触动观者的内心。谈到交通安全，人们首先想到的就是交通事故。但是，直接展示血腥的事故现场可能过于残忍，没有脱敏的广告会起到相反的传播效果。因此，陈耀福换了一种视角去解读交通事故，通过那些在交通事故中幸存下来但不幸残疾的人的故事，来使观者脑补事故的情境。同时，通过他们在交通路口举牌警示，以因事故留下残疾的悲剧现实直击人性的深处，观众在产生深深怜悯的同时提高了对交通安全的警醒程度。这最终会内化为行动，从而达到广告预期的效果。用一则广告，陈耀福将社会责任和人性联结，产生了非凡的社会影响。

不过，公益广告本身有创作的难点，其效果和评价也面临许多困难。这则广告尽管取得了大奖，仍有评论批评其对交通事故受害者造成二次伤害。陈耀福坦言，好的广告要经得起批判，任何广告都有不完美的地方。他认为绝大多数人，包括受害者，在看到这则广告的时候，应当会看到其背后的社会意义。好的公益广告，一定要重视其社会责任，这是公益广告的核心，也是许多商业广告应当学习的地方。

尽管在陈耀福的职业生涯中，令他满意的作品很多，但倘若让他挑选出一件最重要的作品，他还是会选择这一件，不仅是因为这部广告片斩获众多奖项，赢得了巨大的社会认可，更重要的是，它真正地将交通安全以广告的形式印入了许多人心里。我们许多人在谈及广告的成功时，总是用商业价值去衡量它，强调它带来了多大的经济效益。陈耀福却用这个例子告诉我们，广告不仅是商业的广告，广告应该、也能够承担社会责任。

广告人内心的挣扎，"叫好"还是"叫座"？

很多人认为，广告的精彩与否，不仅要看消费者的态度，还要看其能不能获得业界的认可，而业界态度的重要体现，就是各类广告大奖。获得过多次国际广告大赛奖项的陈耀福认为，对于这些国际广告大赛来说，由于评审往往来自世界各国，有着不同的背景、体验，过不同的文化生活，接触的广告也各不相同，他们通常会剔除地域差别，选出那些最具有国际性、能在最大程度上吸引不同国别的受众的作品。所以最新鲜、最有想法、最有创意的广告更容易获得这些奖项的青睐。

陈耀福特别强调，对世界广告节来说，创意是最重要的。它们不会直接考虑一个作品在市场或商业上取得的成效，因为很多时候在评审现场这些是无从考证的，也因为广告节的奖项不是营销奖，而是创意奖，创意奖专注于一个作品的创意、沟通、洞察和思路，如果这个作品也同时达到了营销目的，那就是完美的！

此外，对于一个获奖的广告来说，执行也非常重要。因为一个好的创意需要好的执行来把它具体呈现出来，如果一个好的创意得不到很好的呈现和执行，那它最终就变成一个二流的广告。

诚然，市场与创意不是必然对立的，有很多广告作品叫好也叫座。在全球已经被大流量传播的好作品，可以杀入每一个广告节，因为"你没有办法用私心去干掉它，没有办法拒绝它"。

谈到这里，陈耀福指出了现在广告人内心中的一个困惑："叫好"与"叫座"的问题。很多作品商业效果很好，在市场上取得了成功，但却没有拿到广告大奖，"叫座"而不"叫好"；而另一些作品拿到了广告大奖，却未必能在市场上表现得十分出色，"叫好"但没"叫座"。事实上，多数情况下，"叫好"与"叫座"是可以兼得的，只要作品创意性足够强，它就既可以吸引普通受众，也可以吸引业内人士。问题在于，许多广告人在心理上对这两者擅自进行了选择，为了其中某个目标而单向性地努力，在时间、精力和成本有限的条件下，这虽然可取，但结果可能两者皆空。广告的核心仍在于创意，广告人必须以创意来指导广告。

陈耀福分享了他进行广告创作的经验：广告创作中，我们不能忽视团队的重要性，要弄清楚自己在团队中的位置，发挥好集体的力量。对陈耀福来说，他的任务是帮助团队用更好的方法去解决眼前的困难。作为一个广告人，要"接地气"。陈耀福觉得自己就是一个"接地气"的人，有些人入行几年也没有办法融入其中，就是因为与团队缺乏融合。陈耀福本人特别喜欢跟本土的创作人员一起去创作，因为这样他才能够得到最好的、最适合市场的洞察跟创意。在这样的配合下，陈耀福自身所拥有的国际视野和经验，能更好地和本土的世界观和创意相融合，使最终的作品既接地气又有国际观。

陈耀福提出，在创作中他会特别关注两件事，第一是真实。他觉得一件作品要有诚意，就要真实。而真实在于对周围世界的洞察要非常深刻，对生活中的人和事要有感触。当然，有了好的洞察，更重要的是有真实的表现。而他的团队所创作的广告作品，大都很单纯，但是有很深刻的洞察力。

第二就是执行的手法，美术和文案都必须是很适合传播的。在广告传播中，我们并不需要最漂亮的文案，合适的就是最好的。有些文案虽然很粗糙，但是它的表现力就是很好。自己对于美的坚持固然重要，但这在创作中只是很小的一部分。因为你的目的是要将作品卖给客户，让客户被说服，接受你的想法。只有卖出去的作品才能够真正被更多人看到。很多的作品没有办法被看到，因为不被客户所欣赏。

品牌营销的精神之旅，找到品牌的 DNA

陈耀福认为，品牌营销就是要找到品牌自身的 DNA，也就是品牌今天所代表的东西，或者是对它未来的期许。他举例说，就像是乔布斯会很清楚苹果是一个怎样的品牌，它代表了怎样的一种价值观。所以一个好的品牌一定会有一个品牌的精神，有对品牌未来的期待和梦想，而品牌营销就是要牢牢锁住这种精神，然后找出这种精神可以跟消费者有怎样的联系，从这里出发去发挥创意，这就是品牌创意的一个基本的思路，也是其精髓所在。

谈起品牌营销，陈耀福举了自己职业生涯中的几个具体例子。首先是 2011 年为北京方正 IT 的地铁检票系统做的《正在你身边》，用一个一分钟的短片串联了在地铁检票口发生的一些生活片段。陈耀福说，当初的想法就是怎样为一个冷冰冰的 IT 公司打造一个很有生活气息的形象，像地铁检票系统，也可以把它做成是有生命的、有温度的。最后想到其实这是每个人生活中都会经常经过的地点，从这个角度去做广告，最后就很成功。

之后，陈耀福又做了淘宝双十一"没人上街，不一定没人逛街"的广告，受到了时任淘宝 CFO 张勇的肯定。不过陈耀福个人认为，他最成功的品牌广告还是为支

《正在你身边》视频广告画面

　　方正IT地铁检票系统广告《正在你身边》，将地铁检票系统拟人化，讲述它每天站在同一个地方，"向从不迟到的他说一声早安，和刚刚踏上社会的她讲一句加油，或者跟离别的他们道一句珍重"。因为非常贴近生活，把地铁中的机器同无数普通人的生活联系在一起，成功地打动了许多人。"方正IT，正在你身边"也无疑成为一句深入人心的标语，为品牌树立了正面的、与受众有强联系的形象。

《郑棒棒的故事》视频广告画面

　　"支付宝，知托付"系列广告之《郑棒棒的故事》，讲述了一个挑货夫"棒棒"的故事。2011年初，以挑担为生的"棒棒"郑定祥，在重庆万州城里帮人挑了两大包货物。结果，挑货途中，货主走散了，遗落两袋价值万元的羽绒服货物。当时，郑定祥正面临巨大的困境：妻子病发住院，急需用钱。但面对这笔意外之财，郑定祥丝毫没有动心。他全心全意地守护着这批货物。严寒的冬天里，他患着感冒，发着高烧，冒着雪雨，日夜苦寻货主。没有收入，他只能连夜赶赴老家借钱，陪老伴做完手术，又返回万州寻找货主……直至14天后，两大包货物的主人终于找到，压在郑定祥心中的大石头才落下。当时短片走红网络，片中"郑棒棒"的那句"缺钱不缺德"也成为流行语。直到今天，"支付宝，知托付"还可以在支付宝首页看到，足见其对品牌的重要性。

付宝做的"支付宝,知托付"系列广告。这个广告在当时引起轰动,因为那时社会上出现了很多忽视诚信的问题:假鸡蛋、假奶粉、救人被讹……这个时候支付宝出来做一个关于诚信的广告,就不仅抓住了大家的眼球,而且树立了品牌形象:这是一个因诚信而值得托付的公司。就这样,支付宝"诚信"的品牌形象成功地树立了起来。

陈耀福说,品牌对于广告来说是非常重要的,以至于他在离开智威汤逊之后成立的个人工作室,就叫 Onbrand。他在朋友圈中说,起这个名字是因为"我相信传播只有两种,一种 Onbrand,一种 Offbrand"。他认真地说:"现在的传播环境变得碎片化,品牌价值越来越被广告主所忽略,一切以销售业绩为主,如果不把品牌价值纳入必要的考量中,我认为那是不健康的行销方式。"

面对多元的市场,广告要直击人性

陈耀福特别提到了上海这个市场与新加坡以及中国台北所不一样的地方。对于初来乍到的陈耀福来说,生活环境上的改变其实是小事,市场环境与之前的大相径庭才是真正的考验。改变最大的是,在广告创作的时候,需要面对更大的预算,更复杂的市场。陈耀福在工作中需要服务的,很多是全国发布的产品,比如联合利华、喜力啤酒、别克汽车等。这些产品的广告面对的不止是上海、北京、广州市场的消费者。中国大陆市场很大,当年陈耀福的团队在做奥妙洗衣液的市场调查时发现,每一个城市的家庭主妇对广告的反应都不一样。这种特别的多元性使他们的工作面临更大的挑战。面对各种各样的消费者,你做的创意作品必须能够让全国更多的人接受,这是很不容易的。在新加坡、在中国台北,人们在生活习惯上都很接近,创作者往往能预测到消费者的想法,大陆市场却不一样。但陈耀福又指出,虽然市场是多元化的,但消费者们一定会有一样的地方,所以我们必须在沟通中找出人性共通的部分,朝着这个方向去努力。

中国大陆市场多元性突出,而且规模巨大,受众广泛,好的广告一经投放,可能就会面临多方的关注,可能会产生一些的社会影响。因此,在这里,广告不仅需要适时适度的定位,还要尽可能多地吸引多元受众。要做到这一点,就必须让作品能够触及人类灵魂中共通的地方，也就是直击人性。"大家都这么想，你把它表达出来，引起人们共鸣，你就离成功不太远了。"

陈耀福学会的第一句上海话是"哪能办"，这也是他刚来大陆时的真实写照。在台北，陈耀福也有"哪能办"的状况，但他都知道可以怎么去处理，上海的工作对他有很大的挑战。他必须判断他过去的经验哪些可以用，又能用怎样的方式来帮助自己的团队，帮助他自己，帮助他的客户。在上海，陈耀福所面对的客户也跟他之前所面对的很不一样，最大的不一样是他们更有实力。比如，同样完成一份工作可能都需要花费一周的时间，在新加坡你面对的是 400 万人口，但在上海，同样的一周的时间，你做出来的东西需要面对的可能是几亿的消费者。这是一份"十分刺激"的工作，你花同样的时间去创作，所得到的回报和反馈是很不一样的。

尽管工作上遇到了更严峻的考验，陈耀福依然对上海这个城市充满好感。他说，上海其实是一个很浮躁的城市，但又是一个特别有魅力的城市，正如"魔都"之名，她可以融合各种可能。每个城市都有自己的气质，上海像美国的纽约，北京像美国的华盛顿，气质是不一样的！陈耀福说，他也很喜欢北京，但是更喜欢上海。这里有他更多的故事、有更多的感情，这里是他的故事开始的地方。

互联网时代，摸着"品牌和创意"的石头过河

陈耀福认为，互联网让人们的消费习惯和信息接收习惯发生了巨大改变，相应的，在这个快节奏时代要做出能抓住人们眼球的广告，内在规律也发生了很大改变。互联网出现后，一批新型的互联网媒体成为新的广告媒介。新的传播渠道带来新的广告思维，以前从没有谁经历过这样的信息路径和受众，在过往所有经验都不起作用的时候，大家都在摸索，有些人比较聪明，可以迅速领悟新的商业思维，做出比较好的广告，有的人则没这么快适应，可能还停留在过去的思维中。媒介环境在飞速发展，每一位广告人都在探索，将新的传播力量与传统的经验相结合，探索适合当下环境的新经验，"这就像'摸着石头过河'"。但不管怎么说，陈耀福始终相信这个行业会越做越好。

但是，互联网时代有一样东西是没有改变的，那就是创意。不管是在传统广告行业还是在互联网环境，创意的重要性是不会改变的。在互联网时代，传播形态可能由传统的变成数字化的，但最基本的道理是不会变的，一个好的创意永远是根本，变的只是描述的不同和表现的不同罢了。

陈耀福认为，广告行业有一个原则：广告是一种商业艺术，是由专业人才把一个商业需求转变为一次有创意的商业传播。不管时代如何改变，一个好创意的重要性都不会改变。

那么，好的创意是如何产生的呢？

"广告行业不是工厂。"陈耀福说，"创意没有生产线，最终的产品是什么样子，在一开始很难明确，所以，如果硬要按一种模式，那么你要怎么去设计这个生产模式呢？"他认为在一个工厂里生产线和产品规格都是固定的，只要一个操作熟练的工人就能生产出合格的产品，但广告行业不是工厂，不能用工厂的生产模式去创造作品，好的创意作品背后一定有一个极具洞察力的创作者，他敏锐地捕捉到生活中那些特殊的点，才会有好的创意。

陈耀福从来不觉得创意者是艺术家，"我们是商业艺术家，既要保持艺术的敏锐，又要受限于商业要求。"他的生活并不像很多人设想的那么诗意、轻松和有趣，"创意是很痛苦的一件事，这个过程很寂寞。"他认为，优秀的创意者应该有耐心、有热情、有洞察力、有一针见血的能力，并且懂得自嘲。

在当下数字营销日成趋势的时代，陈耀福对营销有自己的看法。

在他看来，数字营销实际上并非一定优于传统营销。有些国际客户向他反映，他们在数字营销上面投入过多了，而把数字营销的成效与过去传统营销的成效相比，也并未显现突出的优势。数字营销的成本也不一定会比传统营销的低，数字形式的营销虽然速度更快，但快速的传播可能很快就让大家忘记。过去有很多令人印象深刻的经典案例，它们之所以经典，不仅在于有很好的想法，也和善于运用传统的传播形式密不可分。而在数字营销中，有时候会存在很多假数字，我们在不同的报道中都看到过。数字营销中有三个要素：最低的成本、最快的速度、满足客户的需求，这些当然重要，但在这个过程中也不能忘记一些更重要的事情，比如品牌。这是不能用速度去解决的，还必须有足够多的时间。陈耀福提醒，要重视品牌的作用，他时常鼓励客户选择最能够帮助品牌，同时帮助销售的传播渠道跟做法。

陈耀福强调，任何营销都不能离开品牌的精神，不论是什么类别，什么产品，什么规模。营销必须是在品牌精神之下展开的，只有这样，你每一次所花的每一分钱才能不被浪费，至少看过的人会记得是哪个品牌在做传播。长久以来，全世界顶尖的营销都是在做这件事情：要 on brand，不要 off brand。考虑好品牌的定位，用品牌的精神来做传播，这是很重要的。当然，传播通过什么手法、什么创意去做，也发挥着至关重要的作用，但总的来说，你的品牌是什么、你要怎么去表达你的品牌，影响更为深远。

陈耀福也提到了如今的人才培养。他认为，数字营销人才需要的是对于品牌、观念的专注，在做营销的时候要时刻关注品牌的重要性。这些人必须真正热爱广告，觉得这是一件很有趣的事情。广告业所需要的，正是这些喜欢做传播、喜欢跟人对话的人，这是人才培养中尤其需要注意的事情。

传统 4A 公司与新潮热店：零和博弈，还是走向共赢？

谈及智威汤逊和伟门合并，陈耀福不同意"一个属于 4A 公司的伟大时代正在悄然落幕"的说法。他认为改变一直在发生，这只是其中一个比较明显的案例。通过合并来降低集团的负担并更好地面对客户的需求，这具有现实的意义。全球 4A 公司的变化，或者说进化，都是因为媒体环境的改变和客户需求的改变。他认为这本来是很正常的一件事，每一个行业都会往前推进，都会因为数字化、因为媒体的改变而进行调整，广告业是其中的一个行业，是科技大潮中的弄潮儿，受到的影响比较明显而已。

事实上，互联网冲击广告圈的情况很早就发生了，但最明显的改变是最近几年出现的。曾有客户说我们明年会减预算，并把百分之二十到百分之三十的预算从传统营销转到数字营销，这个改变是巨大的。尤其在中国，陈耀福认为，中国的互联网经济是全球最厉害的，因此中国的广告比全球任何一个地方都更快速地改变着。其他行业也都在马不停蹄地应对变化。

传统的 4A 公司其实在过去十年间已经在改变，只是这个转变赶不上当下传播环境改变的速度，这也是 4A 公司当下面临的重要挑战。转型需要明确方向、组织资源、获取经验，这需要一个过程。互联网广告代理公司在一开始就针对新环境制定策略，不会有 4A 公司转型所面临的某些难题。至于新兴的专业从事互联网广告代理的公司和传统 4A 公司未来的发展方向，陈耀福认为两者的融合是不可避免的。媒体环境、商业环境不会等你去改变才会改变，所以传统 4A 公司必须面对这种新的环境，去做更快的转型和改变。在这一过程中，4A 公司传统的模式就会进行调整，它会吸收最新的经验成果，去除过去经验中低效和无用的部分，而互联网广告代理公司恰恰掌握了这方面的有利资源，两种类型必然会产生融合。不管是过去的传统媒体还是现在的新媒体，只有融合才能让传播更加有效，才更能够发挥创意、行销与策略的优势，在新的环境里达臻更好的效果。

近年来互联网环境下萌生的热店等新的广告代理形式，它们和传统广告公司可以各自面对不同的市场，解决不同的问题，不需要去恶性竞争。热店能够做得到的东西，大牌的广告公司不一定能做得到；而大牌的广告公司能做得到的东西，热店又不一定能做到。

更具体来说，大牌广告公司成立的初衷完全是为了满足全球客户需要的，由大广告公司集团在各个城市的组织网络来满足全球客户的需求。而热店这种形式，按目前来看，至少在中国主要服务的还是本土的客户，没有走出中国，国际客户对热店的需求目前还仅仅限定在国际品牌在中国本土需要做的传播。

热店和大牌广告公司之间的最大的竞争是在创意上，特别是广告传播的策略、创意和方法论的部分。而他们当下面临的共同挑战，也是被陈耀福视作广告人最需重视的趋势：现在的很多客户其实已经很强大，他们甚至比广告公司本身懂得还要多。广告人的竞争对手将不仅是同行，更多的可能会是他们服务的客户。客户现在所能得到的资讯、应变市场的能力以及他们对于企业本身的了解有时比广告公司更多。现今不管是热店还是传统 4A 公司，如果想在这种与客户既依赖又竞争的关系中站稳脚跟，就必须思考怎样在广告策划的过程中做客户没想到的事，这是一个关键。

陈耀福指出，尽管 4A 公司和热店这两者的经营模式并不相同，但他们必须在新环境下找到自己合适的定位，否则就会死亡。另一方面，我们也要想办法让传播合理化，更有力量。具体怎么做，还是要靠想法、创意，靠核心的思想的力量，来让商业更有价值。数字营销跟传统营销都是营销，他们需要做的是通过创意做到即便是聪明的客户也不容易做得到的宣传效果。

"Who Killed The Adman?" 对广告行业历史与未来的思考

陈耀福的小女儿思立学平面设计，却对广告行业有抵触心理，她小时候曾说："广告人很坏，因为他们一直在玩弄人们的心理。"陈耀福也在思考，今天的广告行业存在哪些问题，才会导致年轻人对广告行业产生这样的看法？

于是他和思立一起制作了短片"*Who Killed The Adman?*"，采访业内重要和有影响力的广告人，试着从他们口中得到"Who Killed The Adman?"可能的答案。陈耀福在自己的文章中说，Adman 不是泛指从事广告传播行业的每一个人，而更像是广告行业中的精英，他们创建行业、领导行业、推进行业，甚至改变行业，Adman是同行对这些精英人士的尊称。陈耀福提到大卫·奥格威、威廉·伯恩巴克等20世纪为广告文化做出巨大贡献的 Adman，他们的魅力和影响力，在之后数十年持续不断地影响了全球无数广告人。

但陈耀福也感觉到，在近数十年，这样的 Adman 越来越少了。大量的广告公司被集团化，它们各自的独特性，在庞大的资本运营中渐渐被同化。虽然每一年全球的广告创意大赛还是有精彩的产出，但能留下来成为经典的作品少之又少。

是什么导致了 Adman 的减少乃至消失？在短片中，有人认为是大数据"杀死"了 Adman，有人认为是互联网导致了广告流于肤浅，也有人认为是广告公司不再重视创意了。陈耀福认为，这个问题没有标准答案，但思考这个问题，能让我们更了解 Adman 代表的是什么，能推动一些改变，让广告这个创意行业可以走得更远更好。

Who Killed The Adman? 视频中陈耀福和小女儿思立交谈的画面

　　Who Killed The Adman? 是陈耀福和思立合作的一部短片。该片一共有两集，采访了广告业内几位有影响力的重要人物和新生代热店创始人，但只有一个非常简单的问题："Who Killed The Adman?"短片凝聚了陈耀福本人和多位广告大咖对现今广告行业的反思。就像陈耀福自己指出的，这个问题没有标准答案，但每一个从业者都需要认真去思考它，这样才能够为广告行业带来进步。

忠于人品，保持乐观，严格要求，给年轻从业者的忠告

　　陈耀福一再强调，对于年轻的广告人来说，需要记住的是，人品比作品更重要。他认为，广告业的门槛不高，一个刚入行的学生除非是天才，他做出的作品一定不是非常好的，会存在很多不成熟之处，这没有关系，可以慢慢提升；但一个人的人品是跟着你一生一世的，所以他更看重一个人的人品。

　　陈耀福慨叹，现在的年轻人都会有焦虑感，因为他们面对很多选择，但是必须

做出一个对得起自己的选择，不管它是什么。每个行业都要面对不同的问题，每个行业的从业者都会面对焦虑，人在不同年龄也会面临不同的焦虑。但对于年轻人来说，人品大于作品，个人的修养比事业的成功更为关键。要做一个好人，不要把成功看得比人品还重要，要做一个对得起父母、对得起老师、对得起朋友，尤其是对得起自己的人。这个道理虽然每个人从小就听过了，但对进入社会的年轻人来说仍然是最重要却又最难坚守的戒律。

对现在就想进入广告行业的年轻人来说，陈耀福认为乐观是广告人必须具备的品格。他一生中和许多成功人士打过交道，他发现他们都对自己所做的事业充满激情，对自己的生活保持乐观。一个人如果悲观，不管世界多明亮，他都会认为是黑暗的。人生肯定会经历起起伏伏，不管好坏这都是一种经历，有些时候，不好的经历是为以后好的经历铺路。

陈耀福还提到自己在新加坡和中国台湾工作的时候，遇到的一个英国老板叫彼得，他当时是公司亚太区的创意总监，陈耀福从他身上学到了很多东西。彼得就有一种非常乐观的人生态度，他常常讲一句话："Hey, Norman, Life is a celebration!"陈耀福认为，我们到这个世界上来不是为了受苦也不是为了抱怨，而是为了庆祝的。所以当我们不开心的时候可以想一想，Life is a celebration！生而为人，顺逆有常。如不高歌，枉费时光！

回到年轻广告人的成长上，陈耀福也提出，广告人需要对自己有要求，应当追求每年实现一个"The ONE"。回顾自己的创作生涯，陈耀福觉得，自己在不同阶段都有还不错的作品。在这些作品中，如果每年能选出一个最佳，选出一个多年之后再看仍觉不错的佳作，就说明自己的付出得到了回报，自己足够努力和优秀。推及集体，团队中的每个人每一年都要有一个"The ONE"，哪怕不能创作出这样一个足够优秀的代表作，也要为之而努力。如果广告人一年内产出不了"The ONE"的话，那他可能在行业里努力得还不够。这个作品不一定要做出多么好的成绩，但至少自己要先觉得很满意，是一年里可以拿得出手的。这其实很难，因为这一件好作品是基于很多不错的作品才能产出的。

陈耀福一直在他的工作中推行着这种理念。他有一个简单的计算：一个公司如果有 100 个人，那么公司一年就有 100 个很好的作品。公司可以从这 100 个很好的作品中找 10 个最好的作品,这些作品是可以代表公司的创作能力的。但陈耀福也发现,一年出一个好作品不是每个人都能做得到的。尽管如此,他还是会这样要求,因为至少在追求的过程中,你最后实际产出的作品不会太差。

从新加坡到中国台湾再到上海,在广告的天空中自由翱翔,陈耀福的广告人生可谓精彩纷呈。2000 年,他离开中国台湾回到新加坡时,欣然接受了滚石国际音乐董事长的邀请,给滚石旗下的《广告杂志》每个月写一篇专栏文章。陈耀福用了明信片写作的方式,每个月寄一张明信片给杂志社,一写就写了十年。

在这些明信片中,他时常用不到一百字的文字展现他在广告领域的锐利思考,而更多时候,他不像是在表达他的思想,而像是在向年轻人提出引人深思的问题。在一个画着一个女人背影的明信片背面他写道:"一张容易引人遐想的照片。乍看不过是一个女人摆姿态的背影……答案只在摄影师那里。如果你来写文案,你会怎么想,怎么写?"从生活的点滴中发掘灵感,嗅到广告创意的蛛丝马迹,再用优雅而自然的方式展现出来,给人以启发,这就是陈耀福,一位深沉优雅、充满智慧的广告大师。他用自己独特的方式展现了广告的魅力,并令每一位欣赏者为他折服。

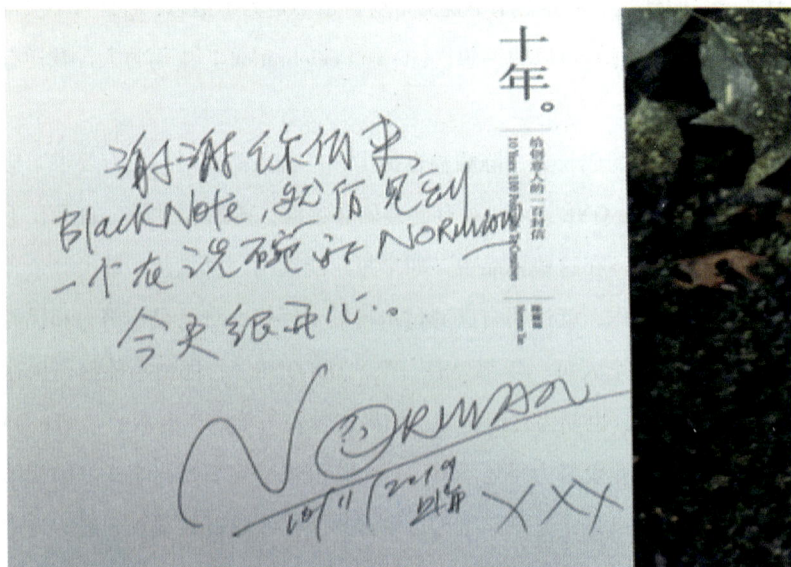

陈耀福在《十年,给创意人的一百封信》上签名留言

访谈结束后,陈耀福在他的著作《十年,给创意人的一百封信》上签名留言。他风趣地写道:"谢谢你们来 Black Note,然后见到一个在洗碗的 Norman。今天很开心。"

在《十年，给创意人的一百封信》一书的序言中，陈耀福写到，最初接受邀约是因为“总觉得有点使命感，要跟业界和广告学子分享创意的看法”。作为年轻的广告人，作为后来者，我们也有责任去承载这份使命，要认真体会和学习前辈广告人的经验，并充满活力地坚持创造、发现灵感。唯有如此，才能让广告行业走得更加长远，让自己能够为广告事业贡献自己的力量。

（采访：张子昂　丁辰琦　范鑫晨　党迪苏　汪伊炫　金泰昕）

Chapter 2

走在悬崖边上

——FARFAR FILMS 创始人、导演李兆光

李兆光（Kevin），马来西亚创意人，天生就热爱所有与创意相关的事情，12 岁就举办了自己的艺术首展。在中了电影的"毒"之后，他于 1997 年前往北京学习关于电影导演的知识，并且很快以年轻导演的身份入围戛纳和亚太广告节。

李兆光对于电影的喜爱很快演变成为对于广告的热情。在过去的 29 年间，他有 22 年是在中国度过的，所参与的广告项目几乎涉及生活中的所有产品类别。在 2011 年，李兆光与他人合作成立了上海李戈斯雷尼广告公司，为瑞士三角巧克力（Toblerone）打造的首则广告即赢得了 The One Show 品牌转型类别的银铅笔奖。

在这之前，李兆光还曾担任奥美上海与广州公司的执行创意总监。在其领导下，奥美上海连续两年被《意》杂志（*Campaign Brief*）评选为中国排名第一的广告公司。在 2010 年的亚太广告节上，奥美上海也荣膺"得奖最多的广告公司"桂冠。根据全球创意报告（The Gunn Report）统计，李兆光为耐克创作的"*Run Free*"广告成为全球赢得奖项数量排名第二的平面广告。

李兆光也曾任 D&AD、One Show 互动、戛纳广告节、伦敦国际广告节、纽约美指俱乐部、纽约广告节、Young Guns、亚太广告节、Cresta 和釜山广告节的评委。他定期会在 One Show 中国与戛纳中国青年创意奖的研讨会中指导参加广告节的年轻一代。在 2012 年，他担任了釜山广告节新人奖的评委会主席。

在结束了二十多年的广告人生涯后，李兆光终于重归导演的角色。他将在创意领域打磨作品，提炼专业知识与经验，带着作品及专业知识与经验，重回他所热爱的这个奇异纷呈的影音世界。

李兆光对与情感和幽默相关的故事有着灵敏的直觉，钟情于在故事叙述中加入他所擅长的大反转。

"创意人都是走在悬崖边缘的"

"走在悬崖边"是对李兆光的最好形容,不停地尝试新东西不仅为他带来了无尽乐趣,也是他获取创意灵感的不二法门。他曾说:"我喜欢电影,甚至认为我的人生就是一个 35mm 的胶卷。你可能认为这有点疯,但正是因为这样,我才会不断地去尝试新的东西和到处走。每当我考虑要做一件事,而别人都说不可以做的时候,我会对自己说,去做吧,不管结果如何,都会是我人生影像中的一帧,就像电影一样。这也是人生的乐趣所在吧。"[1]

插画师出身的李兆光在工作中常常会接触到很多广告公司,在与广告公司打交道的过程中,他喜欢上了"想概念、想点子"的挑战,明白了自己内心的李兆光,在 1992 年将他的插画工作室交给了朋友,投身广告行业。然而随着时间的推移,李兆光逐渐觉得在马来西亚的日子"太舒服了",每天都是做同样的事情,他渴望跳出来,去别的地方旅行,去看看外面的世界。于是在 1998 年,李兆光毅然离开马来西亚,只身来到北京。

至于为什么选择中国,李兆光说是中国的电影吸引了他。"我很欣赏张艺谋、姜文导演的一些作品,虽然当时电影技术不好,但电影本身却有着十分丰富的内容。1997 年是个分水岭,那时有机会去北京工作,所以毫无顾虑地只身来到北京。但我的目的并不仅仅是做广告,更把它当作一次旅游,一次开拓视野的学习。"

来到北京后,李兆光面临的整个工作和生活的环境都与之前不一样,他坦承自己曾经想哭,但是后来想想只有在这种环境下"人才会具有恐惧感,但也会最敏锐,因为当你所有毛孔都张开时,反应就会变得最快"。他怀着"好好在这里多看一点"的心态,开始爬长城,去酒吧看乐队演出,去故宫看文物,去很多二三线城市看不同人的生活状态……在李兆光看来,"中国累积了太多好东西,而且很多东西值得看,可以吸收为自己的素材"。他也和青年导演李蔚然一起合作,拍摄了很多不错的广告,并且这些作品都是黄黄的色调,有着浓重的北京印记。

李兆光认为,"创意人都是走在悬崖边缘的"。当没有广告人会从马来西亚

1.《专访:Leagas Delaney ECD Kevin Lee 李兆光——创意没有方程式》,https://www.digitaling.com/articles/12849.html,2012 年 3 月 21 日。

到中国来时，他就想先来看看，后来离开奥美到李戈斯·雷尼广告公司（Leagas Delaney）也是如此。离开奥美公司后，李兆光做了一个让所有人都大跌眼镜的决定，他没有加入像奥美一样规模庞大的广告集团，而是选择了当时刚进入中国两年的英国创意热店 Leagas Delaney。[1] 相比奥美，这家公司的规模很小，但是李兆光认为这是一个很好的机会，能够从规模庞大的奥美出来，管理一家非常小的广告公司，他很期待这份新体验。再后来，李兆光在上海创办了自己的公司 Logicillogic。而在 2019 年，为了专心投入广告导演的工作，李兆光离开了 Logicillogic，开始了新的尝试与挑战。在职业生涯中，李兆光一直走在悬崖边，探索新的世界。

因为热爱，所以坚持

"做自己热爱的事"，一直以来都是李兆光的人生信条。初入广告业，年轻的李兆光并没有什么远大的目标，对他来说，做自己热爱的事情就是最开心的。2004 年的一场意外，对他来说是人生的一个重要转折点。经历人生的一个低谷，生死面前，名利已经变得不重要了，"头脑里面还会再想的一些东西，除了家人，就是想再做热爱的事情"。广告就是他热爱的事业。即使到了现在，从业已经二十几年了，51 岁的他对广告的热情也没有被磨灭："我还是那么喜欢做作品，这件事情是让我一直持续下去不放弃的原因。要怎么成功，要做到什么样的位置，对于我来说都不重要。每年如果没有做出好的作品，心里面会挺不舒服的。"

对于自己热爱的广告业，李兆光从不认为它已经落伍。他认为广告是人做出来的，越多人推动，它就越强大，只要有更多热爱广告的人进入广告业，每个人都充满希望，每个人都喜欢创意，每个人都很用心地去做作品，广告业就充满希望。对于年轻的广告人，他鼓励真正热爱广告业的人进入广告业，也真心希望大家在做广告的同时能收获开心。

做广告是一件压力很大的事情，但是李兆光乐在其中，因为热爱，所以可以扛住这些巨大的压力，甚至可以把这些压力当成自己前行的动力。他是真的热爱广告行

---

1 《李兆光：Not To Do》，https://www.douban.com/note/353328960/，2014 年 5 月 24 日。

业，所以可以一心扑在上面，不被这个社会影响，坚持做好自己，写自己认为最好的东西。"人强大，是因为有自我。没有人可以改变你，社会也改变不了你。如果你的内心是很强大的，你就可以坚持去做好东西，不要为了钱去而放弃了自己的想法。"

从 1992 年跨进广告界算起，李兆光已经积累了二十多年的从业经验。谈到广告人应该具备的素质，他认为最根本的还是要脚踏实地，无论做到多高的职位，都要谦虚踏实地做好每件作品。广告人可以有自我（ego），但最重要的还是为品牌服务，如果自我变成自负，那只会杀死创意。

同时，李兆光认为保持"超级积极"（super positive）的心态也很重要。创意这种东西，不是说要想就能马上想到的，有时候一个点可能要耗费三四天才能想出来。一件好的作品肯定不是轻易得来的，需要熬夜，需要将想法一次次推倒重来。如果持续沉陷在不开心的状态，做出来的作品肯定不会有趣，而看到自己的作品这么无聊又会进一步加剧你的不开心，从而形成可怕的恶性循环。他也谈到，广告业的确是一个高压的行业，如今的广告业里边似乎也有很多人闷闷不乐，但只要你发自内心地热爱它，有着足够的热爱在精神层面上支持着自己，你就可以扛住这种压力并且把它转换成很好的动力。诚然，有时候可能会非常疲惫，但那不是说要放弃，休息一下继续往前走。于李兆光而言，他没有想过放弃。他深知创作一个好的作品，就是一个时间段内自己和内心奋斗的一个过程。经历了许多障碍和挑战，李兆光直言这些困难是好事情，没有它们，反而创作不出新的东西。

灵光一现来自日积月累

关于创意，李兆光有自己的见解。李兆光认为，创意没有方程式[1]，作品好不好的一个判定标准就是原创性，没有别的作品的影子在里面，保持"新鲜感"那是最难的。创意的灵光一现，更多的时候是来源于生活经验，所以在平常生活中就要注意积累。只要平常收集很多点子，总有一天可以把这些点子联系起来。李兆光认为，作品

1.《专访：Leagas Delaney ECD Kevin Lee 李兆光——创意没有方程式》，https://www.digitaling.com/articles/12849.html，2012 年 3 月 21 日。

影响生活，生活也会影响作品，两者是互相影响的。从业多年，李兆光依旧保持着好奇心，尝试了很多领域，把生活中的点子收在头脑中。"有空的时候我经常去旅游，去拍照，也去画东西，也听歌。以前画画，现在当导演，我尝试的领域很多。最近我又画漫画了，画一些比较有意思的漫画。开始的时候，我是做插画师的，我不想丢掉它，画漫画的时候一个格子就有一个概念在里面，这是很好的创意积累。生活里面很多人不会去注意的东西，你把它积累下来，然后把它变成好创意。"他觉得，人在做作品的时候，会不断思考，想到的那些东西也会影响到现实生活，"我的生活就是这样，我在生活里面开心，我的作品也会反映出来"。

李兆光觉得要想有好的创意，除了平常积累，我们还需要找时间让自己静下来进行深度思考。正如李兆光所说，"想概念需要停下来，人才会想到概念，如果头脑一直是迷茫的、是充满风暴的，概念是发不出它的声音的"。现在社会节奏很快，人们的思绪很容易被打断，深度思考变得奢侈。谈到对国内广告业现状的看法时，李兆光认为，中国广告和西方广告最大的不同之处在于，中国的广告似乎总是有点"着急"，而这种"急"和中国社会的快节奏是分不开的。现在的中国似乎被阿里巴巴、腾讯等互联网巨头推动着不断向前走，为了快而快，没有时间停下来自我更新和沉淀。年轻人也因为社交媒体的发展而沉浸在短浅的快乐之中，这样的生活停留在表面，人的头脑被太多无厘头的东西占据，但内心依然迷茫。在这样的大环境之下，中国的很多影视广告急着在一开始就告诉观众产品是什么，为此甚至不惜采取叫卖的方式，但其实这样只顾着推销产品就丢失了很多趣味性，很少有广告能够蕴含有力量的概念。对于广告人来说，需要时间来安静地思考，但又不能脱离喧嚣的社会，这是很矛盾的。关于这一点，李兆光认为，要自己想办法安静下来，可以读书，可以睡觉，总之要找机会安静地做自己喜欢的事情。对于广告人来说，体验生活和深度思考应该是一直进行的，不是只在创作的时候才想到它们。

创意是什么？李兆光认为要进入一个潜意识的状态里面创意才会产生，人的头脑是有意识和潜意识的，意识只占了 10%，而潜意识占 90%，所有好的创意的都是在潜意识的领域里面产生的。我们平常积累经验、进行深度思考，把这些都存在头脑中的潜意识里，到了创作时，你一直在想，你的意识一直在工作，在休息时可能会灵光一现，这时你虽然没在主动想工作，但你的潜意识还是在工作的，它触发了以往存在头脑中的东西，所有过去的东西联结起来，一个好的创意就诞生了，有时候人在洗澡、睡觉时灵光一现就是这个道理。

耐克的 *Run Free* 案子，就是这种灵光一现的产物。李兆光在 2004 年遭遇了一次海难，经历了人生的低谷，耐克的案子是他在经历了意外之后的第一个案子，他当时想得很痛苦，头脑里面很乱，他想逃脱这种痛苦。当他停下来睡觉的时候，在梦里突然就想到了一个人跑步时自由的感觉，"真的是莫名其妙就想到了人在跑步时感受到的自由，后来我也自己去找相关的资料，创意有了雏形，我就跟当时的老板说了，然后他说好，就开始去执行"。有了创意后的执行也很考验广告人的耐心，"那段时间的每个周末，我几乎都在莫干山路度过，拜访那些艺术家。我们挑选了 12 个插画师，但是他们的作品太抽象了，一切只能重新开始。这次我们决定自己动手画草图。第二轮的结果没有那么坏，我们从 6 张插画中挑出了 3 张。最后一轮，我们的美术指导提出自己做图片，我们知道我们想要什么。在同样的事情上反反复复花费了 4 个月的时间，不断地修改，不断地向前，最后，我们挑选了大家都非常喜欢的 6 张图片，为了确保字体和插画融合，我们不断地尝试，又花了两周的时间在字体上。结果是，我们很喜欢这个系列，客户很喜欢，评委也很喜欢"。

"逻辑不逻辑的创意热店"

创意热店 Logicillogic 的名字表现了李兆光对创意的思考。"任何两个不相关的东西都能结合，甚至产生天才般的创想，这是我们小时候的天赋。当逻辑与不逻辑碰撞在一起，产生的影响力更加不可思议。"[1] 这家"逻辑不逻辑的创意热店"把来自不同领域、拥有不同背景的人聚集起来，让思想碰撞出了不起的创意。

2017 年，Logicillogic 与美国婴童品牌满趣健（Munchkin）合作的防漏魔术杯广告就体现了"逻辑不逻辑"。为了节省时间和沟通成本，李兆光亲自执导广告片。这条广告片的创意来源体现了李兆光团队的逻辑："在和一些年轻妈妈的交流中，我们

1.《逻辑不逻辑的创意热店 logicillogic》，https://www.adquan.com/post-3-40681.html，2017 年 5 月 12 日。

发现最让她们头疼不已的事，是宝宝常常会打翻水杯，把水洒得到处都是。作为一款创新性的 360° 防漏魔术杯，产品功能本身就足以吸引妈妈。但我们的策略和创意团队认为，光是从'解决妈妈的烦恼'角度还不够，我们希望建立产品与妈妈之间的情感关联：宝宝每天喝没喝够水，是妈妈们每天操心的事之一，但普通水杯的漏洒现象严重，可能造成宝宝每天喝水量不足。把'解决妈妈的烦恼'变成'放心让孩子喝够水'，这一沟通角度的转变，妈妈们会获得更强的共鸣和情感认同。"[1] 创意的起点是有逻辑的，而表现过程中又有许多临场发挥。

满趣健防漏魔术杯广告视频截图

宝宝们不会表演，只能一边等一边捕捉他们真实的"演出"。碰到"懂事"的宝宝，能很快就捕捉到李兆光想要的镜头；碰到"不合作"的，就需要想方设法地引导他们喝水。面对宝宝的不可控，李兆光团队随机应变，最终成品不同凡响，十分成功。

森马广告视频截图

1.《# 洒得越多，喝得越少 # Munchkin 的防漏魔术杯放心让孩子喝够水》，https://www.digitaling.com/projects/24181.html，2017 年 11 月。

　　在创作时，李兆光也会去寻找、尝试新鲜的东西。他为森马拍摄的两则影视广告就令人印象深刻。这两则广告李兆光选择了一位泰国新锐导演进行拍摄，前后拍摄了六七个月。很多客户都说让泰国导演拍中国广告很"不靠谱"，但是对于李兆光来说，"不靠谱"才值得尝试。"毕竟，做一些大家都说你不能做的事，本身就是一件很开心的事。"[1] 最终这个广告系列斩获了 2009 年戛纳银狮奖。

　　对于李兆光来说，他个人最喜欢带有悬念和反转效果的广告。他认为如果一个作品直到最后一刻才揭晓答案，而其中的创意却能打动到你，让你会心一笑，那这个作品就成功了。同样，他在自己的作品中也非常擅长使用悬念和反转的创作手法。在为聚划算做解暑产品上线的广告时，他就选取了两件具有冲突性的事件——广场舞大妈和篮球少年争场地以及住户与楼下的小摊贩吵架，广告的前半段着重描述了两对矛盾不断激化的过程，没有出现任何产品的线索，到最后画风一转突然加入降暑产品，双方消了怒气，变得和谐，再打出广告语"降火还比上火快"，广告创意与产品特点的高度贴合以及前后的对比造就了强烈的反转效果，让人看到最后不禁会心一笑。

聚划算解暑产品广告视频截图

　　广场舞大妈和篮球少年之间因为争夺场地形成剑拔弩张的气氛，但因为一根冰棒迅速降温消火，重归于好。

1.《专访：Leagas Delaney ECD Kevin Lee 李兆光——创意没有方程式》，https://www.digitaling.com/articles/12849.html，2012 年 3 月 21 日。

真正能打开人心灵的，是创意中的情感

在有了好的创意之后，一个好的作品还需要一个突破点、切入点。李兆光认为，这个切入点应该是人的情感共鸣点，他认为要打开观众的内心最重要的是要找到与人情感连接的点。在构思碧桂园广告《飞翔的屋顶》时，李兆光找到的情感共鸣点就是"人"对"家"的情感。"你看到它有可能是一个物体，其实我就当它是一个生命，我会觉得椅子是有生命的，房子是有生命的。"李兆光认为，家是有生命的、有感情的，家里有自己爱的人。每个人的一生，都是一段离开家又再去寻找家的旅程，"也许我们有时要走很远，但终究会找到家"，这一点是人的共识，也是人心中的温柔之处。《飞翔的屋顶》这个轻松、温馨又天马行空的创意动画，就讲述了一个小男孩乘坐屋顶旅行的故事。他一路飞行，一路寻觅，越过万水千山，穿过厚厚云层，终于找到了家。[1]贯彻这个作品的，是"家"的文化理念，这一情感共鸣点恰好又符合碧桂园本身的文化，于是成就了这个作品。

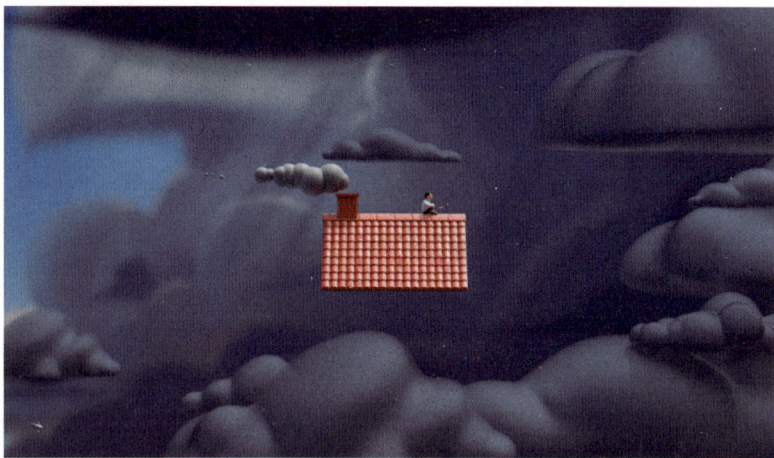

《飞翔的屋顶》视频截图

本作品讲述了一个小男孩乘坐屋顶旅行的故事。他一路飞行，一路寻觅，越过万水千山，穿过厚厚云层，终于找到了家。恋家的感情是所有人的情感共鸣点，刚好也符合碧桂园的理念。视频中的背景音乐有小动物的叫声，这是李兆光融入生活经验的表现。

1.《碧桂园暖心动画：乘着飞翔的屋顶，我终于找到了家》，https://www.digitaling.com/projects/55306.html，2019 年 1 月。

寻找情感共鸣点，说起来很容易，但想做到实际上却不容易。对此，李兆光觉得要把握好两点，一是保持谦逊，广告人不能自大，不能高高在上，应该要有包容的心态，富有好奇心，愿意去跟别人沟通，了解人的内心世界是怎么样的；二是要多洞察生活，创意要激发人心，引起共鸣，就应该在平常生活中多积累，积累的方式是多样的，可以是看书、看电影，也可以是与人多交往，总之就是要多经历，然后把大家具有同感的经历挖掘出来夸张化。这两点在李兆光自己的身上就有很好的体现，虽然他的广告作品很有个性，但生活中的他温文尔雅，十分好相处，工作之余会和自己的孩子玩在一起，带着孩子四处走走，看看外面的世界，是一个十分热爱生活的人。在《飞翔的屋顶》中，他也融入了自己的生活经验。"我小时候是住在我婆婆家的，家里有特别多的动物，6 到 8 只狗，还有乌龟、鱼、松鼠，我每天晚上都会听到它们的叫声，我很想把我当时的记忆放在里面，所以如果你仔细听那部片子，能听到很多动物的声音，可以听到背景音乐里有青蛙的叫声。"

在讲自己喜欢的广告作品时，李兆光提到了吉尼斯黑啤酒《等待大浪》的广告，这则广告与他的情感共鸣点就是"人一定要有信念"。在这个广告中，有一个老人一直在岸边等待，等世界上最大的浪，直到最大的浪出现时才拿上冲浪板跑进海里，看到最后当啤酒出现时才让人豁然开朗。"一个人一定要有一个信念，如果人没有信念

吉尼斯黑啤酒《等待大浪》广告视频截图

广告中的老人一直在岸边等待，等世界上最大的浪，直到最大的浪出现时才拿上冲浪板跑进海里。广告展现的是人一定要有自己的信念，这也是李兆光坚持的理念。同时，导演用奔腾的马来表现浪的冲击感，很有展现力。

的话，就没有自己了，我觉得那个导演非常厉害，他后期还在浪里面放了很多奔腾的马营造冲击感，拍出来了这种感觉，创意呈现得非常好，这也代表了当时品牌提出的一种观点。"

在如今这个时代，社会变化很快，但唯一不变的还是人。"数据可以了解群众的一些生活，但是我觉得数据打不开他们的心，只有创意，只有情感，才可以触动他们，打开他们的内心，让人跟品牌有一个连接，这样才有力量。"时代变化，变化的是工具、是媒体。李兆光认为，我们应该了解它，但了解它是为了了解观众，为了找到与观众的连接点，最终还是要用情感跟创意做作品。创意始终是重要的，真正能打开人的心灵的，还是创意中的情感。

创新不除旧，赋予作品浓郁的中国色彩

李兆光做过的好几个案例，都带有很浓的中国文化与习俗的色彩。这与他将消费者当成观众，认为好的广告就是要讲好的故事给消费者听的观念是分不开的。想要讲好故事，就要了解消费者，无论是本土品牌还是国际品牌，都是一样的。

对于如今的中国年轻广告人来说，如何在作品中运用好中国元素是一个软肋，中国的广告作品也缺乏本土特色。李兆光认为，中国是一个非常有历史底蕴的国家，有时候把历史进行翻新，是最有价值的。李兆光拿英国举例子，英国的许多设计不放弃旧的东西，而是将旧的东西翻新，变成一个全新的东西。他认为，欧洲的建筑是最好的，不同于亚洲，欧洲的建筑永远都是保留旧的，在李兆光看来，这是最可贵的。创新不是把以前旧的东西都扔掉。

作为一个马来西亚人，李兆光却能将中国元素把握得得心应手，最重要的原因是他对周围的一切都充满热爱、充满希望。他认为，中国有很多好的艺术家，他们就能够将中国元素运用得很到位，广告虽不是艺术品，但是做广告作品却和做艺术作品是相通的，作品的内容取决于作者的目的。在中国，观众都是中国人，所以他一开始期望中的观众就是中国人。理解他们想看、想听的，理解这个国家人民的爱好兴趣，在中国做一套很西方的广告就完全没有意义了。对于李兆光来说，在中国这样一个非

常有意思的国家挖掘中国元素，也是一个十分有趣的过程。

有时在周末的一大早，李兆光就会坐着车到处乱跑、到处看看。周遭的很多元素都能运用，都能吸收转变为新鲜的东西。但前提是必须用正面的心态接受所处的坏境，对它们怀揣着喜爱之情，才不至于自我封闭思考。其实中国那么大，有很多东西能刺激到创意人。

李戈斯·雷尼广告公司在 2012 年为消费电子连锁卖场万得城策划了一场新年营销活动。不同于商场常规的"折上折""满减"等活动，万得城喊出了"你剪发，我减价"的口号。在活动前，李兆光团队找了中国春节许多的习俗，将受众定位在过年返乡的人，他们回家乡之前必定会买一些东西带回去给亲人。而在中国习俗中，过年前要剪个新发型，剪个新发型也就剪掉了过去的烦恼，迎来全新的一年。基于这一点，李戈斯·雷尼广告公司将其转变为剪头发越多，拿到的折扣和优惠越多。不仅参与的人获得了折扣，观看的人也乐在其中，营造出了新年欢乐的氛围。

万得城"你剪发 我减价"活动广告

另一个运用了大量中国元素的广告是为马来西亚马奇新新饼干（Munchy）制作的互动视频广告。那一年的圣诞节和农历新年靠得很近，而每年到这两个节日，各大品牌想到的无非圣诞老人和财神爷，观众们都看厌了。李兆光想，或许可以将这两个节日的代表性形象结合起来，给观众一个新鲜的视觉体验，于是他的团队便设置了这么一个形象。在视频中，观众可以通过拖动最底部的小饼干触发画面里不同的物体，一个西方最传统的圣诞老人会逐渐变成中国的财神爷，不仅主体形象变了，周围其他的角色和摆件也变了，甚至背景音乐也会从"铃儿响叮当"变成贺新春的中国民乐。制作该互动视频是一个复杂的过程，为确保效果逼真，广告公司没有选择省事的三维动画制作，而是全程真人真物拍摄。李戈斯·雷尼广告公司邀请 Stink Film 加入制作团队，在巴黎完成拍摄及后期制作，在伦敦完成音乐创作。网站设计则由李戈斯·雷尼广告公司和 O/R 感官社共同完成。[1]

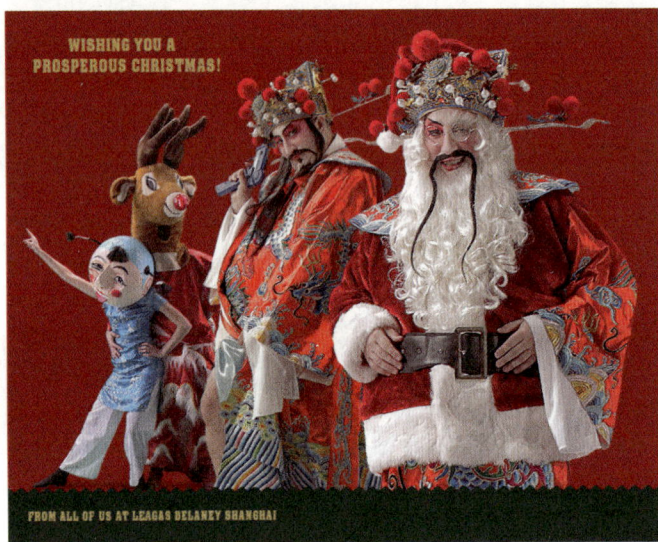

马奇新新饼干圣诞广告

分清角色，"广告人不是艺术家"

看了李兆光的这么多广告作品，可以发现李兆光的作品是没有特定风格的。他早年将自己当时非常崇拜的七个创意总监的名字写下来，并且立志去跟随他们。他开始不停地跳槽，甚至为了达到跟随他们的目的，把薪水压低，最终他跟随了其中的六个工作，不断地去模仿他们的风格，但是之后他发现还是得有自己的想法。从插画家到广告人，再到现在的影视广告导演，李兆光游走在艺术与广告之间，但他对自己的

1.《正航—圣诞财神双重礼活动网站》，https://www.digitaling.com/projects/11900.html，2012 年 12 月。

定位还是一个利用艺术形式为品牌服务的、踏踏实实的广告人。现在除了工作，李兆光也在尝试着画漫画。他会把自己的角色分得很清楚，在画漫画时，画自己想画的东西，而在做广告时就完完全全地为品牌服务。他认为，做广告不像做艺术作品，可以肆意地表达自己的想法，而是必须要考虑品牌的需求，服务品牌、针对市场，帮品牌传达自己的情感和价值观。

经常和导演、插画师打交道的李兆光，虽然自己经常走在广告和艺术的边缘，但是他坦承"艺术家在精神上非常执着，为了追求艺术的想法，可以不吃饭不睡觉；广告人生活在舒服里面，但是喜欢把自己的生活神奇化，很多做文案的人会在简历里说自己写了一本书，美术指导会说自己还是一个艺术家，但是对于广告人来说，想成为作家或艺术家，几乎是不可能的。因为如果人的能量是一百分，作家和导演会耗费百分之八十的精力用在创作上，而广告人呢，不过是在玩票"[1]。对李兆光来说，他的作品里虽然时常可以看到艺术成分，但他对自己的定位还是一个踏踏实实的广告人，只不过是利用艺术形式为品牌服务。

LEE 金纽扣广告

1.《李兆光：Not To Do》，https://www.douban.com/note/353328960/，2014 年 5 月 24 日。

可以说，李兆光的每一个作品都反映了不同的风格，因为他认为"广告人不是艺术家"，品牌本身有自己的风格，广告人的工作就是帮品牌彰显自己的风格。前面提到，他喜欢的广告作品《等待大浪》，视频里面汹涌澎湃的浪和该啤酒品牌当时想要传达的理念一致，这也是他喜欢这个作品的理由之一。他的 LEE 金纽扣广告一案就很好地帮助了品牌。LEE 创立于 1889 年，以其经典的工人吊带牛仔裤而闻名，服装风格简单而纯粹。李兆光接下这个任务时，正值 LEE 品牌 120 周年庆，不过可能由于款式比较旧，产品似乎不是特别受市场欢迎。针对这一点，李兆光团队提出，本次广告活动的目的应当是让消费者更加了解品牌，整个广告风格也需要完全沿袭品牌一直以来给消费者的概念。于是，他设计了诸如品牌展厅打卡这样的活动，消费者可以参与各种活动来获取最终的大奖——120 条有着品牌纪念意义的金纽扣版限量牛仔裤。通过这些活动，消费者可以更加了解品牌的历史及产品的设计理念。

客户是伙伴，合作至上，一起成长

做广告不仅仅是把创意想出来，跟客户沟通以实现自己的想法同样重要。对于广告公司和客户的关系，李兆光认为，双方应该是相互合作的伙伴关系，共同致力于打造品牌的良好形象。二十多年的从业生涯中，他和他的搭档在面对客户时都会精挑细选，希望能找到可以互相尊重、一起成长的客户。虽然这会在一定程度上影响业务的增长，但李兆光表示："我们开一家广告公司，真的在坚持做精品，尽管这条道路比其他的道路要难四到五倍。"所以如果几次交流下来客户没有表现出合作意愿，而是妄图主导整个过程，他会选择放弃合作。即便在 2013 年到 2014 年那个最艰难的时期，李戈斯·雷尼广告公司也还是主动放弃了两个客户。"其中一个客户，是因为他们的产品在中国销售极其困难，全球的营销预算都削减了。另一个客户是我们根本无法跟他们合作，他们认为什么都是广告公司的错。"与其花时间去说服一个没有共识的人，倒不如去跟那些和你有同样的远见和认识的客户聊，这样更有意义。

选择好合作的客户之后，广告公司的职责就是产出好的作品帮客户解决问题，广告人需要告诉客户为什么自己的创意可以帮到他们，从而让双方目标一致，而不是一方给创意，另一方单纯地看这个创意是不是有意思。在李兆光看来，每个好作品产生的背后都有好的客户。比如他在李戈斯·雷尼广告公司做瑞士三角巧克力的广告，当时的客户很乐于接受新的、开放的概念。他和同事的提案比较容易通过，他们也希望可以做出能在市场与消费者中产生共鸣的作品。于是，李兆光就想尽量把整个项目计划做得更加完整。李兆光觉得之前的广告作品做得很差，便特意和品牌方道歉，并承担了品牌原来花费过的所有广告费用，最后李兆光给我们留下的就是瑞士三角巧克力这一系列经典的广告作品。消费者可以在互动网站上上传自己创作的拼图，这个拼图可以是一朵花或者其他的东西。拼图一旦被官方选中，网站就会发送通知给该消费者，如果他想要将这个拼图送给他的朋友，李兆光团队就会帮他用三角巧克力制作出来。整个执行的过程中，他们看到了不少感人的故事，执行起来也更有动力、更开心。整个合作对于双方都是很愉快的。[1]

瑞士三角巧克力广告

1.《Brunch Time | Kevin Lee：打破常规做创意，坚持原则做生意》，https://mp.weixin.qq.com/s/TiDxVS3SgWksxkm7o6UTMA，2016 年 1 月 7 日。

作为乙方，创意被客户否决是常有的事。很多广告人会因为自己的创意被否定而情绪低落，但李兆光的心态是"如果你否定了我的创意，我不会觉得伤心。你可以让我做更多的东西给你"。他始终觉得，他最好的作品中有一部分就是因为第一次、第二次的时候被客户否定了，才又多一个机会做出更好的东西。创意被否定的时候，多问问自己：这个作品是不是就是最好的呢？有时间的话多想一下，很多时候你会发现：原来你被否定的那些创意其实只能勉强算得上及格，回来重新做的东西真的会比之前更好。

对于最终的成品，李兆光也说，这应该是双方都非常满意并且很开心的作品。在整个和客户修改的过程中，李兆光会首先听取客户的意见。聆听意见的过程也能让自己知道对方的担忧和考量，而后再从专业广告人的视角，给客户好的建议。好的作品一定是有坚持的，不论是广告人还是客户的坚持都可能是好的。李兆光还特别强调，广告人一定不可以"长大"。我们生活在一个被各种规则限制的社会里，"长大"意味着被这个社会影响和改变，意味着不断被迫放弃想要做的事，所以有意识地保持小孩子"坚持自我"的状态非常有必要。人很强大的时候，就是因为他有"自我"，如果你的内心有坚持去做好作品的"自我"，那就没有什么能够改变你。李兆光谈起有一次在奥美拍广告，一开始定下的是每条片子 15—30 秒。但他回去反复思考后认为，既然要拍 4—5 条这样的广告，应该不止于 30 秒。于是他再去反复说服客户，最终果然是效果更好，甲方也觉得有道理，买下了长版本的广告。

一般来说，被客户拒绝两三次是正常的，但如果七八次都不接受，也不必过度怀疑自己，因为可能是客户接受能力的问题。[1] 在李兆光看来，客户可以分为两种：一种是意见领袖，一种是意见跟随者。意见领袖是很敢去做，也很有想象力的，他们会去想自己的品牌应该长成什么样。但如果是意见跟随者，他是没有那个思维和胆量去改变的。那在面对这样的客户的时候，其实需要用对的信息去和对的人沟通。如果面对一个意见跟随者，你一味地去推他，他辛苦，你也辛苦，到最后还是没有用。而面对那些创始人，他们的胆量真的是非常大，因为他们对于品牌有自己的远见，所以他们敢去尝试新的东西。这也是广告人自己需要去平衡的问题。

1.《Brunch Time | Kevin Lee：打破常规做创意，坚持原则做生意》，https://mp.weixin.qq.com/s/TiDxVS3SgWksxkm7o6UTMA，2016 年 1 月 7 日。

大公司认识世界 小公司回归创意

4A 公司也好，工作室也罢，没有绝对的好坏之分。李兆光用经验告诉我们这一点，奥美让他认识许多新鲜的事物，给他新鲜的体验；而李戈斯·雷尼广告公司的经历让他再次回归创意本身，拥有了许多思考的时间和空间，能够安静下来去做自己喜欢的广告事业。

李兆光任职奥美之时，奥美的规模已经非常大了，是"差不多全中国最大的广告公司"。所以在他看来，奥美这样大的平台，给人带来的最大的收获是能认识更大的世界，让他尝试了很多新鲜的东西，收获了新鲜的体验。借着工作机会，可以去国外走走看看，接触更多的东西，比如各种各样类别的国际品牌。更重要的是，他在奥美认识了很多人，有创业的，有做客服的，在网上认识了很多好朋友。因为优秀的广告作品不能只靠自己，正如他所说自我是杀死创意的最大敌人一样。当时李兆光和团队做 24K 金纽扣广告时，正处在传统广告转型时期，要广告人改变思维和工作范式非常困难，还好他和奥美互动、奥美行动的 ECD 执行创意总监都是好朋友，才能联合各方力量设计出让大家通过网络互动方式参与活动赢取金纽扣等的广告活动模式，很好地完成创意。不过，4A 公司的压力可想而知。为了给下属们更多的思考的时间，他不得不独自面对大量的案牍工作，这使他牺牲了自己的很多时间。

李兆光一直是一个勇于冒险、追求新体验的人，来到创意热店李戈斯·雷尼滚滚滚公司就很能体现这一点。从规模庞大的奥美到这家"小而精"的创意工作室，李兆光做出的这个决定出人意料，他的生活也迎来了改变。李戈斯·雷尼广告公司这样小的创意热店给予他充足的空间与时间，不用去烦心行政事务，可以踏实地去做喜欢的东西。创意热店工作模式也和大型 4A 广告公司不同，能把所有的精力放在思考上，核心工作就是想创意，用创意解决市场问题。除此之外，他认为创意热店的创始人蒂姆·雷尼（Tim Delaney）本身就是一个非常传奇的、非常有名的文化人。他一直喜欢跟随自己喜欢的创意总监，但不是一味地模仿学习，而是塑造自己的风格和方式。

不过，李兆光认为，从作品上来说大小公司并没有太大的区分，有一个很重要的相同点就是都需要团队的合作互助。在奥美，比如那个经典的北面公司（The North Face）的营销案例便是跨部门完成的，有手机端的部门，有创意部等，大家一起结合、一起努力去做的项目。在李戈斯·雷尼广告公司，瑞士三角巧克力广告案例也是一个很庞大的项目。有许多外来资源的帮助，也有许多内部的策划，这些都是这个好作品产生的重要因素。

赛场即舞台，无关乎输赢，只关乎快乐

拿奖无数的李兆光对参加广告比赛这件事，直言"挺好玩的"。他现在也是许多知名赛事评委席的常客，比如戛纳广告节、纽约广告节、釜山广告节等。他的耐克 Run Free 广告作品更是全球获得奖项第二多的平面广告。对于比赛，他觉得"每个人都希望自己可以赢得奖项"，时尚、电影各个领域都会有一些赛事，"这是一个舞台"，获奖可以给该领域的人"内心上的鼓励"，好的赛事就有素质非常高的评委，把自己的作品放在舞台上给他们去点评、去赏析，知道自己的作品"好与不好"，也是一个给自己学习成长的机会。说起拿奖的经历，李兆光觉得第一次走上台阶去领奖永远是最激动人心、记忆深刻的。当时他还在马来西亚，刚刚进入广告行业，比赛内容是一份餐馆行业的广告挑战。因为是黑白稿，他花了很多时间思考插画、设计、排版、字体等，最终拿到了字体和美术指导奖。作为业界新人的李兆光得到了世界上有名的评委的认可，那份激动与开心他始终难以忘记。不过遗憾的是，这幅作品他没有收藏，网上也无任何踪迹了。

但是李兆光也认为，"不能疯狂地去追求这种赛事"。能做出好的作品，拿去参加比赛是一种体验，"赢到就赢到，赢不到就算了，下次去做更好的"。他再一次强调积极心态的重要性，"点评这件事情有时候也是很带有个人风格的"，他从很早期的时候就有了积极的心态，比赛就是个大舞台，无关乎输赢，只关乎开心与体验。

数字营销：在媒介和创意的交融中起舞

（一）媒介是触及受众的工具

无论是过去还是现在，无论是平面媒体、电视、户外媒体还是移动媒体，懂得

运用不同的媒介一直是广告人必备的技能。为了了解你的消费群在什么地方，以及如何能够触及他们，你都需要知道并掌握当下最流行的媒介。

所以其实早在 2009 年，在移动互联网刚刚起步的年代，李兆光及其团队就为美国户外运动品牌北面策划了一场多媒体互动营销活动，希望提高品牌知名度并传播"探索永不停止"的品牌理念。

当时接到这个项目的时候，李兆光觉得选择传统电视广告的方式固然可行，但仅仅是视频很难动员人们参与到品牌的理念构建中来，而当时的中国正处于从功能性手机向智能手机过渡的时期，互联网和手机媒体蓬勃发展，移动营销逐渐兴起，因此，李兆光团队为品牌方打造了一场包含网络、手机广告、消费者活动、终端营销等多种方式的整合营销传播活动——"出旗制胜"。

这场营销活动从网络开始，李兆光团队创造性地选择富有象征意义的红旗来强调北面崇尚征服和探索的品牌内涵，并与美国专业团队合作开发活动专属的手机端程序。目标消费者只要在活动期间通过"出旗制胜"官方网站注册，并将所在地址通过短信发送至指定号码，便有一面专属于自己的红旗插在活动网站的中国地图上。18 天的时间，"探索永不停止"的红旗逐渐插遍神州大地。

为了帮助品牌真正触及中国市场的消费者，从 2009 年 10 月 28 日至 11 月 1 日，李兆光团队还在北京三里屯和上海瑞安广场各设置了一个近 7 米高的攀岩墙，使消费者得以近距离接触并激情体验户外运动精神，通过积极参与和亲身经历，对探索精神和户外运动能有全新的体验。[1]

与以往北面举办的专业类户外活动不同，"出旗制胜"活动充分利用了当时新兴的手机媒介和线下活动，用极其简单的参与方法让普通大众，尤其是缺乏运动的城市人，不管是在何处，也不管有无专业户外装备，只要拥有户外运动和不懈探索的精神，都可以将"红旗"插上征服的地点，将足迹与朋友分享。

（二）媒介影响广告创意的思维模式

媒介，除了是触及目标受众的必备工具，对广告的创意思路和模式也有重要影响，学会将创意和媒介技术结合会产生很多有趣的新东西。李兆光为国民鞋履品牌意尔康

1.《The North Face(R)"出旗制胜"》，https://www.adquan.com/post-2-3720.html，2009 年 11 月 4 日。

打造的春节活动就是此类不得不提的一次营销活动。

"过年"对于中国人来说有独特而重要的意义，可不知从何时起，春节营销活动千篇一律地贩卖情感，引发人们的审美疲劳。因此，李兆光团队打造的这次春节活动，希望摆脱俗套的故事，回归春节"初心"——辞旧迎新。

这场营销战役，于 2018 年 1 月 26 日从微信端开始打响。基于"一步一年新"主题，李兆光团队在微信推出"燃炮辞旧 · 迈步迎新"H5，根据意尔康全国市场分布情况，在十多个重点城市投放朋友圈广告，号召人们把过去一年的不如意或不顺心，写在意尔康的电子爆竹上，制成"烦恼鞭炮"扔掉。消费者扔出的"烦恼鞭炮"被搜集起来，做成一挂长长的电子爆竹，参与的人数越多，电子爆竹也越来越长，活动最后共收集到 122 万名消费者扔出的"烦恼鞭炮"。

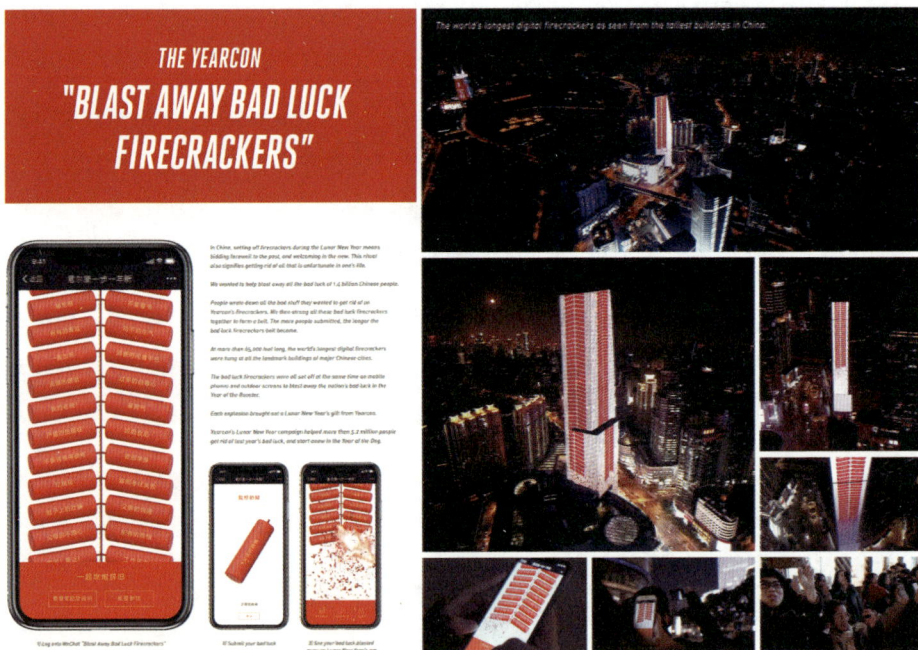

意尔康"一步一年新"案例：消费者在微信 H5 界面点燃"烦恼鞭炮"、摩天高楼电子屏炸响"烦恼鞭炮"

1 月 29 日，在另一核心"战场"——微博，李兆光团队开创了蓝 V 品牌 PK 的新玩法：每个蓝 V 各从主办方意尔康领取一挂电子爆竹，号召自己的粉丝为其打 call。这一新鲜的玩法，让蓝 V 之间各成阵营，通过粉丝站队比拼，提高了互动量。微博活动仅 4

天，话题阅读量就突破 1.8 亿，讨论达 12.6 万，但这并不是结局。这场春节营销活动，在 2 月 1 日晚被彻底"引爆"。李兆光团队把从线上搜集来的"烦恼鞭炮"，挂上上海、深圳、重庆市中心百米摩天高楼电子屏，在三地同时炸响，替所有人炸走旧年烦恼，迎来新年好运[1]，这引来各路媒体纷纷报道，助推事件"燃爆"全国。

从微信、微博"双微合璧"的创新玩法，到一场轰动性的线下"燃爆"事件，李兆光团队受微信 H5 形式的启发，将春节燃放鞭炮的习俗以另一种方式移到线上线下，打出了一场跳出"贩卖情感"套路的春节营销战役。

（三）媒介是工具，创意才是核心

作为从传统媒体过渡到数字媒体的亲历者，李兆光不断调整自己的思维方式以适应传播手段的变化，但他始终认为媒介只是发挥创意的工具，创意才应该被放在最核心的位置。如今的数字营销，其实就是世界上多了一种新的传播手段，它提供给我们大量的数据，让我们能够更好地了解人们的生活习惯，也让我们有更多的空间去搜集灵感并且展示自己的创意。但当我们理解这些之后，创意还是最重要的，因为数据可以窥见人们的生活，却打不开人们的心，只有蕴含在创意中的情感，才能跟品牌产生关联，从而打开人们的内心。无论是"出旗制胜"还是"烦恼鞭炮"，真正打动人的还是背后的"探索永不停止"的精神和春节"辞旧迎新"的观念。因此，对于李兆光来说，在工作的时候一般不会首先想到建立媒体接触点，他的重点是核心创意。微博、微信等都只是一些常见的渠道，每个人都会用，这不是创意。在和客户探讨的过程中，李兆光也会提到：为什么在社交媒体上砸那么多钱进去却没有效果？原因其实很简单：没有内容。不管是写书、拍电影还是拍广告，道理都是一样的，媒介技术是工具，是渠道，真正重要的是内容，是你独特的创意，只有将媒介和创意完美融合，才能完成一场漂亮的营销演出。

李兆光以创意人的身份，历经了新旧媒体在二十多年间的不断变革，亲见了种种所谓新媒体在迅速蓬勃发展到达鼎盛期后又极速殒落。在时时审视自己作品的过程中，他始终无法割舍的还是对于影视广告的热爱，因此他决定回归初心，舍弃之前在广告业内所赢得的一切光环，以一名新导演的身份出道，专注地在这一纯粹的媒介中，

1.《过年最重要的就是开心嘛，所以我们号召 14 亿中国人一起炸走烦心事》，https://www.digitaling.com/projects/26213.html，2018 年 2 月。

以丰富的视觉和听觉去挖掘人最深处的情感、讲述触动人心的故事，并且传递有精准洞察的广告概念。

正如本文标题所述，李兆光的职业生涯永远"走在悬崖边上"。成为广告导演意味着他要进入一个未知的领域，身边的团队不再是天马行空的创意人，而是各司其职扎扎实实支撑起一条影片的各个制作部门。他从他们身上学习专业的技巧，结合自身对于创意的深刻理解，稳扎稳打地交出一份份令自己满意的答卷。

最后他想告诉年轻人的是：在这个市场中，妥协是最轻易的事情，但这也是成就伟大作品的最大敌人。只有坚定自己的信仰，保持平静的内心，不被外界声音所干扰，踏实地做好每一个作品，才能走出属于自己的风格。

（采访：李奕璇　王佳颖　张宁莉　张文涵　金玟池）

Chapter 3

突破自己，走出局限

——佛海佛瑞（Fred & Farid）上海合伙人、执行创意总监黄峰

黄峰是少数在西方广告公司担任创意总监的中国大陆创意人之一。作为佛海佛瑞（简称 FF，即 Fred & Farid Group）的最初团队成员之一，黄峰从 2007 年开始担任公司副创意总监和艺术总监。2012 年伴随着佛海佛瑞上海办公室的成立，黄峰回到中国，成为佛海佛瑞上海公司合伙人、执行创意总监及联合创始人。他所带领的团队为惠普、阿里巴巴、奥迪等众多国际和本土品牌提供创意和战略合作服务。并为佛海佛瑞上海公司收获戛纳创意节、艾匹克广告节、伦敦国际奖等国际比赛的荣誉。在研究生未毕业时就带领自己的团队拿到了法国电信 Orange 的项目，这是他的出道作品。他每天都有许多天马行空的想法，始终保持兴奋和快乐的状态，而有机会跟佛雷德和法里德这两位创始人一起做伟大的作品，那更可以称作双重完美，他非常珍惜。在学习和突破自己的过程中，他创作了很多具有影响力的作品，其中代表作有春晚的公益广告《名字篇》和为天猫双十一重新奠定调性的 *All in one*。带着自己独特的广告思想，他一路前行。

什么是创意总监：让创意走得更远的人

黄峰，现任佛海佛瑞的创意总监。

创意总监需要做的是让创意走得更远。当客户对一个项目提出具体要求之后，需要创意总监和策略、财务部去接洽，坐在一起聊一聊关于这个项目的情况。此时，需要分析客户的需求，分析在创意产生的时候可能会有哪些问题。当客户需求和策略层面碰撞时，就会产生一些思路，或者是大的方向和解决方案。比如 2016 年，佛海佛瑞为天猫双十一制作的 *All in one* 广告片中，向各个品牌寻求授权、协调各品牌的要求，就可能是在执行层面会出现的问题。创意总监首先要知道，路要往哪儿走。

知道了路的朝向之后，就要跟自己的创意团队具体对接项目内容，进行团队创意产出部分的工作。

创意的产出，需要发散思考。为了探究具体什么样子的创意会是更好的解决方案，黄峰会跟团队里的每一个人去"过"他们不同的创意。通过一对一的交流，筛选出有一定发展空间的创意，并给这些创意一些具体的改善的方向。同时，他也会和团队一起沟通，探求已有创意之外的其他方向。

团队会议是头脑风暴的过程，更是创意碰撞的过程。这个过程中总是会给整个团队新的启发和灵感。在会议上形成的想法要再次各自分头去思考和发展，然后再聚拢。在这样一次又一次、一轮又一轮的发散与聚拢的过程中，身为创意总监的黄峰会不断修正来自团队的创意，使之与客户需求相符，并不断缩小创意方向和范围，最终聚焦到一到两个方向上去，再去把它们深入，把它们细化，让创意走得更远。

怎么让创意更好？文案是否可以更精妙？创意如何执行？创意和品牌调性如何才能更契合？黄峰和整个佛海佛瑞团队会不断去打磨创意，并和策略部门合作从形成整合方案。最终才进入对客户的提案环节。创意总监需要在提案中对客户反馈做出解答，甚至需要带着客户的反馈，去和团队再一次进行的产出循环。

当真正确定下创意，进入执行阶段后，创意总监的工作不会有任何减少。要率领创意，去寻找最好的制作团队、最好的执行团队。在选定导演或摄影师、艺术家后，去跟对方讨论执行的深化，让创意执行能够更上一个台阶。

从了解需求，到产出创意、提案、制作，最后到提交创意产品给客户，这是创意从发芽生长到最后结下果实的过程。

一拍即合，与 FF 的故事

初识佛雷德和法里德是在 2004 年，黄峰当时在法国攻读视觉传达的研究生课程。佛雷德和法里德正帮阳狮创办一个创意热店 Marcel，需要创意方面的新鲜"血液"，黄峰就成了这家公司的第一个创意员工。黄峰（Feng Huang）的名字里面也有一个 F，似乎一切早已注定。

黄峰深情地回忆起了他与佛雷德和法里德结缘的故事："第一次见面是塞纳河的一艘船上，当时公司名称和办公室还没有确定，但是和佛雷德和法里德两人聊得非常融洽。他们那时候已经是创意界的传奇人物，看到他们为 X Box 所做的《人生苦短，及时行乐》（*Life is short, Play more*）的广告作品时，我就想有机会一定要跟他们一起工作。和他们见面后感觉三个人属于同一类型，自然也想做同样的事情，得到这样的完美机会没有谁会不兴奋。"[1]

黄峰希望每一天都能有天马行空的想法，始终保持兴奋和快乐的状态。创意是追求完美的工作，而有机会跟佛雷德和法里德一起去做伟大的作品，那便可以称作双重完美。在他的意识中，创意是一个企业赖以生存和持久发展的重要武器。当下市场竞争呈现出激烈态势，商品的设计、外包装等都可以被效仿，然而存在于消费者心中的创意则不会被轻易效仿，这正是黄峰看重佛海佛瑞的原因。

对黄峰而言，每个工作和项目都是全新的探索，最终的产出也是不同的。经常的刺激、一拍即合的状态和他们的讲故事能力，使黄峰更加信任这一集体。他们不喜欢夸夸其谈地讲创意、方法论，教育别人如何做创意，而是以作品和结果说话。他们所构思的作品及创作思路与大众的调性和风格并不完全一致，每个作品都存在着令人赏心悦目的精彩创意，做出的每套方案都很别致。进行不断的研究，结合特定人群，分析群体文化、环境与地域影响因素，并选择合适策略实现广告信息传递的差异化，

1. 张婷，《黄峰：认清脆弱现实，继续追求伟大》，《现代广告》，2019 年第 2 期。

这是佛海佛瑞最好的创意经验。

Marcel 从 20 人的小团队开始起步,到现今成为拥有来自世界 25 个不同国家员工的济济一堂的大家庭,只用了两年时间。那段时光令黄峰印象深刻,他形容小伙伴就如同一战壕里的战友一般,为了同一目标拼尽全力,这种亲密作战的团队氛围为 Marcel 拿下了很多项目。这期间黄峰几乎住在公司,废寝忘食,匆匆吃饭冲澡,有种拼了命的感觉。黄峰说:"我研究生二年级的导师就不是很开心,因为我每次交作业的速度不是很快,去上课的次数也没有那么满。我的主要精力都放在工作上,基本上是 200% 的付出。"研究生毕业前,他交出了自己的第一个创意作品。作为创意团队的主创,他拿下了法国电信品牌 Orange 在欧洲市场的品牌重塑项目,出街的是一套主题为"Open"的概念化平面作品。之所以能拿下这一项目,黄峰给出的理由是:"其一是和他们肩并肩每日每夜去想创意,然后再去推翻自己;其二是我来自中国,这样的存在就是一个新颖的视角。但同时作品也仍需符合市场的品味,(中国元素)得符合整体策略方向和概念,并不能只是'搬运'。其实可以看作是自己的一个擅长点完美应用到策划和概念的组合上,这就是当时能够做出项目的原因。"

黄峰与佛雷德、法里德一起走过 14 年的创意时光。作为创意人,他的动机、规则、使命的构建都受到佛雷德和法里德的影响。2007 年,黄峰开始担任 FF 创意副总监和艺术总监。2012 年,作为欧洲广告公司里首位来自中国大陆的创意总监,黄峰带着他的理想,还有对中西方文化的独到理解以及多项国际广告奖的经验回到了中国上海,佛海佛瑞公司也因此迈出了它国际化的第一步,佛海佛瑞这个中文名也是从这时候开始启用的。FF 上海公司最开始主要做法国品牌的本地化项目,后来才逐渐进入与本土品牌合作的新阶段。

佛海佛瑞公司在法国巴黎、中国上海和美国纽约三地组建了办公室,而各办公室之间建立联系的方式也成为 FF 的一个特质。黄峰介绍:"FF 集团所有人都用微信,还有微信群,有公司的大群,也有管理层微信群,还有垂直部门的群,大家互相沟通,共享资源。有时候给品牌做全球市场的活动,我们会让纽约或者巴黎的公司帮助我们在不同市场进行分配,这种分配是相互的,也非常高效。"这种及时共享的协作机制非常便于给国际品牌服务,因此能够拥有不同凡响的国际声誉。

创意的灵感源于品牌本身，需要聆听品牌的故事

佛海佛瑞的一个很重要的特点就是，他们的作品和创作思路并不是以同一种调性风格一以贯之的，而是每一个创意、每一个方案都有不同的风格。这正对应了黄峰的创作理念。黄峰认为，做创意的人，也像艺术家一样，要做出东西来让大家信服。创意的灵感源于品牌本身，需要去聆听品牌的故事。在这样的理念下，佛海佛瑞为美国三大牛仔品牌之一的威格（Wrangler）所做的广告"我们是动物"（We are animals），出尽了风头，在各大国际广告节上频频斩获大奖。

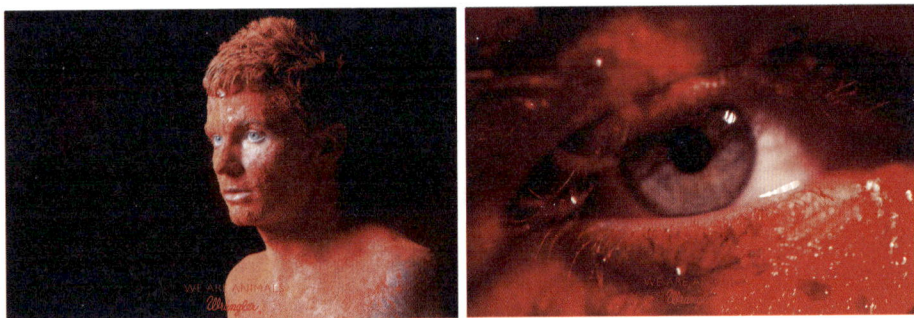

威格系列平面广告

"无关牛仔，品牌要将精神寄予于一匹向往自由、拥有强烈控制欲与反叛欲的马，这似乎也喻示了人类对于这个社会的反抗，希望释放自我。而'我们是动物'一句足以彰显人类原始的欲望，充满野性。红色系列非常有张力，视觉的冲击力非常强；而自然系列则通过人模拟动物在自然界中的状态，传达反叛、释放自我的感觉。"[1]

黄峰在法国时，作为一个外国人，去做传播和广告其实是非常困难的。欧美市场注重内容和品质，企业也更注重品牌的价值和形象，所以广告制作节奏比较慢，周期比较长，往往是四个月到一年产出一个作品。但国内在互联网公司崛起的浪潮下，工作节奏显然更快，往往两个月到四个月就需要产出成品。另一方面，欧洲公司在内容方面会更偏重复古文化和情节，但中国企业会更喜欢新颖的、未来性的事情。

不过，作为一个中国人，黄峰用一种不一样的视角，给法国的广告主带来了一些令人耳目一新的东西。但需要注意的是，这样"令人耳目一新的东西"并不是随意而

1.《专访：Fred & Farid 佛海佛瑞创意总监／艺术总监黄峰》，https://www.digitaling.com/articles/12858.html，2012-10-26。

为的，仍然需要符合市场的品位，符合消费者整体的策略方向和概念。并不是把中国的东西简单地拿过去，而是将自己所知道的、擅长的东西完美地应用到策划和概念上去。

黄峰很喜欢在法国期间给瘦身塑形品牌慧俪轻体（Weight Watchers）所做的"好好对待自己"的系列广告。他尝试将"怎样吃会更健康"的理念以时尚的方式展现，寻找英国的摄影师，最终拍摄出了一套极具视觉冲击力又兼顾流行性的从影片到平面的系列广告。艺术家广告人黄峰，从未停止自己创新的步伐。

"好好对待自己"系列平面广告

这是一个非常法式的广告。广告通过展示女性拥有的光滑嘴唇，和一系列健康和不健康的食物，传递了节食令人沮丧的信息。画面兼顾了视觉冲击力和流行性，通过夸张甚至是让人有些不适的感觉，唤起人们对节食的不满，并鼓励你去慧俪轻体法国减肥中心试试。

一夜的时间，一百个点子，一百个孩子

当一个出色的想法"出生"的时候，黄峰首先做的，是拼命地去想它的弱点。

黄峰在法国时，就已经作为主创，拿下了法国电信 orange 的广告项目。当时的他研究生尚未毕业，甚至还同时在做毕业的创意设计。他认为之所以能拿下如此大的项目，除了拥有独特的中国视角之外，还有一个非常重要的原因在于，团队里的每个人都很拼。"大家都很拼，没日没夜地去想创意，然后再去推翻自己。去推翻自己是一件很难的事情。"不难理解，当想到一个创意时，普通人的想法可能是，"这个创意真的很好"，所以不愿意把它放在一边，无形中就限制住了自己思考的维度和看问题的视野。但黄峰为了防止这种心态产生，在想到一个创意时，他会强迫自己站在另一面，拼命地去想这个创意的弱点和缺点，强迫自己忘记创意的优点和精妙之处。"就逼着自己去解决，如果解决不了，就想想我们是不是可以换个思路，

再想另外一个创意。"

为了训练自己的平常心，黄峰给出了一个"最基本"的训练方法：一夜一百个创意。

"就是说，如果有一个项目让你去做，你有一夜的时间，第二天早晨过来你需要给一百个点子。"这种近乎折磨人的思考方式，会逼着黄峰去思考新的东西，而不是停留在第一个创意上。任何一个项目都可以通过不断地变化角度以获得新的创意，当真的想出来了一百个创意时，思维就不会再囿于某一个特定创意了。

想出来的一百个创意自然有好有坏，此时就需要自己去判断其优劣。"一百个创意"的目的在于，创意产出者会用一个客观的方式，把这些创意放下来，然后再从中选出最好的。如果只是想着第一个创意的好，会很难跳脱出来。"先不要说它最完美，写一百个，再拿出来看哪一个最好，这比较客观，就好像你有一百个孩子一样，这个时候你看哪一个孩子最好，因为你能比较客观地看待它。"

一百个创意，就是黄峰的一百个孩子。

参加广告大赛，原创是最低门槛

对于一个创意人来说，想出一个好点子是很令人高兴的，有些创意可以付诸实践，用到真实广告中，而有一些创意适合参赛。广告比赛有诸多利弊，对于选手来说，他可以在一个更广阔的舞台公平竞争，得到专业的点评和严格的评审；对于命题单位来说，它能够提高自身知名度，也能从参赛作品中获得灵感；对于业界人士来说，好的参赛作品能启发他们，对整个广告界也都是一种激励。不过参赛广告最大的缺点就是可行性不高，大部分是纸上谈兵，与实践之间还有很大的差距。广告大赛让创意人保持旺盛的创新能力，有利于行业的发展，但是考虑到投入的时间、资金和实用性的话，还得权衡一下利弊。

黄峰对于广告比赛的态度比较"佛系"，FF 如果有大家觉得好的广告就会拿去投稿，但是不在乎拿不拿奖，也不会特意按照比赛要求去做广告作品。对于黄峰来说，拿奖不是目的，创意才是关键。黄峰特别重视作品的原创性，在他的心目中，只有当一个作品是第一次做或者是第一次从某个角度做，这样的作品才有资格参加广告大赛，原创是最低门槛。

对于参加广告创意类大赛的大学生，黄峰给出的建议是要把近二三十年的广告节作品全部看掉，学习它们的优点，也确保自己作品的原创性。因为有些创意可能是来自潜意识的，是自己以前看过的书或者视频中的观点，只是时间久了，记忆模糊了，以为是自己想出来的。多读、多看可以培养大学生的逻辑能力，发散思维，有利于创意的产生。

人工智能时代，非逻辑的、脑洞大开的创意无法替代

在媒体变化的环境下，一些重要的程序如微信、淘宝、抖音、今日头条等，有着强大的媒体曝光能力，它们本身就是"大的广告公司"。据统计数据显示，2018年广告收入最高的公司是阿里巴巴。在这个被互联网冲击的时代，广告公司的优势在哪里呢？

黄峰认为："广告公司作为创意公司，需要充分激发广告人创造性的、非逻辑的、脑洞大开的想法。在互联网公司，人工智能和大数据会代替传统上很多由人完成的工作，比如机器人写文案等，但是大数据代替的是比较理智和规律的东西，难以代替的是激情。人工智能可以替代很多行业中人的工作，但是很难代替有惊喜、出自内心的东西，在未来它可以用来辅助人工作，但不能完全替代创造性的工作。"[1]在黄峰公司墙上的显著位置贴着大大的"Think with your heart"，这也是 FF 公司的人对自己的要求，要充满激情、充满创意。

而脑洞大开的创意并不是凭空出现的，需要平时对生活进行观察和积累。如果要做钻石广告，就去观察兴奋地谈论钻石的女人；如果要做牛仔裤广告，就去观察喜欢穿牛仔裤的青年们的生活。创意的灵魂是生活洞察，没有洞察的创意呈现的只是浮于表面、肤浅的东西，或许可以在一段时间内冲击消费者的感官，但是无法长久，毕竟产品是需要让消费者在生活中使用的。创意脱离了洞察，意味着广告脱离了生活，这样的呈现难以引起消费者内心共鸣，难以让消费者留下深刻记忆，也就难成经典。

1.《我们想让中国品牌获得国际认可》，http://www.sohu.com/a/279419976_199560。

作为一个战略和创意公司，我们致力于解决品牌的问题

当问起黄峰对于快销公司广告的看法时，他给出的答案是需要看品牌和产品各自的需求和媒体策略。FF 作为一个战略和创意公司，致力于解决品牌的问题，用最合适客户品牌的方式来制定广告策略。如果一个品牌面临生死存亡，而且资金不足，广告策略肯定不会偏向调性和质感，而是选择病毒式营销，用刷屏的方式大幅度推广产品。如果客户品牌达到了一定境界，那树立品牌形象就非常关键，促销也要做得有质感。不同品牌在不同阶段的需求决定了广告的策略。

2018 年，饿了么找 FF 公司合作，想要升级品牌形象，因为饿了么名字的限制，品牌会显得没有质感和精神。饿了么本来是想做一个传统的品牌形象片，但是 FF 给出了一个新的方案——可食用筷子。品牌形象的提升不是靠一个形象广告片就能实现的，而是需要平时方方面面的品牌建设。"可食用筷子"输出了一种环保理念，有趣又实用，消费者都愿意参与并传播它。广告策略不只是机械化地拍视频，而是要帮助品牌解决问题。

饿了么可食用筷子

同年，FF 公司也为虾米音乐"寻光计划"出谋划策，推出了 100 张采用雾霾颗粒制成的黑胶唱片。这一创意不仅新颖，吸引眼球，而且也非常契合虾米音乐本次"寻光少年发片季"的主题：让更多有才华的音乐人不被"霾没"，能够"拨雾见光"，被更多人认可。如此新颖且有意义的唱片设计无疑对提高虾米音乐以及"寻光计划"活动的知名度和品牌形象有着积极的推动作用。

虾米雾霾唱片

广告策划与品牌是息息相关、不可分割的，创意也不是天马行空的，一旦脱离了品牌本身，就不是一个好广告。广告策略服务于品牌，所以广告应该是可以正式有效地解决品牌现阶段的难题的，广告人应不拘泥于常规模式，用心思考，为品牌在市场进一步的发展发挥积极推动的作用。

随着中国经济的腾飞，中国品牌逐渐走向了国际化，中国广告行业也出现了一些改变。黄峰认为，中国的广告行业目前出现了两极分化。各个品牌的理念不同，使用的广告手法也不同，但大致可以分为两种。一种是目前中国本土市场上最常见的，为了提高曝光度、使受众更容易受到刺激，注重流量的商家采取一切吸睛的噱头，以换得眼下的利益；另一种是近些年出现的大趋势，越来越多已经成为行业领导者、同时正在开拓国际市场的中国品牌，希望把自己塑造为有品位的、高档的国际品牌，如华为、OPPO、微信和阿里巴巴等，它们看重未来市场，因而会更注重自己的品牌形象，所以在广告类型的选择上往往会转向更加国际化的、符合自己品牌调性的广告风格。

黄峰认为这两类走向并没有高低之分，只是品牌的定位存在差异，品牌基因决定了品牌广告的审美差异。在黄峰看来，广告中的"美"同样没有高低贵贱之分，但这种"美"不论是何种风格的，它都不该是个人喜好范畴的东西，它必须要被品牌的受众广泛地喜爱才有实际意义。在给广告类型定位的时候，要用理性的逻辑与策略来说服品牌方，而不是靠单纯的个人喜好。举例来说，想使一个品牌年轻化，要在确定年轻受众偏好的基础上，再将广告风格与品牌基因进行有机结合。

此外，黄峰还提到，虽然品牌基因对一个品牌而言举足轻重，但保留品牌基因不意味着固守品牌基因。特别是当一个品牌面临着生死存亡的险境时，改变品牌基因或许可以成为它力挽狂澜的唯一方法。

"接地气"和"高级"并不是对立的两面

当今社会分工愈发明确，各国间的合作也变得越来越频繁，随着全球经济一体化的推进，各行各业也被带动起来，广告行业也不例外。广告是一种文化的载体，不同地区不同的文化特征使得广告的内容丰富多样，由此产生了广告的本土化和国际化的差异。

黄峰认为，广告本土化需要对日常生活有很细致的观察，能够讲打动人的故事。2015 年，FF 上海分部为央视春晚制作了一则叫"名字篇"的公益广告，赢得无数好评。这则广告对于 FF 公司来说是个巨大的挑战，因为 FF 本身是一家比较时尚的法国公司，而春晚和那些时尚品牌不一样，春晚的受众非常广，不仅要面对一线城市的那些年轻人，也要面对山里面完全不识字的老人们。目标人群的构成非常复杂，如何找到一个

名，记我们从哪来

Never forget where you come from

春晚《名字篇》公益广告画面

影片通过 10 个不同年龄、不同职业、来自中国各地的中国人，讲述自己名字背后的故事，让全中国 14 亿人民一起重新审视自己的名字，体味它的传承与感动，铭记我们从哪里来。

合适的切入点，让这些天差地别的人们都能理解是个巨大的难题。历时三个月，FF 公司做出了公益广告《名字篇》，视频中出现了不同年龄、不同职业、不同地区的人，用"名字是每个人生命的起点，更承载着爱和希望。名，记我们从哪来"这一条线把看似完全不相干的人串联了起来，讲述了一个个充满了中国味道的温馨故事。这则广告讲述了中国人自己的故事，容易在中国人群中引起共鸣，这也证明了 FF 公司有能力在中国生存，是 FF 公司的一次重大改变和突破。

这是一个在国内非常成功的广告，但是在国际视野中可能并不能引起共鸣。"好的国际化广告是不分国籍的，只要是个人看着都能理解的。"黄峰说道。比如麦当劳的经典广告婴儿摇篮篇，广告内容很简单，就是一个婴儿在摇篮里，向前摇的时候会笑，像后摇的时候会哭，原因就是向前摇的时候能看见麦当劳，从而表现麦当劳的诱惑力。这个广告很好地抓住了人们对婴儿表情、情绪的普遍认知，无需语言，光看画面都能理解广告想要表达的意思。

同样，当外来广告要进入一个地区时也要考虑目标市场的文化背景。"品牌项目的事件性营销的关键之一，就是要在一个有文化背景的世界去凸显它的品牌价值。"黄峰认为，现在国内的奢侈品广告做得很有距离感，不够接地气，就是因为是把他们在国外的那一套东西直接应用到中国市场，没有做到情感沟通。奢侈品广

吴亦凡代言 LV

告既要达到质感、调性上的要求，也要和中国消费者有情感连接。首先广告不能有距离感，要"说人话"，"说人话"体现在文案细腻的拿捏中，越朴素，越高级。画面表现、美术设计、人物设定、拍摄手法等各个方面也要到位，提升品位。高级和接地气并不是对立的两面，当洞察足够真实时，就能在高级和接地气中找到那个平衡点，与消费者进行情感沟通。例如当FF做LV广告的时候，代言人选择了吴亦凡，就是考虑将都市、年轻化、未来生活方式的元素融合，以期消除大众与奢侈品品牌的距离感，又不失调性和质感。只有对中国市场和奢侈品牌有足够细致的洞察，才能把握住亲和与质感之间的关系。

黄峰认为，现在中国广告的大环境还没有达到国际化水平，因为大部分公司还是会拿中国本土化的创意和故事去讲，这些内容在国际视野中其实并不能被人理解。中国广告要走出去的话，需要越来越多的中国品牌国际化，当越来越多的中国品牌变成国际化品牌的时候，中国广告自然就会迎来国际化。形成国际化大趋势以后，中国消费者的品位也会变得越来越国际化，这是相辅相成的。

产出有意义和有价值的广告，不做垃圾制造者

黄峰承认，提起广告，普通人的第一印象就是视觉污染，一部剧看得好好的，突然插播广告；在风景好的地方散步，突然冒出个广告牌，让人心生厌恶。作为这个行业的工作者，黄峰不想成为垃圾制造者，期望能做出对社会有意义的广告，输出的价值观是可以帮助建设和谐、美好社会的。优秀的广告不仅不是垃圾，而是一部能够供人欣赏、引人思考的赏心悦目的作品。

广告行业比较浮躁，现在社交媒体上的广告一味追求造话题、蹭热度，投机取巧，即使有试图与消费者进行情感沟通的，最后还是在强卖东西，没有给出一个有价值、有意义的东西。黄峰举了一个手机广告的例子，如果手机的卖点是高清摄像头，那么广告通常会反复强调这个摄像头拍得非常清晰，使用非常方便。但是如果切入点是这个摄像头可以更清晰地留下一生的记忆，所有美好的东西都应该被拍下来，这样以后的人才会看到现在的故事，那么广告的立意会大不相同。同样是卖一个产品，稍微改

变一下切入点和广告策略，就能产做价值和意义完全不同的作品。前一种手机广告只是阐释性能，而后一种就能触动人心柔软的部分，比单纯售卖商品有着更高一层的意义。

黄峰认为，价值和意义的关键与品牌故事相关，创始人创造某个品牌或者产品时的心境赋予了产品、品牌意义。比如生产一个灯泡，是为了盈利，还是为了给人类带去光明，这代表的价值就非常不同了。而广告应该考虑到一个产品或品牌存在的意义、社会价值、人文价值，把这一类想法传播出去，而不是单单宣传功能，一味追求功利。

"2016 年，FF 上海公司为天猫双十一提出了 'all in one' 的概念，并一直沿用至今，成为天猫走向国际的开端。"[1] 当时人们对双十一的印象就是商品打折，而黄峰等人不满足于此，他们想要告诉受众双十一除了代表打折，也代表着阿里巴巴的形象，甚至代表了中国经济的情形，想要通过双十一的活动来提升阿里巴巴，甚至中国在国际舞台上的形象。"all in one" 展现的是阿里巴巴的精神，所以影视广告将一些最知名的国际品牌的广告语穿插到一起，做成一首品牌诗：我将，改写你的命运，每个人都有无限可能，不断超越，去跨越界限，根本停不下来，力量是一种美，我的美由我主导，怕什么，无所顾忌，捕捉生命的不凡，点亮生活的精彩，活出年轻，原来生活可以更美的，人生如此美好，不设限，活出趣，和最好的自己为伴，你值得拥有，未来无所不能，我们打破常规，步履不停，坚韧不止，迎接更多挑战，一心向前，别让雄心止步，Just do it。这首品牌诗联合了 27 个国际品牌，体现了团结合作精神，而诗的内容本身也很励志，表达人生不设限、勇于挑战、不服输的理念，将双十一广告提升到一个更有意义的高度。

当然，黄峰等人执行这个策略的时候遇到了诸多困难，首先是品牌授权问题，因为要和竞品在同一则广告中出现，很多品牌并不愿意这么做，这个在国际上也被认为是不可能的。后来要到了授权，在交片的时候，场景都拍好了，但是有的品牌又反悔了，只好再把它抽掉。有好的广告想法是第一步，之后的执行也是非常关键的，需要一步一步找办法去解决，没有投机取巧的方法。用心做的广告才能展现出最大的社会价值和意义。

1.《我们想让中国品牌获得国际认可／专访佛海佛瑞联合创始人黄峰》，http://www.sohu.com/a/279419976_199560，2018 年 12 月 3 日。

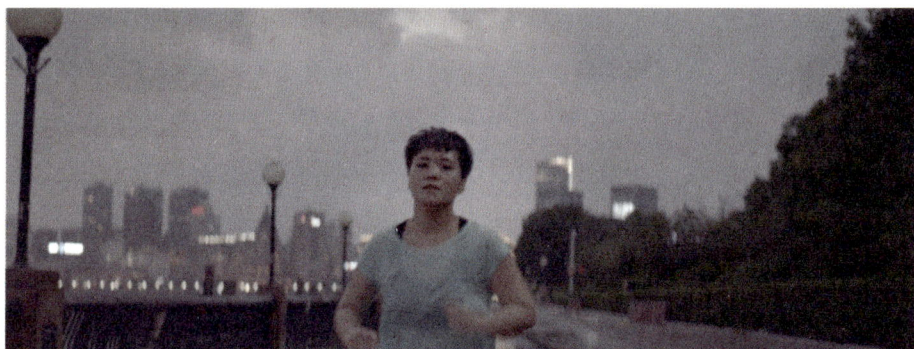

天猫双十一"*all in one*"广告画面

　　无边界是互联网最大的魅力所在，只要你敢于开放与融合，自身的价值便能彰显。天猫以它开放的胸怀将更多品牌融合进一个世界，为的是实现共赢共存。这是天猫和 30 多个品牌联合打造的一部作品，天猫作为一个平台，希望更好地赋能商家、品牌，为消费者服务。[1]这部片子重点在于充分表达中国的消费者是如何生活在他们所热爱的品牌世界里。

　　这也是"all in one"这个创意背后想要讲述的。

　　当"all in one"这个想法确定后，天猫精选了一批对中国城市消费者具有巨大影响力的品牌，并向他们发出合作邀请，待品牌方确认合作意愿后，由天猫的品牌团队和广告代理商一起，根据每个品牌的广告语以及品牌精神，去创造每个品牌不同的故事脚本，同时排列所有故事的脚本，以确保在整体文案上，所有广告语组合起来是一首流畅的品牌诗歌。

　　这支广告最终是由国际当红的导演组合"Norman"拍摄完成的。"Norman"导演组合的作品一向以细腻、真实又直指人心的故事风格而著称。所以再次细看这个视频广告时，我们会惊讶，这不应该是一部普通的广告片，而应该是一系列动人的消费者故事。[2]

新兴媒体只是改变了广告形式，而没有改变广告核心

　　随着数字时代的到来，移动互联网络、智能手机、数字电视、大数据、人工智

1.《天猫双十一广告文案 2016 双十一天猫首支广告曝光》，https://www.liuxue86.com/a/2990029.html?_t=t，2016 年 10 月 24 日。

2.《专访：Fred & Farid 佛海佛瑞创意总监 / 艺术总监黄峰》，www.digitaling.com /articles/ 12858.html, 2012 年 10 月 26 日。

能愈发成熟，数字广告逐渐代替传统广告，成为最流行的行业趋势。信息技术革命正在改变数字营销的面貌。对于消费者来说，获取信息的方式和习惯改变了，情绪和营销触点在碎片化的信息环境中不断变化；对于企业来说，需要处理的信息量成倍增长，如何抓住消费心理的痛点，制订合适的数字营销方案是一个至关重要的问题。

新兴媒体不断涌现，从最开始的网站、论坛，到微博、推特、Facebook、腾讯QQ、微信等社交媒体，到现在的天猫、淘宝等电商平台，再到抖音、快手等短视频App，新媒体、新平台不停地在变化。黄峰认为，利用好这些新媒体为自己的品牌做宣传是每一个公司都应该去做的一件事情，现在拒绝它们就像当年拒绝电视一样。利用好这些新媒体的前提是去了解这些媒体，不同的媒体渠道有着不同的特性和不同的宣传效果，因此在投放广告时不能将完全相同的广告放到不同的媒体中，否则只会造成传播效果的弱化和资金的浪费。"我们希望能做一个从来没有在社交网站上做过的东西，如果只是为了找一些营销账号单纯地转发，制造媒体效应，也就失去了社交网站其实可以发挥更多创造性功效的本意。"

黄峰认为，新兴媒体渠道的出现只是一个执行层面形式上的不同，新媒体新形式可以给广告加分，但是广告最核心的东西不会改变，那就是广告想要表达的内涵。"媒体的变化对策略、洞察、概念其实是没有影响的，只不过是执行创意的形式上的变化，广告的核心没有变。"

新兴媒体与广告的关系也是如此，广告不能脱离新形式，因为这是大趋势，不紧跟潮流就会落后。为了在各个平台投放最合适的广告，FF 公司内部积极提倡使用各类网站，因为不亲自接触就不会懂得如何去做。形式也不能成为广告的核心，不能一味地追求形式上的创新，而忽略了广告的品质，品质为王，这才是未来内容营销的出路。

（采访：吴 枫 林 静 顾丛雁 乔宇凡 朴仁宣）

Chapter 4

用创意改变世界的鬼才"体验设计师"

——成班好人工作室（GPB）创始人、创意主席林文质（Alvin Lim）

　　步入成班好人工作室（Good People Basically）的大门，映入眼帘的是一张巨大的乒乓球桌，其后是一组四方的黑色沙发，背面立着粉黄蓝绿四个造型奇特的人偶娃娃。林文质斜倚在沙发里，专心地盯着手中的材料，嘴唇翕动，似乎默默念叨着什么。听到推门声，他猛地抬起头来，看到是我们，脸上绽开了一抹笑容，快速站起身，绕过乒乓桌，伸出手向我们问好。他把我们引到沙发坐下，搬过另一张凳子坐在对面。

　　正是午后，工作室沐浴在暖色的阳光中，墙壁微微泛起橘红色，显得温暖敞亮。工作室布局大气，细微处那些不同年代不同国家的装饰物，不禁让人产生时空错位的微妙联想——这样的环境却也适合做一个创意鬼才的身心栖息之地。

　　林文质和同事在乒乓台上架起了投影仪，原先的乒乓台就成了创意人的办公桌。于是我们围拢在乒乓台边，倾听林文质的款款诉说。

　　林文质是一位来自新加坡的华人。在奥美、博达大桥、智威汤逊、葛瑞等国际知名4A广告公司中担任执行创意总监期间，他的创意才干和获奖作品得到了包括《Big Won Ranking 指南》及 *Gunn Report* 在内的权威机构的认可。在 2012-2013 年期间，林文质的作品赢得了戛纳广告节、CLIO、纽约广告节、伦敦国际广告节、One Show 等一系列国际大奖。他还代表了中国大陆和香港地区，担任过戛纳广告节、Spikes Asia、伦敦国际广告节等大赛的评委。同时由于在出任戛纳幼狮导师期间，帮助中国团队连续 3 年获得骄人战绩，被中国广告协会首度授予了"伯乐奖"。

　　2017 年，林文质离开杰尔思（Cheil），创立了创意热店成班好人工作室（Good People Basically），简称 GPB，一家注重"故事及体验设计"的公司。GPB 旨在辅佐客户重建以消费者为中心的体验式营销模式，帮助更多品牌融入中国，合作伙伴包括哈根达斯、梅赛德斯－奔驰、蒂佳婷、超级波克、STADIUM GOODS、成都国际金融中心、东方证券等。在剧烈变化的市场中，林文质带领团队为客户实现了始终优异的效益和业绩。

创意并非闭门造车，获取灵感需要走进生活

林文质给自己目前的定位是"体验设计师"，但他是一个不折不扣的创意人。在谈及以往的经历时，他认为创意人成功的根本便是灵感的迸发。对于林文质来说，获取创意灵感的方式并不是长时间的思考，或者把自己关在一个空间里冥思苦想。他认为，创意不能纯粹地、空洞地想，而应该走进生活，去生活中寻求真正的灵感。

"我最好的创意搭档就是孩子，两个孩子给了我最多的创意想法，因为孩子想的东西是大人的惯性思维预测不到的，比如他们想要让车飞起来，为什么这样想呢？因为这对他们来说方便。我们就能够根据方便这个概念去将未来的车做好。"生活中的各类活动和与孩子的相处是林文质的创意源泉，天生敏锐的洞察力和丰富的广告创意经验使得他可以抓住事物的关键点，从而形成自己独特的作品风格。

在 4A 公司工作期间，林文质就几次将生活中不起眼的线索，串联成了创意精妙的广告。北京城市轨道交通系统规划于 1953 年，始建于 1965 年，运营于 1969 年，是中国第一个地铁系统。然而随着时光流逝，有历史的北京地铁也期待用广告来推广自己的形象。

林文质在准备给北京地铁设计平面广告的时候，一则之前看过的当地新闻让他不禁浮想联翩：如果中国特警的雪豹突击队在北京进行反恐演习时，高速公路突然发生堵塞，根据应急预案，他们改乘地铁赶往事发地，完美完成了反恐演练，这会是怎么一个场面。

这激发了林文质的灵感：地铁的方便快捷就是它最鲜明的特点。他敏锐地抓住这一点并放大，借不同职业的人群都乘坐北京地铁来展现北京地铁的方便快捷。

北京体育广播电台的平面设计也能很好地表现林文质深入生活的理念。

广播最大的特点就是虽然没有画面，但是能够让人身临其境。林文质回忆起许多年前看过的一个故事：一个铁杆球迷因为眼睛出了事故再也无法看到球场的画面，但是他还是会去现场"观看"足球比赛，在朋友实时的解说中他也会为喜爱的球员欢呼，他闭着眼睛却感同身受。林文质根据这个故事创造出了这组北京体育广播电台的平面广告，无数现场的观众闭眼欢呼，因为他们仅仅靠聆听广播就可以身临其境。

北京地铁系列平面广告：消防员等乘坐北京地铁[1]

这组平面设计相当简洁，实际拍摄起来也十分简单，甚至后期都没怎么处理，直接拿去参赛，就得到了 2015 年戛纳国际创意节银狮奖。"其实有几处还可以 PS 得更好，但是当时没有处理就去参加比赛了"，林文质笑着说，他并没有过多提及技术方面，因为创意已经足够了，看似简单的设计背后蕴含的是对生活的领悟，创意是深入生活当中，再提炼出灵感的火花。

"交通拥堵是北京的一个主要问题。市长和北京地铁敦促车主改用公共交通工具。在北京，随着收入的增加，汽车的快速增长似乎势不可挡，而汽车的价格却在下降。公路上私家车的激增正在把城市变成交通的噩梦。北京的急救中心已经开始用摩托车而不是救护车来运送急救人员，以应对交通堵塞的状况。这一系列平面设计表明，北京地铁是让你更快到达目的地的最佳选择，甚至包括消防员、护理人员和比萨送餐员等紧急响应人员和快递服务人员，他们也都依靠北京地铁来响应紧急任务。"

北京体育广播电台系列平面广告：体育迷聆听广播，闭眼欢呼

当亚洲体育迷在北京体育电台听到现场直播的体育赛事时，新闻报道非常好，感觉就像他们真的在现场一样。三幅平面广告：《足球》《高尔夫》《赛马》，展现了体育迷们闭着眼睛沉浸在运动中。该广告在 2013 年戛纳国际创意节上获得金狮奖。

---

1. 本文中所提及案例均可在 Alvin 的个人 behance 网站中查阅、观看：https://www.behance.net/alvin0875?tracking_source=search%7Calvin%20lim。

"这个的作品制作超级简单，你只需要将拍摄的球迷欢呼的照片上的每个人的眼睛 PS 成闭着的状态就可以了，这样的制作是每个懂点 PS 基础操作的人都可以完成的，但是在什么地方 PS 就需要经验和创意灵感了。所以说，做其实也不难，留心就好。"

林文质的这一系列平面广告将产品的特点用最直观的方式展现了出来。广告的巧妙让人见之惊叹，但背后的灵光一现是需要生活积累的。

"叛逆"与"狂傲"：大奖背后的华文广告理想

在与林文质的交流中，我们能感受到他亲切姿态下的自信和傲气。而在这个背后，是他对于华人文化与华文广告强烈的认同感和拥护意识。也许正是因为这种认同和拥护，让他有了对广告大奖的清醒认知和批判视角。

毫无疑问的是，林文质作为创意人，在广告奖项方面的成就是有目共睹的。在2012 年、2013 年，林文质曾是亚太地区获奖最多的广告人。即使到今天，他的获奖数量依然在奥美公司保持着纪录。但是这些丰硕的奖项从来没有让林文质满足，因为他所追求的是真正能发扬和理解自家文化的评判体系，是华人文化与华文广告自己的发展道路，而不是捧着自己的作品，经过生硬的翻译和归划，到别人的体系下寻得一个评价，这些评价往往不得要领，甚至存在着不少对华文广告的刻板印象。

"所谓戛纳，就是依附于西方话语体系下的一场商业比赛，他们的评判标准真的能理解我们的文化、我们的精神吗？与其在别人设置好的评判体系下你争我夺，倒不如沉下心来好好思考和铺设自己的出路。"

而为了冲破这些来自异文化圈的有失客观甚至刻板的教条式评价，林文质也凭自己的实力与态度做出了一系列行动。他说："西方对于我们有一个刻板印象，认为华人不会拍视频广告，我就偏要拍出来给他们看。"

他曾仅仅用 5000 元人民币和几个小时的时间，就拍出了一支宣传强力胶水产品的视频广告。该广告以中国的青花瓷瓶为主要元素，通过呈现瓷瓶碎而复原的过程来传达胶水的强效概念。视频的创意设计极为巧妙，仅仅通过对花瓶破碎过程高速影像的倒放，就获得了令人惊叹的效果，充分表现了胶水的神奇。这支被认为是"不会拍广告片"的东方人拍出的广告片，获得当年亚洲创意节 Spikes 影视类别大奖，将不知多少西方广告人得意的视频大作甩在身后。

在外人看来，对于各种大奖和整个评奖体系不屑一顾的他，充满了叛逆与狂傲的气质，但这种叛逆与狂傲又何尝不是一种洞察呢？由于东西方文化背景和社会环境的极大差异，华人广告的出路不可能完全按照西方的评判标准来走，与其在不见得适合自己的路上越走越远，倒不如趁早脱身，另辟蹊径。

超越商业：志在公共领域，用创意改善生活

随着事业的发展和经验的积累，林文质愈发把职业理想向公共领域转移。他提到，"创意要与梦想结合，创意就是要思考自己想要改变什么"，"创意，就是要改善生活"。离开传统 4A 广告公司后，林文质创办了致力于优化用户体验的成班好人创意热店。

当然，早在成立成班好人之前，林文质在社会公共和公益领域已经积累了大量极为成功的广告策划案例。曾被世界广告研究中心（WARC）列入年度八大最聪明营销活动、引发大量媒体关注与良好社会反响的奥比斯"Old Parts for New 以旧换新"募款活动便是其中之一。

奥比斯（ORBIS）是一个国际眼科飞行医院慈善组织，它通过飞机手术的形式在全世界范围内为眼疾患者进行免费治疗。自 1982 年成立以来，先后访问了四大洲的 70 多个国家和地区，为 2 万名患者在专机上进行了手术治疗，使他们重见光明。

2012 年，奥比斯的 DC-10 型号飞机面临退役，更换新飞机关键部件的开销再加上来年的义务手术开支，使这一组织有些不堪重负。经计算，奥比斯只有创纪录地募集 180 万港元（约合 23.2 万美元），才有可能摆脱倒闭风险，继续为全世界的盲人带来光明。

为募捐到更多资金，这一慈善机构找到了当时由林文质带领的奥美团队，希望通过营销活动来筹集资金。了解详情后，林文质主动免费为其策划并发起了"以旧换新"活动。他们从 DC-10 飞机的机身、舱门、座椅和救生衣上取下了废旧的零件，

并将它们改造成了别致的奥比斯徽章，配合对奥比斯慈善事业的媒介宣传，引导人们通过购买奥比斯徽章向这一组织进行捐款。

在"以旧换新"活动大获成功后，奥比斯得以置换了 DC-10 型号飞机所需的所有关键部件。这间全球唯一的流动教学医院，在飞行人员的驾驶下，载着对医疗充满热诚的眼科专家，继续将光明送至世界各地。

据林文质说，该活动始终是他记忆最为深刻的作品之一，哪怕分文未取，依然收获颇丰。通过该活动，他收获的是创意人社会责任感的实现，他以自己的创意和行动，助力慈善，造福社会。

无论是过去造福社会的公益事件，还是未来改善公众生活的职业理想，都体现了林文质作为一名创意人超脱金钱的社会担当。正如他自己所希望的，"尽力去做一些超越商业的东西"，他的这一思想也表现出创意除了商业价值外对于社会生活的更大的价值图景。

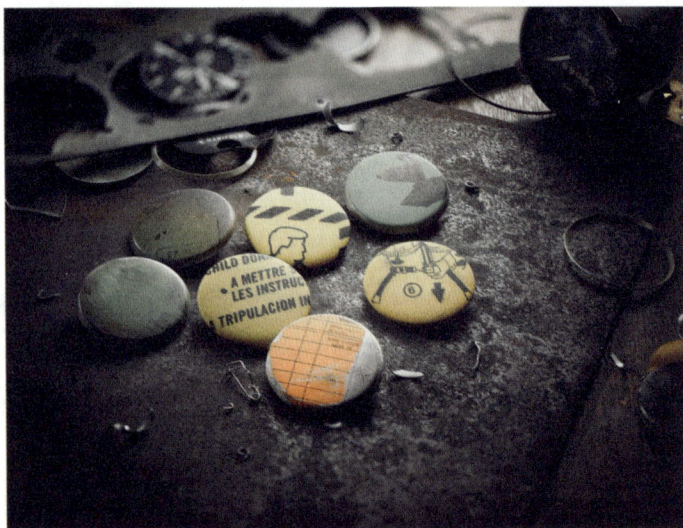

奥比斯徽章

在 16 周的时间里，"以旧换新"活动售出了 5 万多个来自旧飞机零件的奥比斯徽章，共筹集到 83.8 万美元的善款，达到维持营业最低额度的 3.6 倍，创下了该组织的年度募捐历史新高，比 2011 年增加了 55%，另外还产生了价值 18 万美元的媒体报道。单是通过这项活动筹集的资金，便足以资助 9600 人的视力手术。

广告的核心是体验，体验的内涵却超越了广告

中国广告界近年来一直强调做体验式广告，希望让用户通过体验式广告，全面感受品牌或产品的魅力。

林文质认为，体验确实是广告中重要的一环，甚至可以说是未来广告的核心部分。但是在体验设计时，不能把目光局限于广告界。一场奥运会、一所大学、一条地铁线，甚至一个城市、一个国家，都可以做体验优化，进一步挖掘与消费者生活更近的体验，并通过创意设计不断地进行改善和优化，让公众的城市生活也可以变得像游玩迪士尼主题乐园一样有滋有味。他提到一个很夸张的例子——我们可以设想与政府合作，把城市做成像迪士尼一样的主题城市，把整个城市做成一个用户体验作品。

而在实际案例中，香格里拉酒店的体验设计可以说是他的得意之作。

在 2012 年的时候，林文质带领团队为香格里拉酒店做设计方案。他参考了詹姆斯·希尔顿（James Hilton）的小说《消失的地平线》的情节：在世界第三极的青藏高原西端，有一座高耸入云、巍峨峭立的雪山，山脚下居住着几千居民，他们与世无争，怡然自乐，康健长寿。小说的主人公，英国外交官康威意外留落此间。他从受伤飞行员的口中模模糊糊地听到四个音节——"香格里拉"（Shangri-La）。

在林文质的理解中，香格里拉相当于英语世界的"世外桃源"，所以每位客人进来后，都应该感觉到自己恍惚进入了仙境。于是他把酒店大厅的装潢升级，并制造出香薰的气氛、幽静的禅意，让进到酒店的客人获得视觉、听觉、嗅觉的多感官体验。

同时，他设计了一项持续不断的活动，邀请世界各地有影响力的作家来到香格里拉大酒店，用笔记录下他们的亲身经历和体验。众多作家的富有张力和感染力的文字，将入住香格里拉的体验描绘得栩栩如生，让每个读者都能身临其境并且心生向往。随后这些文字被投放到飞机杂志上，让乘坐飞机的商务人士在看到文章后，对香格里拉大酒店产生好奇，由此有效地提升了酒店业绩。

在负责全球香格里拉酒店业务期间，他还参与了伊斯坦布尔香格里拉酒店的筹建开业过程，在当地一待就是 6 个月。从酒店内的陈设布置、客房内的材料选择，

香格里拉读者体验广告

从左到右、自上而下分别为：在云之上——北京香格里拉，传说在河边——曼谷香格里拉，两个大陆的故事——博斯普鲁斯海峡香格里拉大酒店，宁静的艺术——东京香格里拉。

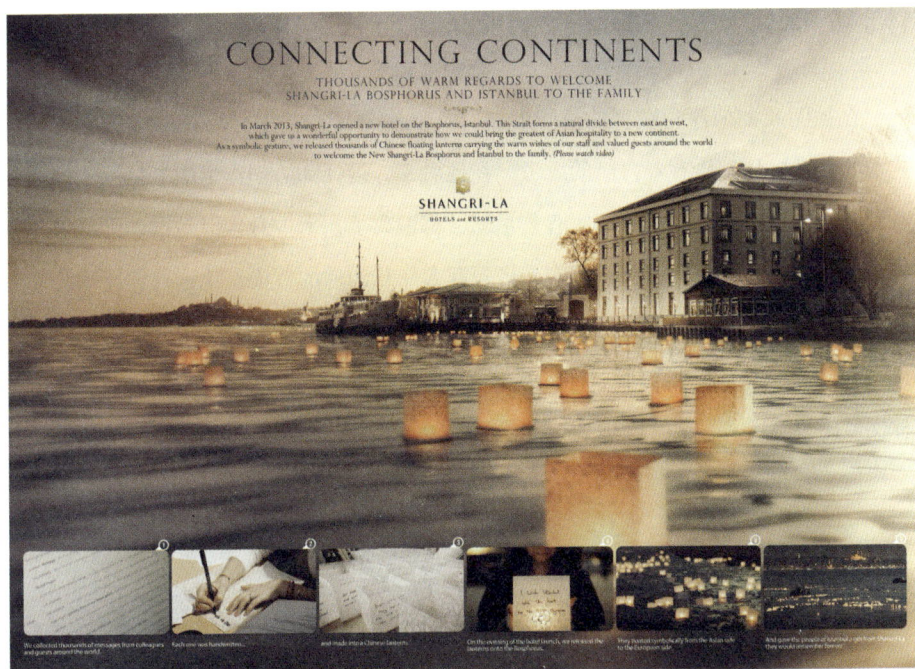

香格里拉广告

到空气内的香氛选择，他都亲力亲为，这一切都是为了给客人带来完美的体验。为此，他不断走访当地市场，和客人和客户一起发掘。这种体验所带给消费者的，大大超过了一支广告大片所带来的影响。

强调体验设计，就必然关系到传播和线下活动之间关系的问题。在谈及"体验是否会侧重于线下"这一问题时，他表示，体验设计必须要深耕线下，因为在线上渠道，创意人的发挥是有限的。互联网平台的框框条条太多，会限制创意的发挥，从而会影响用户体验。

简单地说，平台方本身的界面、功能，决定了大多数体验，创意人无力改变。他认为，这类线上平台对于消费者来说，只是让最后的购买行为变得方便，而难以做到吸引他们产生购买兴趣的体验。林文质诙谐地比喻道，用户体验活动如同庆祝生日的派对，阿里、腾讯这样的平台就像是最后的生日礼物，二者结合才能完美。

"如果只做线上的话，我只能把礼物塞给你，却办不了那个生日聚会。"

体验的深化：用创意连接商业价值与艺术审美

在被问及如何深化顾客的体验时，林文质提到了向艺术寻求帮助。关于商业与艺术的关系，林文质有着自己的思考。在他看来，设计师的创作本质上是出于商业利益而完成的行为。无论作品如何有艺术感，都偏离了艺术本身。但是设计师能够也应当在商业与艺术领域之间用创意作品搭建起合作与沟通的桥梁，让这种偏离成为能被大众接受的更好的消费体验。

"我是一个体验设计师，不是艺术家。"曾制作过许多极具艺术性创意作品的林文质始终不愿意别人称呼他为"艺术家"。

蒂佳婷（Dr.Jart）上海来福士钻石屋快闪店

2017 年，在钻石屋（Prismverse）快闪活动中，林文质和他的团队决定让消费者自己去发现并体验蒂佳婷的一款美白产品的独特效果。这款产品主打的美白效果不是让美白仅停留在肌肤表面，而是深入到皮肤内部，使皮肤的色素持久变亮。

这间快闪店是一个千变万化的魔术屋。它使用了数百面镶嵌的镜子，经过艺术家精心的设计和林文质团队的处理，钻石的几何形状创造了无数的闪光面，这感觉就像置身于一颗切割精美的钻石中。每一面镜子都精确地对准前来体验的消费者，这样无论消费者走到哪里，反射的光线都会照亮他们的脸。复杂的镜子墙与自定义投影跟踪系统一起工作，构建出光谱，从而创建出迷人的彩虹色调。超过 10 米的 LED 地板能根据产品的特性产生不同的画面效果，再配合索尼复杂的全方位扬声器，营造出一种沉浸式影音环境。它是一场感官的洗礼，也是视觉的盛宴，它邀请体验者自己发现其中的艺术之美。

这个作品迅速获得包括 CNN Style 在内的全球专业媒体的关注和报道，并在 2018 年获得建筑和室内装饰奖"台湾金点奖"全场大奖的殊荣。

关于两者的区别，林文质自然有着较大众消费者更清晰的认知。他说，艺术家就只需要专注于做一个艺术作品，只需表达他自己的想法、他的感受，而并不关心也无须关心如何把艺术嫁接到一个产品或者品牌上面去。真正的艺术家大多不必去思考其作品的商业价值和市场接受度。

而设计师，其工作目的便是为企业品牌/产品创造价值，其职业价值观的立足之处便在于市场、产品和客户需求。

艺术家出于创作立场的话，一般不会考虑艺术作品用于商业广告的目的，而如若让广告创意涉及艺术，那么就需要创意人的思考。

"设计师更理解品牌、产品、市场与消费者，他们可以去和艺术家合作，以创意的手法把目标产品或品牌与相关艺术价值或艺术形式相结合，在商业与艺术之间，搭建桥梁。"

请公众参与热点生产，让符号互动走进生活

今天我们走进了一个数字营销大行其道的时代。林文质很早就察觉到了数字媒介对于广告业的巨大影响。

创立成班好人工作室之后，林文质一直在积极探索广告新的形式和内涵。他希望广告能够超越过去单一的媒介投放、单向传播形式，让消费者在与广告的互动中自然地理解产品。为此，他欣然拥抱了数字手段，但与其他营销人员不同的是，林文质在数字时代依然保有自身极其深刻的独特洞察力和对市场的把握能力。

作为韩国知名的药妆品牌，BB霜的首创品牌，蒂佳婷却在2017年进入中国市场之时意外遇冷。无比激烈的产品竞争、趋近饱和的产品类型和美妆类产品严格的广告宣传限制[1]让蒂佳婷在打开市场的最初阶段就遇到了重重阻力。

面对品牌宣传的困境，蒂佳婷计划采取明星代言的方式，找到成班好人工作室

---

1. 国家食药监总局2010年出台的《关于加强化妆品标识和宣称日常监管工作的通知》中禁止广告中出现"药妆"和"医学护肤品"字样。2017年以来，相关监管逐渐严格。2019年1月10日，国家药品监督管理局再次强调，"药妆"不是正式的产品概念。

来制作广告。林文质回忆道："那时候客户就说，我要请明星代言这个产品。但是我们第一反应就问他，为什么要去请这些明星？中国市场这么大，几个明星代言投下去，几天就没影了。"

"甲方和我们说想请杨颖这样有关注度的明星，但是甲方的预算根本覆盖不了几大渠道，广告就算做出来，也实现不了品牌形象建立的目的。关键是消费者感知不到你的存在，那你的广告的所谓影响又何在呢？"

林文质认为，明星宣传本没有错，但在广告营销进入数字时代的今天，要真正实现广告的影响力，就要打破过去的条条框框，"这个活动反映了很经典的'乙方困境'——预算不多，但是委托人希望的影响深度和广度都很夸张。我觉得这很有挑战性，实际上这也是我们广告不同于过去的很好的案例"。

林文质表示，在向受众宣扬理念之时，只有最直接的互动才能给消费者和市场留下深刻、持久的印象。如今许多品牌在努力建立自身独特的定位，但缺乏有力的表现形式。对于这些品牌来说，就更需要走到现实中去，让公众参与热点事件，把符号互动的生动体验带进现实生活。当然，在完成了良好的现实互动之后，要善于利用数字媒体的力量扩大自己的影响力。在社交媒体空前活跃的今天，生动的现实互动经过恰当的运营，就能够成就超越渠道壁垒的热点，完成一次优秀的营销活动。

于是，林文质为蒂佳婷设计策划了一场奇特的广告之旅。根据蒂佳婷面膜的原型，林文质和首尔的一位艺术设计师联合打造了四套独特的"外星娃娃"套装，尔后聘请了四位身形相似的模特穿上套装在中国的各个城市中寻找美景、美人、美食和潮流时尚。在寻找美丽的过程中，模特们也将蒂佳婷"美丽肌肤的秘密"这一理念带到了各大城市，主动和当地的居民和游客们交流、合影。

数字时代：共情、想象力和流态体验

数字时代给广告业带来了前所未有的挑战，大众媒介的式微让不少人唱衰传统的广告行业，认为那个创意和表现为王的时代过去了，之后是渠道和数据的时代。

蒂佳婷的美丽冒险

　　四位娃娃通过社交媒体收获了众多的追随者，成了名副其实的护肤大使。她们定期发布有关其冒险经历的文章，并通过社交渠道与消费者们互动。此次活动在 3 个月间获得了国内总计超过 4200 万的曝光量，不计其数的美妆及时尚类博主、KOL 主动转发信息推荐面膜产品。同时，蒂佳婷在 Instagram 上拥有了 17000 多位粉丝关注，被超过 20 家权威时尚杂志和机构报道，"就爱橡胶娃"成了一个世界级的营销热点。

然而，林文质并不赞同"创意式微"的观点。他提到，互联网广告和数字营销的盛行并不代表着创意让位于数据分析，相反我们应当反思数据误导人的一面。数字时代广告快节奏的生产和投放，使得广告主和代理人常常只是追逐更亮眼的数据，而忽略了广告本身对于产品和品牌内核的展现。数据固然很直观，也很重要，但是更重要的是产品营销所带来的购买转化以及转化背后消费者对产品的情感认同。因此，在争夺流量的同时，广告业者更应该精心地寻找那些能够连接品牌内核和消费者心灵的创意和体验。

此外，林文质表示，数字时代和互联网带给广告的与其说是挑战，不如说是机遇。林文质始终坚持"广告只是营销的一部分"和"良好的体验设计是转化之源"的理念。他认为互联网并没有剥夺广告的创意表达，反而让广告之外的体验设计成为可能。

在林文质看来，当下数字营销中，人们常有的一个问题是"硬来"。以时下很热的信息流原生广告为例，原生广告原本可以成为广告和信息传递的一个好的平衡形式，但如今生硬地在信息流当中插入广告，容易打破受众阅读流态，效果适得其反。

林文质认为，中国消费者在进行消费决策时，感性倾向是比较重要的。在数字营销当中，许多新的技术和营销套路虽然能快速获得人们的关注，但是这些套路如果使用不当，反而会伤害到消费者的情感。坐在屏幕前的营销人员更应当回归自身的感受，寻找人与人共情的部分，设身处地地为消费者考虑，采取最合乎消费者心意的广告模式。

在为杜比利夫（DTRT）做广告策划的时候，林文质也坚持了这一做法。他提出："一个活动要不要继续，让消费者来决定。我们做一系列的视频，是希望观众喜欢，喜欢他就会自己追着看下去，而不是我们反复投放，逼着人家看下去，那样即使花了很多钱，得到了很大的数字，结果人家根本不喜欢你的广告，那怎么能喜欢你的产品呢？广告究竟放在哪一个媒体，让哪些人来看，最后还是从消费者的角度来考虑。消费者愿意听故事，就先讲故事，讲好故事后可以有裂变。"

总的来说，面对数字时代渠道和模式的快速迭代，林文质希望营销人员能换位思考，以强大的共情能力和丰富的想象力尽力为消费者打造一种近乎流态的体验，让消费者真心地喜欢广告，然后喜欢上产品，接受品牌的精神内核。

10 秒，你能感受到什么

　　杜比利夫（DTRT）推出"10 秒"多合一乳液，旨在吸引年轻的中国男性，提倡用最安全、有效的产品，来省略掉不必要的烦琐步骤，让男士护肤变得高效而快乐。林文质带领成班好人工作室，聚焦 10 秒内的感受，推出了一系列 10 秒长度的短视频广告，投放至微信朋友圈。10 秒的创意与品牌理念完美契合，成班好人工作室也充分利用了微信这一媒介的传播特征，完成了人际营销的裂变。最终，30 多个作品以仅 12 万美元的费用获得了超过 160 万次付费媒体的观看量。此外通过社交裂变，系列视频在短短两天内获得了总计超过 600 万次的观看量。值得一提的是，这一系列的短视频全部由男同性恋者主演，表演创意和主题也由演员们自由决定。

中国年轻人买单的秘诀：赋予他们独特的文化体验

　　想要做好时尚品牌，就必须知道年轻人在日常生活中喜欢什么。比如，目前在 90 后、00 后中盛行的有"二次元文化""CP 文化""土味文化""酒吧文化"等。应该通过这些年轻人喜爱的文化，吸引年轻受众。

　　林文质认为，品牌占领年轻人心智的秘诀恰恰在于打破传统观念，让品牌和年轻人的心理认知紧密相连。品牌有它一贯的定位，而设计师应该想办法赋予品牌以时代或者地域文化的内涵，而不是抱着传统的定位一成不变，那样必定会被淘汰。"年轻人很实在，基于他们的生活圈，给他们优质的文化体验，他们就会对品牌加以认同。"

例如，对来自纽约的作为鞋头文化领军品牌的 Stadium Goods，林文质就抓住了中国年轻人愿意为文化体验买单的消费者洞察，为品牌量身定制了一场别具一格的 Sneaker Con 秀展。在众多鞋头文化品牌争相吸引消费者注意力的时候，Stadium Goods 希望可以为他们的展台设计一个可以直接和鞋头们对话的平台。

用林文质自己的话说就是，"鞋头文化来自美国，而如何和中国的鞋头们沟通，让他们产生一种文化认同感，又能有自己的表达方式，我认为 GPB 赋予了他们一个文化 icon，一个可以自我宣泄的渠道，这更多是一种跨国界、跨文化的艺术体验"。

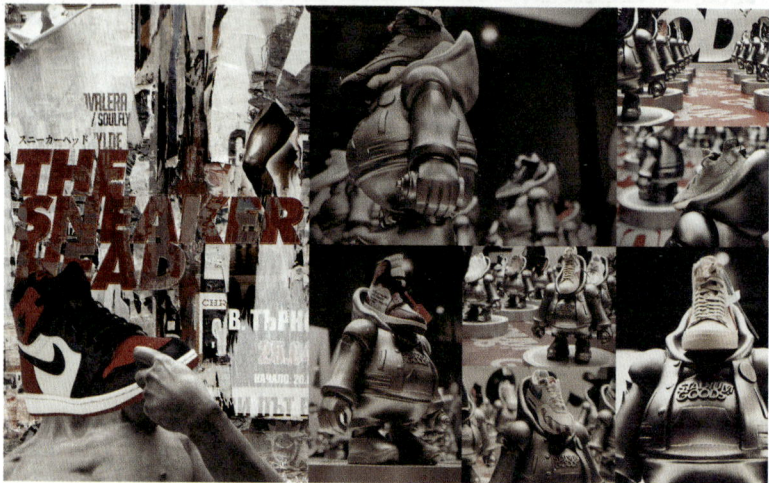

代表 Stadium Goods 鞋头文化的玩具雕像

基于对中国街头嘻哈文化和球鞋文化的了解，GPB 联名中国颇具知名度的玩具设计师，一起开发了一款代表鞋头文化的玩具雕像，原本的玩具头被一个用来展示球鞋的平台所代替，每个玩具的头都被一双限量版球鞋所取代，从而带出鞋头们自己所拥有的个性表达方式，媒体称之为"鞋头潮尚"。

效益是广告人的最高理想，也是改变世界的出发点

在访谈的最后，林文质也谈到了他在 4A 公司的工作经历。林文质表示自己从来不会去打造一个很精英的形象，也从没有刻意扮演过创意大师的角色。

他反复强调，做广告最重要的还是效益和回报。"在奥美这样的4A公司里面，什么是最重要的？绝对不是拿奖，而是那些能赢的人。一个个客户与你合作，就是对你方案最大的肯定。我在奥美工作的那些年，是很任性、很另类的。不守规矩，不太负责任，但是我始终在赢，在为公司和客户创造价值。可以说，我一直在做好自己的本职工作。"

林文质强调"赢"，并不是去否定创意和创作的激情，而是希望告诉广告界的新人们，广告运作的本质离不开效益。只有从效益出发，为客户考虑；从体验出发，为消费者考虑，才能做出有意义的、能"赢"的好方案，从而才能获得客户最大的尊重。而所有有意义的杰出创意，都是在这些坚实的好方案上开花结果的。

林文质告诉我们，作为一个创意人、广告人，所有的个性和风格，都是建立在现实基础上的。那些看上去最不拘一格的创意人，实际上也是在方案里走得最踏实的一群人。他说："做创意没有问题，但是你要记住自己的最终目标是什么。这也是为什么我不在乎评奖，你每天做飞机稿，就是在挥霍自己的才华。我之前说希望改善人们的体验，创造世界上还没有的体验。如果你不能赢，拿什么去落地，拿什么去改变世界呢？"

关于广告本身，林文质也表示，今天会有很多东西附着在广告之上，可能是旧日的伟大光环，也可能是新时代人的嘲讽，但是广告人自己要明白自己在做什么。

对于希望进入广告业界的新人，林文质建议，要学会洞察行业运行的机制，也要明白自身的定位。"你不能指望在广告公司里学到特别多的东西。你当然可以学会项目怎么立，最后又交给谁，但是这些东西本身没有太大的意义。最后你会发现，你做事情的灵感，还是来源于你自己的生活。你为什么想做，为什么可以做，那都不是公司决定的。你能做创意，就做好自己的创意；你擅长于市场，就不要因为创意看上去很好，硬来做创意。"

最后，林文质也谈到了年轻人的职业选择，他认为年轻人可以多尝试，亲身感受自己的兴趣爱好是什么，要看到科层结构带来的制约，却也不能因为广告公司看上去正在衰退就认为广告业不能做了。

（采访：龚　航　张嘉豪　付震彪　胡玉麟　金在贤）

Chapter 5

广告从创意开始，又回归创意本身

——"天与空"创始人兼中国区首席执行官杨烨炘

杨烨炘（Forest Young），闯荡中国广告界超过二十年，拥有 15 年的国际 4A 广告公司创意经历，9 年的国际 4A 广告公司创意总监管理经历。他曾任上海盛世长城（Saatchi & Saatchi）创意群总监、上海李奥贝纳（Leo Burnett）创意群总监、北京奥美（Ogilvy & Mather）创意总监、广州奥美创意总监、广州李奥贝纳创意总监等。

2013 年他正式宣布出走"4A"，与顶尖创意人邓斌、黄海波、肖坤一起创办了独立创意热店"天与空"，现任上海"天与空"总经理兼执行创意总监。2013 年 11 月 29 日，"天与空"发布"4A 升级版"，引发行业对 4A 转型的大讨论，被称为广告公司革命。"天与空"打造的"跨媒体传播众创平台"获得上海市文创产业扶持资金支持。该平台致力于培养中国最优秀的创意营销人出来创业，是创意型营销公司的孵化平台。2016 年 3 月，"天与空"被《中国广告》评选为"年度独立广告公司"，以及"你必须知道的 25 家数字代理公司"之一。

杨烨炘的作品在国内外舞台上获奖无数，包括法国戛纳创意节设计类金狮奖、美国 One Show 银铅笔奖、美国克里奥广告奖设计类银奖、纽约艺术指导俱乐部年奖银奖、尖峰设计奖设计类金奖、亚太广告节全场大奖、英国设计与艺术指导协会大奖等超过 150 个奖项。他更是唯一一位连续五年（2009—2013 年）在戛纳创意节获得狮子大奖的中国籍创意人。

杨烨炘是中国首位将装置艺术、行为艺术等当代艺术引入广告领域的跨界艺术家，同时也是一位心怀社会责任感、强调人文主义的广告人，曾制作过不少引起社会各界关注的公益广告作品。他在 2008 年发起的新公民计划中，率先把装置艺术运用于公益广告；2010 年发起的扬爱艺术计划则以行为艺术的方式传播慈善理念，强大的视觉冲击力和事件影响力，让前卫艺术和公益事件真正进入公众的视线。

温和、儒雅是采访中杨烨炘给我们留下的第一印象。他的办公室不大，却布置得很舒适，放有茶几，墙上挂着艺术画和获奖证书，以及最新的"天与空创意节"嘉宾签名版海报。在采访的几个小时里，杨烨炘和我们谈广告、谈创意、谈公司建设、谈行业发展，既温柔又坚定，时而又表现得像个"叛逆"的小孩——广告的因子仿佛流淌在他的血液里。

创意永远是广告行业的核心竞争力

　　进入广告行业二十多年，杨烨炘总是自称"创意人"，而不是"广告人"。他始终认为，"创意"是广告行业的核心价值，是广告之魂。没有创意的时代，在他眼中"无疑是广告业最黑暗的时代"。

　　杨烨炘认为，以传统 4A 模式为主导的中国广告行业里，创意和创意人普遍不被重视，处境尴尬——这也是他当年轰轰烈烈地"出走 4A"的一大原因。具体说来，一方面从甲方和乙方之间的关系来讲，很多广告主并不待见广告人，仗着品牌"财大气粗"，随意欺诈、压榨广告代理商，比如很多甲方喜欢举办"声势浩大"的比稿活动，借着挑选服务代理商的名义，无止境地索取免费提案，创意服务费几乎为零；另一方面，在广告公司内部，不以创意为主导，而是以业务、绩效为导向，客户执行人员作为前锋部队直接与客户对接"谈生意"，而创意人员则沦为广告公司的"后援队"，不仅缺乏与客户直接沟通的机会，还得忍受业务部门对创意内容的随意指责和篡改，只为财务鼓掌、不为创意鼓掌的公司氛围对于广告公司来说是非常令人痛心的。

　　"互联网时代、自媒体时代、大数据时代"这些所谓时代来临以后，大家似乎都觉得现在只要懂了"技术"，也就懂了媒体和受众、懂了"广告"，数字营销的概念非常受欢迎。非创意人员，似乎也能够在大数据的帮助下，实现所谓的精准洞察和精确投放。这样一来，创意人的角色就渐渐被边缘化了。杨烨炘对这种现象和观点是很不赞同的。他反复强调，广告创意的价值绝对不能被人工智能或者某一个科技手段所替代，所谓数字营销，只是广告执行、广告投放等环节中的手段升级，并不能也不应该动摇"创意"在整合营销过程中的主导地位。

　　杨烨炘认为，创意本身讲的是关于"人性"的故事，广告最核心、也最起作用的应该是广告创意中所包含的那些关于人性洞察、情感共鸣的东西，这些东西是机器、技术无法改变的。广告这个行业是"科学和艺术的结合"，归根结底需要依靠人的智慧，需要无数有创意的广告人带来一些像艺术作品一样戏剧化的想法——这是机器永远无法做到的。在品牌营销过程中，最核心、最不可替代的部分就是创意，其他的技术手段可能会不断地进化，但"创意"才是从始至终都存在的核心竞争力。

　　创意在商业竞争中越来越重要，越来越稀缺。杨烨炘说，一家有追求的独立创意公司肯定不是来者不拒的，不是什么业务都接，也要寻找有着同样创意追求的品牌方，寻找有较高创意机会的项目。因此，他创办的"天与空"在行业内率先向广告主收取每个项目 10 万元的创意预付金，以此作为鉴别客户诚信度的重要手段，避免被某些客户拖入永无止境的提案深渊。他认为，能付出一定比例的创意预付金体现了品牌方对于创意热店的尊重，表达了对创意价值的肯定，愿意为对方付出的成本买单，这样创意热店才能集中力量办大事，为客户提供最优质的创意服务。

成立创意热店，是想打造属于创意人的自由王国

杨烨炘看到当下广告界出现的很多怪现象，尤其是 4A 公司，在新媒体的冲击下一系列弊病逐渐显现——体制僵化，反应缓慢，人才流失，以盈利为主导，弱化创意的价值……很多与 4A 合作的客户虽然清楚地意识到这些问题，但不得不继续遭受着掠夺式的剥削，即便内心充满了怨恨但还是不得不继续合作，原因是没有其他选择。这些现象杨烨炘都看在眼里，也意识得到这其中存在的巨大危机。所以希望借着问题亟待解决的时机，开创创意热店，制定全新的游戏规则，为客户提供一个更好的选择。

杨烨炘认为，创意热店是一个创意人当家作主的公司，应加强创意权力，由创意主导流程。让创意文化贯彻始终，以"创意度"作为衡量一个人、一家公司、一项业务是否有价值的重要依据。从挑选客户，到接创意简报、品控管理、执行体系、选拔员工、流程机制、公司文化、奖励制度等方方面面，一切以创意为中心，视创意为第一追求，让创意成为权力中心。公司面临决策争议时，以是否遵循创意价值观作为判断标准，财务上要支持创意价值观的落地，形成创意热店内在的良性循环。

"天与空"设定了由创意合伙人带领的创意事业群，也就是说公司架构由若干个独立的创意事业群组成，每个事业群都由创意合伙人带领。创意合伙人不一定都是创意背景出身，有创意追求、有创意标准的营销人都可以做创意合伙人。创意事业群成员包括策略人员、创意人员、媒介人员、品牌人员等，每个成员都需要贡献创意想法，都会被培养成有创意思维的综合型营销人才。创意事业群与传统的业务事业群有着本质的区别，这是一个以创意为主导的团队，而不是一个以业务和利润为主导的团队。

中国四大顶尖创意人杨烨炘、邓斌、黄海波和肖坤联手创立"天与空（Tian Yu Kong）"广告公司

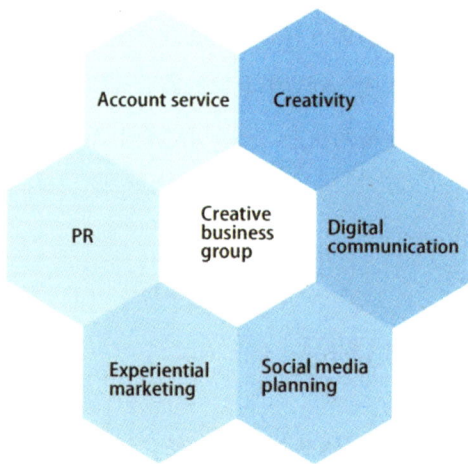

"天与空（Tian Yu Kong）"一个创意事业群的职能构成

　　"天与空（Tian Yu Kong）"创意合伙人团队整合了创意／策略／品牌服务／数字营销／新媒体策划等不同领域的专才，以创意事业群为单位，大幅提高工作效率，一个半月即可完成一个项目的全部工作。他们将数字营销的价值与传统广告相结合，为传统广告增添更多的想象空间和广泛的接触点。同时，也以创作传统广告的经验来创作数字广告，保持人性的洞察力和讲好故事的能力。他们提供的创意解决方案是跨媒体的，适用于任何传播媒介，围绕消费者所喜欢的媒介来建立创意上的沟通。公司由此成为一家"跨越一切沟通平台的创意公司"。与传统 4A 公司不同，"天与空"将创意看得比利润更重要，会将每一个作品在微博、微信平台上公布，供业界人士评点，共同进步。

传统沟通机制的壁垒导致了信息的不对称与部门之间的狭隘偏见，在没有公平讨论的情况下，所得出的任何结果都只是为自己部门负责，而不是为客户负责，这大大有悖于服务的初衷与法则。营销正确的解锁方式应该是客户部、创意部、策略部一起接触客户，根据问题集体谋划，提供专业、正规、科学的解决方案。

针对这一痛点，"天与空"的创意人员在项目一开始就可以接触客户，这也就大大减少了传统广告制作流程中客户直接对接客户部，然后客户部根据自己单方面对客户的理解来指导创意部调整方案的现象。以往的传达误差不仅让创意部门无法清晰地捕捉客户痛点，也不能理性客观地分析客户需求，更不能保证优质营销解决方案的提出与完成。

同时，杨烨炘的公司为客户保持小而精的创意规模。他认为，贪得无厌是伟大公司走向败落的征兆，每一个创意事业群不宜膨胀过大，因为规模一旦过大，容易产生复杂的人事关系，容易导致创意资源的分散和办公室政治的蔓延，最终无法形成一个能够诞生伟大案例的创意环境。创意事业群的商业模式虽然具有可复制性，但每个独立创意事业群必须保持小而精的状态。小，才能自上而下，一步到位，灵活应对市场挑战；精，意味着专注一心，对每个创意品质严苛追求，对每个创意效果严格把关。

每一件出街作品都应是精品

杨烨炘说："每一件出街作品都要对得起客户，这是我们给客户的一个承诺，也是'天与空'比较骄傲的地方。"

在他看来，目前国内的大多数广告预算依然掌握在传统广告公司手中，但一年见得了光的作品屈指可数。很多 4A 公司专注于应付项目、赚取回报，出产的大部分作品都以赚钱为原则，不顾作品本身的创意品质。一年中至多公开分享那么几个大型的，或者获奖的作品，而其他 80% 的作品品质都是不佳的，这些我们都看不到。独立创意热店视作品为生命，力求每一件作品都是精品，都要求对得起客户，对得起观众，敢于晒出每一件出街稿，接受公众的批评和嘲弄，并促进自身的进步。这种更具开放性和包容性的创意态度就是对客户的最大负责，也是创意精神的回归。

菲林格尔《世界最大纸船影院"青春号"》

2014 年，杨烨炘为德国木地板品牌菲林格尔的促销活动打造了世界最大纸船影院"青春号"。这艘通体白色的大纸船，长 19.21 米，高 5.4 米，极为壮观。到了晚上，"青春号"大纸船还会化身露天"纸船影院"，带领大家重温青春影片。作品的目标受众是已经迈入而立之年，每日奔波于工作和家庭的 70、80 后，给予他们一次非常难得的机会去重温青春的美好记忆。这一事件不仅在社交媒体上引起广泛的传播，同时还登上《新民晚报》《东南商报》头版头条，全国近 200 家媒体予以报道，在全国近 20 个城市巡展，获得了很大的关注量和讨论度。

百雀羚《东方簪》

百雀羚《东方簪》项目从最初提案到最终出街，历时四个多月，前后一共修改了 49 版脚本，其间充满了意想不到的变数。这个视频广告讲的是百雀羚携手故宫文化珠宝首席设计顾问钟华，将传统的东方"发簪"文化与国际高级珠宝设计进行跨界融合，把国货精品和宫廷文化联系起来，赋予中国传统文化新的生命的故事。

杨烨炘说："只有客户和广告公司都是以创意质量为第一，才有可能忍受一遍又一遍的修改、打磨，直到产出更好的作品，这也是为什么百雀羚《东方簪》可以修改四十多版，甚至不赚钱，我们都执意要完成。"

这个广告在微博上获得超过 100 万次的观看，在腾讯视频上获得了 23 万的播放量。杨烨炘自己也表示，这个案例出来后在化妆品行业影响很大，吸引了很多客户来找"天与空"。

广告人要敢于坚持创意的独立性

杨烨炘认为，面对客户，广告人要有异于客户的独立思想；面对市场，广告人要有高于市场的独立洞见；面对经验，广告人要有颠覆经验的独立勇气；面对利益，广告人要有利益之外的独立追求。作为一家独立创意公司，要想保持创意的独立性，前提必须要保持财务的独立性、媒介的独立性、公关的独立性、执行的独立性等，一切资源为创意所用。

杨烨炘认为，广告人坚持创意的独立性，在某种程度上其实就是跟客户对着干，就按自己的想法去做。"假装吃大餐"就是一个经典案例。这次创作之路不是一帆风顺的，他们遇到了很多来自客户的阻力。比如，开始的时候，他们策划在外面平台卖100 元的盒饭，盒饭里面只是准备山区孩子日常简餐，创意受到了客户的质疑，客户认为定价太高，理想价位应该是 10 元或者是 15 元。但是杨烨炘坚持了自己的观点："如果只卖 10 元或者是 15 元，这样一来的话，我们觉得新闻性和传播性不够强，所以我们自己觉得必须要卖 100 块钱才有很强的冲击力。"

除了在产品的定价方面争取独立性外，杨烨炘及其团队还在邀请明星上和客户发生冲突。杨烨炘团队先找了很多体育明星，其中包括丁俊晖、叶诗文这样有社会知名度的二十几个世界冠军，邀请他们作为活动的发起人，捐出自己的身份和微博的账号，免费帮助活动发声。客户知晓后担心明星没用，希望杨烨炘团队停止寻找明星。但是杨烨炘坚持了自己的观点："我们觉得扩大声量是很重要的，所以我们虽然嘴上说不找明星，但最后还是不断地去帮助明星做出海报，让他们帮忙发声宣传，这都是背着客户去做的，最后活动效果很不错。"

这个活动很成功，产品一上线，迅速引发关注，吸引了丁俊晖、刘璇、叶诗文、于海、郜林等73位体育界、演艺界明星大咖参与并免费为"假装吃大餐"代言，共计19万人次参与体验并捐款，共募集善款205.8万元，获得3亿人次的曝光，媒体报道超过300篇，安利的品牌美誉度获得了极大的提升。

假装吃大餐筹款活动

中国儿童少年基金会联合安利公益基金会发起了"为5加油——学前儿童营养改善计划"。"假装吃大餐"是为5加油计划2019的筹款活动。2019年6月24日—7月7日，通过外卖平台售卖，参照贫困儿童日常饮食制作的餐食，公益餐售卖所得的餐费将100%捐出，助力贫困地区3—5岁儿童改善营养不良的状况。"天与空"为以贫困儿童日复一日的单一食物为灵感，联合了云海肴、真功夫、桃园眷村、刀小奎、遇见小面等各大餐饮机构，开发出7款"假大餐"产品：高山洋芋饭、青龙卧雪饭、山间饭团、滇味腌菜汤米线、古法翡翠饭等。这些"假大餐"分别在外卖平台上线，呼吁城市人下单，体验一顿贫困儿童的"豪华"大餐，让人们在假装吃大餐的同时，也完成了善款的捐赠。

抓住社会痛点，让创意效益最大化

杨烨炘认为，忽悠客户用大制作、大明星、大投放硬砸出来的广告绝不是好广告，能够产生四两拨千斤效果的广告才是好广告。在人人都是自媒体的时代，人们是否乐于分享它，参与它，推动它成为一个话题，广告传播出去之后能够产出多少的免费媒体价值是衡量广告是否高效的重要指标。所以不要把平面广告当作平面广告去创作，把一条 TVC 当作 TVC 去构想，要想一想平面广告如何上升为新闻事件或流行文化，这样客户的广告费才不会浪费。

杨烨炘认为，现代广告人的创意要达到"小刀砍大树"的效果。传统广告的时代，都是采用很粗犷的传播方式，通常喜欢让客户请大明星、搞大制作，这是用钱硬砸出来的广告。在互联网时代，越来越多的客户醒悟过来，都希望能四两拨千斤，用最少的预算，达到最大的传播效果。所以，社会创意就是为品牌找到爆点，洞察到时代的痛点，再将品牌传播出去。因此，好的广告只需要投放一次或几次就能在市场上取得很好的效果，这样的广告才是真正有力量的、有传播力的广告。无论是平面广告还是电视广告，一经投放就能产生多次传播，持续在互联网上发酵，这才是最高境界的社会创意。

卖火柴的中国小女孩

这个广告是为了帮助中国青少年发展基金会爱心衣橱项目募集善款，解决贫困山区孩子的穿衣问题，为他们献上温暖。"天与空"假定了一个故事：一个衣衫褴褛的中国小女孩，从童话故事里走出来，来到上海外滩的街头，在寒风中卖火柴，为中国山区的孩子献温暖。这一构思获得国内巨大关注，登上了20多家媒体的头条，无论是网易新闻、腾讯新闻还是凤凰新闻，都引发了海量讨论。最终广告为该公益组织募得500多万元人民币，影响人群超过1亿多，媒体报道达300多篇。找一个普通的小女孩做了一个这么小的线下活动，便获得了这么强大的传播效应，这就是小刀砍大树的社会创意。[1]

除此以外，社会创意要创造新闻和大事件。杨烨炘认为，广告人面对的是一个信息泛滥的世界，每天奇闻怪事层出不穷，广告人的竞争对手不是其他品牌组，而是各大新闻、各种资讯、各大媒体。媒体人每天都在寻找适合传播的新闻，希望找到有意思的新闻后能早点下班。广告人如果能够提供充满争议、极具话题性、足够吸引眼球的社会创意，便可很容易地成为这些媒体的内容供应商。所以广告人不要用创作广告的心态来做广告，而要用创造新闻的心态来做广告。这样做，很容易在社会上产生轰动效应，为品牌带来免费发酵的附加值。

淘宝"一万种，可劲造"品牌行动

"天与空"帮助淘宝发起"一万种，可劲造"12周年品牌行动。这个广告找了8个淘宝用户，用淘宝里面的日常产品打造出8个装置艺术作品，鼓励年轻人用这种新方式"造"起来。这个地铁艺术展迅速登上各大媒体的头条，包括《新民晚报》和《环球时报》，《东方早报》还拿出一整个版面免费进行报道，给客户带来了很好的品牌效应。

1.《专访：与杨烨炘一起走近"天与空"，为本土创意"拨开雾霾，见天空"》，https://www.digitaling.com/articles/11656.html，2019年12月16日。

互联网时代，广告公司应成为快速反应部队

杨烨炘认为，广告公司必须是创意的快速反应部队。因为互联网时代市场朝令夕改，变化莫测，如果没有快速地把自身品牌活动或者产品信息传递出去，就会失去传播的黄金时期。

"当你搞上三个月半年之后，别的竞争对手又推出了新的产品、新的服务或者是新的促销机制了，你根本就打不过他们，所以你必须快速地去迎接他，要第一时间地了解商业趋势，第一时间地洞察消费者，第一时间地提供创意解决方案。" 杨烨炘说道。他指出，很多公司最大的成本就是人力成本、时间成本。一家流程繁复的广告公司，很容易陷入内耗之中，沟通不及时，反应不快速，工作不配合，必然令客户蒙受损失。

与传统 4A 等广告集团设置策略部、事业部、创意部、运营部等繁多部门不同的是，"天与空"建立了很多"小而美"事业群。这种"小而美"指的是每个创意事业群平均控制在 10 人左右，使得他们能够集中精力服务 1 至 2 个客户。并且每个事业群都有独立的系统，包括公关、数字营销、设计、策略、文案等多种人才，里面的每个人也都具备跨媒体传播思维和跨界营销能力。创意人员在项目一开始就可以第一时间接触客户，这就大大减少了传统广告制作流程中客户直接对接客户部，然后客户部根据自己单方面对客户的理解来指导创意部调整方案等现象的出现。项目从开始到结束的过程中，没有部门的壁垒，没有办公室政治，也没有财务的限制，这帮助了公司快速、高效地去提供创意传播方案。

成立五年半以来，"天与空"的案例产出效率远远高于同行，至今已推出众多的成功案例。2014 年 11 月，"天与空"接手蘑菇街案例。杨烨炘说："蘑菇街的品牌定位原本是：时尚、购物、社区。品牌定位模糊，与其他品牌无差异，而它最大的竞争对手美丽说的定位则相对清晰一些。针对这一点，"天与空"为蘑菇街做了一次品牌重塑，给它新的品牌定位"我的买手街。""

蘑菇街广告《世界上最挑剔的买手》

"天与空"首先在巴黎时装周招募"世界上最挑剔的买手"，引发话题，然后陆续推出 5 条买手视频及 1 条品牌形象片，运用谍战片的拍摄手法，还原了蘑菇街顶尖买手在全球猎捕时尚的强大气场，视频全程在韩国拍摄。通过传统媒体和社会化媒体组合投放，视频产生 1.2 亿播放量，一举确立了蘑菇街的差异化品牌形象，双 11 销售额远超原定目标，达到 4.26 亿元。这是蘑菇街成立以来第一次做大规模的广告营销活动，也是蘑菇街转型电商后的首次品牌亮相。

整合营销传播，让创意跨越一切平台

在 4A 广告公司时，杨烨炘就深深感觉到，有时候自己产出了一个好的内容，却无法掌握传播资源。他说道："我当时给立邦漆做了一个品牌的运动，叫'因爱之名，刷新生活'。针对的是 80 后的一些目标人群，鼓励他们去结婚、买房子，当时使用的是立邦漆迎接新生活、刷新生活这样的一个概念。我们在上海的地铁里面，做了很有创意的地铁广告。但是我当时作为创意群总监，做了这样的一个作品，它的传播资源是不掌握在我的手中的。"

杨烨炘发现，如何做媒介预算、如何做公关、如何在数字营销层面去微博、微信上传播，都捏在业务总监或者总经理的手里。他无法参与和主导这些事情，这样就导致传播不是按照创意人的想法去做的现象。他进一步解释道："如果找一个运营或客户服务方，他不知道如何在传播过程中，很快速地进行一些话题性的转移和讨论，创造新的热点。他会找另外一家公关公司去做新闻的炒作，然后又找另外一家数字营销公司做新媒体上面的推广，这样的话，传播活动就无法整合。"

此外，杨烨炘还发现，在传统数字营销服务业里，往往会将业务拆分为两家公司。例如奥美互动和奥美广告，两家公司都是独立的领导者、独立的管理者、独立的财务体系，所以奥美公关和奥美广告没有融合为一体，还是各做各的。杨烨炘认为，当一个品牌在市场上形成一个品牌运动的时候，必须要把这两块融合在一块。无缝的连接才能够产生统一的目标和统一的声音，如果是两家公司同时做这件事情，他们之间就会有抵触、信息的不平衡、管理人员的私心，以及信息的不一致。

因此从那时开始，杨烨炘就想要做"4A 升级版"，即让创意跨越一切沟通平台。"天与空"与传统 4A 公司不同，它不只是把数字营销和传统广告整合在一起，还把公关、品牌战略咨询、品牌定位主张，甚至到产品设计以及线下的活动都整合到一起，成为一家真正的整合营销传播公司。这样一来，创意能够跳出传统广告的作业模式，跨越平面广告、电视广告、户外广告、终端卖场、促销活动、微博微信、手机 App、产品设计、游戏开发、门户网站、新闻公关等一切可以影响消费者的传播机会点。杨烨炘强调道："提供给客户的都是跨媒体创意。"

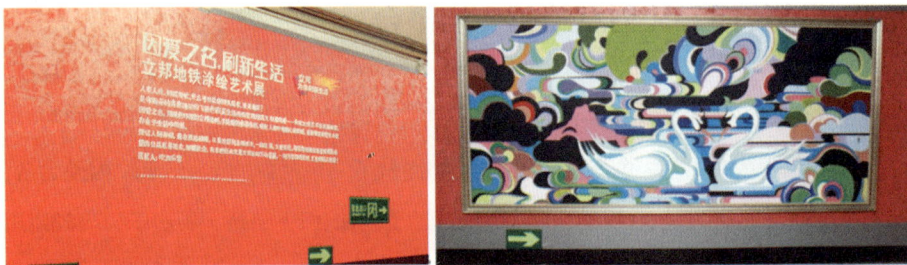

立邦漆《因爱之名，刷新生活》地铁艺术展

2013 年，杨烨炘为立邦漆发起《因爱之名，刷新生活》品牌运动，集结全球 32 个艺术家，在地铁里用油漆刷出 32 幅涂绘艺术作品。这 32 幅作品分别在北京（6 月）、广州（7 月）、上海（8 月）的地铁内各展示一个月。《因爱之名，刷新生活》既是地铁涂绘艺术展，也是体验式广告，获得数百家媒体免费报道，引发全国热议。这一艺术营销帮助立邦打造了全新品牌形象。但推广和传播工作分别由另外的公司负责，杨烨炘对之感到遗憾。

银联手机闪付《不打开 App 就支付》跨媒体创意

2019 年 4 月，"天与空"为银联手机闪付提出"不打开 App 就支付"的全新品牌定位，凸显手机支付与支付宝及微信支付等 App 的最大区别，发起品牌重塑 IMC 整合战役：1. 户外广告：强化"不打开 App 就支付"品牌定位；2. 电视广告：强化公交 / 地铁 / 便利店 / 厅等高频使用场景，打造"不打开 App 就支付"系列 15 秒电视广告；3. H5 互动：买单一直在手机划来划去，被朋友用 Rap diss 的"今天我买单"H5；4. 病毒视频：以系列幽默病毒视频来强化"打开很麻烦的事，不打开才更好"。通过系列整合创意和广告投放，成功为银联手机闪付树立"不打开 App 就支付"的品牌区隔和用户心智。[1]

广告行业的未来：从"4A"回归"创意热店"

2013 年，杨烨炘正式宣告离开 4A 公司，宣布创办"天与空"这家独立创意热店，他由此一度被视为传统广告行业的"叛徒"，用他自己的话来说就是"千夫所指"，但也"备受期待"。独立六年来，他带领的"天与空"始终高举创意的旗帜，鼓舞更多创意人离开旧体制出来创业，让创意精神回归行业，让创意人重获权力、重获尊严，让创意价值落实到广告公司的每个层面、每根链条。

1.《中国独立创意万岁！》,https://mp.weixin.qq.com/s/p-Ojbp9-_Nt77JyNFvCoZQ, 2019 年 11 月 28 日。

也是在这六年间，中国有越来越多的创意人（而且大多数是老牌创意人）站了出来，离开了原本的舒适圈，创立起了一家又一家本土独立创意热店。这种崭新的运作模式，让越来越多的创意人有机会站到直面广告主的最前线，进行高效的沟通和平等的对话，突破了传统广告公司管理模式所导致的沟通障碍。部分创意人也拿到了广告公司的最高领导权，将创意确立为公司的核心价值观，让创意主导一切流程，让创意成为一家广告公司的决策中心。

杨烨炘强调，独立创意热店只是手段，而不是目的。这种模式是以他为代表的一众老牌广告人目前所能想到的、暂时最好的解决传统 4A 公司体制弊端的方式，未来可能会有更好的解决方法出现，比如他始终期待看到的"新 4A"，即回归创意初心的 4A 广告公司。他说，现在的这些广告行业的巨头，在创立之初实际上也只是一家家"创意热店"，现在尽管规模愈发庞大，也可以重新变成"创意热店"——衡量一家公司的性质其实不是规模大小，而是企业价值观。也就是说，所谓"创意热店"的标准就是这家公司能够以创意为核心、为主导。以"天与空"为首的独立创意热店从创立之初就没有想站在传统 4A 公司的对立面，他所提倡的"4A 升级版"，实际上是想要为广告行业的创新升级提供一个解决方案，最终一定是联合所有类型的广告公司一起革新广告行业的运作模式。

而实际上，杨烨炘等人的努力并没有白费。我们欣喜地发现，奥美、阳狮等传统的 4A"巨头"纷纷展开了内部改革，比如奥美公司就把旗下原本分开管理的奥美广告和奥美公关整合成"一个奥美"，让创意渗透到营销的各个环节之中，不受太多条条框框的限制。杨烨炘还透露，4A 协会最近正在邀请"天与空"作为独立创意热店的代表加入 4A，这说明独立热店可以带动 4A 的发展，可以和 4A 一起探索广告营销的出路和新玩法，为广告行业的发展承担一定的责任和使命。

2019 年是"天与空"成立的第六年。这一年杨烨炘率领公司做了一件特别的事情——举办了国内第一个免费开放的共享性创意节。谈及创办这样一个免费的创意论坛的初衷，杨烨炘说，他希望能让更多人看到，创意人在品牌营销当中能够起到一个非常重要的作用，同时也应当被放在一个非常重要的位置。

如他所愿，现在越来越多的创意人站到了营销产业链的最前线。只有让创意去跨越一切沟通平台，让创意渗透至营销的每个环节，才能在产品设计、品牌战略、传统广告、数字营销、公关推广、体验营销、事件营销等各个营销领域，去成就一个伟大企业的诞生，去创造不同品牌的传奇故事，去创造销售上、流量上的神话，最终引领消费者成为品牌的忠诚粉丝，实现广告行业的价值。

关于广告行业的未来，杨烨炘说："创意是我们的开始，也是我们的结束。"他希望看到，各种类型的广告公司，都能将"创意"作为公司的核心追求，携手推动广告行业的健康发展。

（采访：刘子慧　唐榕蔚　夏子涵　沈娇娇、　金受贞　李宇镇）

Chapter 6

广告界的艺术家，创意界的"匠人"

——九曜（The Nine）创始人、首席创意官熊超

熊超曾任上海奥美、李奥贝纳、DDB 等 4A 广告公司的创意群总监，现在是创意热店九曜(The Nine)的创始人兼首席创意官。他更是中国第一座戛纳创意节设计类金狮奖获奖人，2015 年荣登《福布斯》中国顶尖设计师榜单，是中国获奖最多的创意人之一。在不到 20 年的创意生涯中，他斩获了许多含金量十足的国际奖项：戛纳金狮奖、德国红点设计(Red Dot)大奖、英国铅笔奖(D&AD)、艾菲金奖等，数量有 300 多个。他是中国第一批将现代艺术和广告设计结合在一起的创意人之一，这样的理念让他创造出了很多很有影响力的作品，其中代表作有《绿色出行》《隔离的键盘》等。

熊超低调的风格让人难以将他和他的业界地位联系在一起。对于这一点我们早有耳闻，但在真正见到熊超的时候，我们还是感到震惊——熊超穿着深蓝色的卫衣，坐在整洁的办公桌前，用稍带湖南口音的普通话时不时地和自己的同事兼下属调侃着。在说到激动时，他的语速会越来越快，声音也越来越响。每每这时，办公室的另一边，The Nine 的文案、熊超的妻子陈小北便会笑着提醒自己的丈夫注意言行。面对妻子的提醒，熊超总是回以笃定的目光和有些宠溺的微笑，并将语调语速恢复到正常状态，但又总在讲到关键点时不自觉地加快语速，提高音量。

广告人不是艺术家，但需要艺术家的审美眼光

熊超认为艺术就在我们身边，而"大家把艺术看得过高了，像浮在天上的云要仰望，顶多上面的云太多了，掉几滴雨下来，才落到手心里。实际上艺术就应该像淙淙溪水，能够供百姓尽情享用才是。回归民间的作品，才有绵延的生命力。艺术就该是平民的艺术，灵感就该来自生活的智慧，并且影响日常的生活"。[1]广告本身就是艺术的构成表达，是艺术的一种手段。文案本身就是来自文字的艺术，是文字的技巧。广告就是和消费者沟通的艺术。在熊超看来，文案是艺术，视觉是艺术，画面也是艺术，所以他认为电视广告、平面广告、H5都要把艺术融进去，把文案的艺术、摄影的艺术等融汇进去。

熊超认为平面设计在商业传播中的地位非常重要，平面设计是以"视觉"作为沟通和表现的方式，结合符号、图片和文字，透过多种方式来创造，借此传达想法或讯息的视觉表现方式。平面设计和文案一样重要，是广告沟通的技艺和手段。20世纪70年代，影响世界的美术文案一体化运动在纽约诞生，主张美好的广告创意由精彩的美术设计与文案共同组成。The One Club for Art & Copy创意奖设立，该奖以一边代表文案，一边代表美术与设计的双头金铅笔为奖杯，并延续至今。

这是最好的时代，也是最坏的时代。广告行业蓬勃发展，广告主投在广告上的金钱越来越多。而实际情况是，大街上的广告很糟糕，没有"颜值高"的作品。熊超曾经看到过一个构思非常出彩的户外广告：一个女性在买冰激凌，她的舌头伸出来后变成了草莓的形状。画面非常美，像艺术摄影一样。在欧洲，户外广告、海报都是艺术，这也是欧洲城市比国内成熟的原因之一——把广告当作艺术。

广告是"短命"的，所以要用好的作品去卖产品，作品应该像艺术。户外广告是一个好的画廊，然而现在很多平面、户外的广告充斥着垃圾作品。中国广告业的审美以及对美的要求要提高。每一个作品都是艺术品，不是说我们要把广告做成艺术，而是要在意我们的每一个设计、每一个logo，每一张海报。熊超对艺术、对美的要求很高，但是现在中国到处都是山寨的、粗制滥造的广告，缺乏对美的基本追求，这让

1.《熊超：找回被键盘阻隔的爱》，http://sy.leju.com/news/2013-10-18/11532457395.shtml，2013年10月18日。

熊超略感失望。最近，熊超的公司在做一个形象设计，他们要求从 logo 到海报都要是唯美的。"美"，是熊超一直不变的坚定理念。

广告创作拒绝跟风抄袭，要追求创新定制

中国需要真正的原创，稍微好一点的东西很快就会有人跟风抄袭。但广告不能靠跟风，每一个项目、每一个品牌都要创造差异性，这才是中国广告人要做的。熊超认为，只有好的文案、好的制作才有"资格"拿给消费者看。广告应该是定制的、创新的，而不是蹭热度、刷话题，客户付给你钱就是为了独家定制。所以，熊超的公司的最大追求就是去做不一般的作品、创新的作品、能够影响消费者的作品。每接一个新的客户，都会以另外的角色去寻找新的路径来做创意，绝不会用同样的手法。在4A 广告公司里面，套路太多了，这是最大的问题。

人才的流失是目前 4A 广告公司最大的问题，没有人去带他们，没有人去追求创新，广告人就失去了方向。2016 年奥美为珠宝品牌打造的 I DO 系列广告并没有打动熊超。在他看来，这个作品道德绑架，传递的价值观有争议，表现手法上也不惊艳，没有技术上的创新，然而它在户外广告板块还拿到了金奖，这让熊超不能理解。中国所有的评奖活动熊超都不参加，不是说他看不上评委评审的作品，而是他觉得当下的市场是怪的，人们的思维太单一，十年前、十五年前的广告到现在还在流行。前几年的作品比现在的要好，说明中国广告业在倒退，广告作品和创意作品在倒退。在这个国际化的时代，需要一些新的东西，广告人需要不断探索，这样中国的广告业才能成长、成熟。

泰国的电视广告一直是很强的，大概是 2005—2007 年的时候，他们的电视广告在全世界的奖项上有非常好的成绩。然而近些年，泰国的电视广告已经退到一个套路上。曾经的那个拉提琴的聋哑女孩的故事让人动容，于是到后面所有的广告都开始煽情，要么找一个负面的人去做一个正面的事情，要么拉很多负面的事情来撒狗血，太多类似的广告让人厌倦。熊超不认为在网上流传的就是好广告，很多时候思维方式还是停留在原地，没有创新的广告哪怕流传得再广，也没有意义。有了套

路以后，所有广告都会陷入框框。熊超觉得，广告人应该寻找一些真正的灵感，像欧美、日本的一些电视广告一样，百花齐放。

泰国潘婷视频广告

这则泰国的潘婷视频广告在网络上很流行，也曾经感动过许多人，片中的聋哑小女孩拉小提琴的梦想遭受过嘲讽和白眼，当她痛苦地寻找"为什么我和别人不一样"的答案时，街头老艺人的一句"为什么要和别人一样"的回答，让小女孩坚定了自己的梦想，最后终于在小提琴大赛中成就了梦想。在"卡农"的背景音乐中，"You Can Shine"（你可以闪亮），"潘婷，你能行"的品牌理念深入人心。这则广告是泰国情感诉求广告的代表。

静下心来，提升广告的品质

在欧洲，广告业的节奏是比较慢的，但是在中国的广告行业，每个人都步履匆匆，客户对公司的要求很急，给的时间非常短。广告人只追求速度不追求质量，导致广告粗制滥造，这是中国广告行业的病态。很多广告公司赚了钱后就去上市套现，拿人家小钱，把行业风气带坏。每个人都想进入名人堂，都想把自己变成神一样的人。争先恐后为名和利努力的人，又哪来的时间去磨炼作品和技术。其实，广告人只是一个幕后工作者，应该为客户的每一分钱提供创新性的服务。熊超一直坚定地认为，上市不是他的路，他只想把每一个客户给的项目做好。也许踏踏实实做事发不了大财，但良心作品一定能成为真正的财富。广告业是一个很浮躁的行业，社交媒体做的东西都很粗糙，造话题，蹭热度，投机取巧，人心浮躁。正因为如此，广告人才更需要静下心来，耐心雕琢作品。

从生活中寻求智慧和灵感, 用职业的方式创作影响社会的作品

　　熊超做过一些很惊艳的公益类作品, 包括帮助他获得戛纳金狮奖的倡导低碳生活的《绿色出行》、反映家庭成员间因为过度使用网络而导致亲情冷淡的《隔离的键盘》, 以及将残障人士通过脑电波绘制出的画做成展览 *Mind Art*。这些震撼人心的创意和设计背后都有着共同的精神内核——作为广告创意人, 熊超用自己职业的方式来表达着对社会、对世界性议题和对弱势群体的关注。关于这些优秀作品的创意灵感, 熊超认为, 世间所有的灵感都不是偶然而得之, 是之前所有经历、感受、审美、生活、敏感的总和碰撞。每一本好书、每一场电影、每一场艺术展、每一次旅行、每一次争吵、每一次加班、每一次开心、每一次失落……都可能会成为他创作的灵感。

　　据中国商务部统计, 中国目前有近 5 亿辆汽车, 已成为世界第一大汽车王国。环境污染, 其中 40% 来自汽车尾气。面对巨大的环境挑战, 中华环境保护基金会, 希望用一种不同的方式来呼吁大家保护绿色环境, 多步行少开车。2010 年熊超团队接到这个任务后, 在街道上装置了与大众互动的行为艺术, 让人们都自愿参与环境保护的创作。首先摄影师在冬天拍摄了近百张形态各异的枯树, 再精心挑选树冠长势好的照片, 整合修图形成一棵完美的枯树。然后将水墨滴甩在白纸上, 用嘴巴吹动墨滴渲染出凌乱的中国水墨画质感, 将画扫描至电脑, 与真实影像的枯树交融叠加, 设计出一棵极具东方艺术风格的有枝无叶的大树, 并将它印在一块长 12.6 米、宽 7 米的巨幅油画布上, 铺在红绿灯前的斑马线上, 两端摆放上绿色快干环保颜料海绵垫。当越来越多行人踩上去时, 诸多随机的脚印就像枯树长出的许多绿叶。当每个人过马路时就参与了这个沟通的过程, 并目睹了自己对绿色环保的贡献。

　　此活动已在上海的 7 条主道上举行并延展到全中国, 参与人次总计近 3920000。全球权威媒体予以报道, 包括中央电视台和上海电视台、英国 BBC 第 2 台、先锋艺术设计在线杂志 *Designboom*, 以及 YouTube、雅虎、谷歌、百度等近万个网站。在新浪微博上, 该活动被转发 752000 多次, 评论达 978 000 条。这些免费的媒体转载传播, 相当于节约了 3 亿元的媒体预算费, 并直接间接影响了全球上亿人的环保意识。上海市政府选择将此创意作为 9 月 22 日世界无车日主活动, 市长等领导亲临现场参加。活动结束后, 巨幅海报更是被上海 CANART 美术馆盛邀展览并被关山

月美术馆收藏。[1]

　　这看似成果满满的广告之路却并不是一帆风顺的，从构思到制作都遇到了很大的阻力。一个作品的诞生从来不是一气呵成的，熊超最开始想的是绿色脚印，但脚印并不代表环保，后来又想到斑马线上的树，让人们踩在树冠上，但这种设计需要向政

《绿色出行》互动公益广告

　　2010 年，在加入 DDB 的两年后，熊超凭借着《绿色出行》作品，实现了人生梦想，拿到了金狮奖，这也是第一次中国创意人拿到设计类金狮奖。《绿色出行》是熊超带领的团队为中华环境保护基金会制作的一个作品。他们将一幅画着干枯树干的巨型海报铺在马路的人行横道上，道路两边是蘸满绿色油漆的海绵。当人们过马路时，海报上就会留下绿色的脚印，每一只脚印就像一片树叶，让本来凋零的树干又活了。这部作品的巧妙之处是让人们无意识的行为，变成交互式的行为艺术。[2]

1.《熊超：创意来自人性的洞察》，http://www.zcool.com.cn/article/ZNDY1NTk2.html，2017 年 1 月 18 日。
2.《熊超：做 4A 做不出来的东西》，https://www.jiemian.com/article/721302.html，2016 年 7 月 2 日。

府申请，最后政府很喜欢这个创意，这个创意终于被推行了。其他城市的一些正规组织写信给熊超，问能不能把这个想法在他们的城市实践，这让熊超很开心。好的想法能够扩大到很多地方，证明这是个具有覆盖性的作品。受到鼓舞的熊超希望有更多的时间去创造这些美好的东西。

用充满真诚的作品，让家庭重获爱的感动

《隔离的键盘》是熊超团队为热爱家园组织打造的一个公益广告。根据权威统计数据，2012 年中国网民已经超过 5 亿，80% 的人成天泡在网上无法自拔。手机用户更是高达 11 亿，每个中国人每天摸手机约 150 次，也就是说除去睡觉的 8 小时，6 分钟看一次手机，重度使用者可能 1 到 2 分钟摸一次手机。但人们没有觉察到美好科技背后的残酷，科技打破了时空的距离，却同时扩大了我们心灵的距离。世界上最遥远的距离不是我在天涯你在海角，而是我在你身边，你在玩电脑、玩手机。

记得 2011 年 11 月，熊超有一个同事说，他和爸爸回家后各自玩电脑时，孤独的妈妈只能对着家里的宠物狗唠叨。2012 年初，熊超从电视上看到了一个真实的事件，一对儿女回父母家过年，爸爸妈妈准备了一桌好菜，兄妹俩却在饭桌上兴奋地刷着微博，有一句没一句地敷衍着父母，气得爸爸站起来把碗筷一摔："你们和手机、电脑过年去吧！"熊超自己同样也染上了网瘾，起床总是三件事：洗脸、刷牙、刷微博；老婆挂在嘴边最多的一句话是：你和手机过日子吧，第二多的一句是：你不如和操作系统去谈恋爱吧。

生活中有太多被电脑、手机隔离的故事，这让熊超深受震动和自责，当时就有一种表达的冲动，希望通过作品记录这个时代的社会问题。好作品就是真实地说话，真实是源动力。因此，熊超团队首先采访了 22 个因为过度使用电脑、手机而淡漠亲情的家庭，然后依据这些家庭的 116 位成员形象，分别塑造了形态各异、栩栩如生的 9 厘米高的人物雕塑，重现每个家庭过度使用电脑、手机的情景及负面影响。比如老婆在玩电脑，老公只能一个人打扑克牌；妈妈在玩手机，五岁的儿子独自在欺负小金鱼；儿子、媳妇在玩手机、电脑，坐在轮椅上的老人在发呆……熊超把自己家庭也融

入这件作品中，自己和太太看手机、电脑，丈人一个人下棋，丈母娘一个人在吃饭。

雕塑重现每个人过度使用电脑或手机的情景，再将每个雕塑单独放置在一个封闭的玻璃罐中，重新排列组合后装置在一个黑色底座上，形成一个超级键盘——一个充满着寂寥和疏离感的冷冰冰的没有人情味的键盘。电脑键盘的按键是长短不一样的，特别是空格键很长，而市面上的玻璃瓶尺寸通常是固定的。熊超用三维效果图精确地算出每个玻璃瓶的长度，周末跑了很多厂家，最终开模定制。"玻璃罐是透明的，人们相互看得见，彼此却摸不着，就好像现在的家庭关系，大家虽然在一个房子里，相互之间却缺乏交流，这是一种令人绝望的疏离关系。"熊超希望用自己的艺术作品去打开那些沉迷于键盘的人的心灵，用融入自己最真诚愿望的作品，去治愈他人心灵的伤口，让家庭重获爱的感动。

这件作品的影响远远超过预期。《隔离的键盘》在中央电视台1到9频道黄金时段频繁播放，在多家美术馆展出，比如多伦现代美术馆、证大现代艺术馆、关山月

《隔离的键盘》装置艺术

中国元素国际创意大赛的全场大奖《隔离的键盘》，是DDB上海熊超团队为"热爱家园"组织打造的一个公益广告。中国目前有多达5亿的网民，许多人因沉迷网络而与家人疏远。在采访许多家庭后，熊超团队塑造了百余个形态各异、栩栩如生的9厘米人物塑像，重现每个人过度使用电脑的情景，并将这些人物放到玻璃瓶中，装着人物的玻璃瓶排布成巨大的键盘，放置在百脑汇展出。此后展览地点又拓增到广场、酒店及地铁站，让更多人可以亲自感受到"隔离的键盘"。[1]

1《DDB公益项目隔离的键盘》，http://iwebad.com/case/1674.html，2012年10月29日。

美术馆、华·美术馆、北京 798 艺术区，被 The Big Won Report 评为全球获奖最多的设计第 5 名……引发社会的热烈讨论和巨大共鸣，直接或间接影响了许多人的上网意识。该作品首次将当代社会问题融入先锋艺术，使之真正进入公众视野，直击人心，影响中国亿万民众。作品至今还在上海艺术酒店 INDIGO 英迪格展览中，继续影响更多的人，唤醒沉迷于网络中的人们，关掉电脑、手机，凝视自己，凝视亲人，凝视窗外，眼帘下仿佛布满了整个星空。[1]

艺术家要跳出专业圈子的局限，将能量辐射到整个世界

熊超曾经表达过他对艺术的理解："一个艺术家不应该局限于圈子，而是用整个能量辐射到整个世界。有时我的出发点并不是'主动'地要去做公益广告，而是一种本能，我会情不自禁地想要用自己的方式去表达出来，艺术的方式也好，广告的方式也好。这是一种就像泉水涌出来的感受，艺术唤起人的感知，会让这个世界更好。"

正是秉承这样的艺术理念，熊超为温莎·牛顿（Winsor & Newton）这个世界知名的颜料品牌创作出了商业和公益完美结合的经典案例：Mind Art。Mind Art 的灵感，或者说理论基础，来源于两个方面。一是熊超重读霍金的《时间简史》感受到的：宇宙是怎么来的？ 100 亿到 200 亿年前，曾经发生过一桩开天辟地的大事件，即宇宙从一个极其致密、极热的状态中大爆炸而产生。这让熊超脑海里萌生了一个视觉：用 4 块大画布围成一个空间，用颜料在这个空间中的爆炸，喷洒在画布上形成作品，用艺术方式重新模拟宇宙大爆炸。

另一个灵感来源是关于天人感应的古老智慧。熊超相信发生在身边的每一件事情，我们做的每个动作、每个选择，看似偶然，其实却蕴含着整个宇宙的全部资讯，就像一根猫毛包含了整只猫的 DNA。熊超常常忍不住去思考，恢宏的宇宙与渺小人类个体之间的联系，也很想试试看能不能把精神力量视觉化。2014 年 1 月，熊超在摄影师朋友家喝茶，他的邻居崔长江坐着轮椅恰好经过他的家门，朋友就和熊超聊起了这个老人伤感的故事：这位名叫崔长江的老先生，今年 59 岁，自幼就热爱绘画，

1.《熊超: 创意来自人性的洞察》，http://www.zcool.com.cn/article/ZNDY1NTk2.html，2017 年 1 月 18 日。

但是他在 24 岁风华正茂的时候，在一次事故中被高压电致残，不幸失去了 2 条手臂和 1 条右腿，他的艺术梦想终结了。崔长江的经历触动了熊超，他觉得应该为这些残疾人创作艺术作品，去探索、去引爆他们的"小宇宙"，唤起社会对残疾人群的尊重与关怀。

Mind Art 采用了脑电波遥控技术。虽然脑电波遥控技术屡见不鲜，比如"神念科技"出品的众多脑电波遥控玩具，但熊超需要将它应用到雷管起爆器上，这颇费

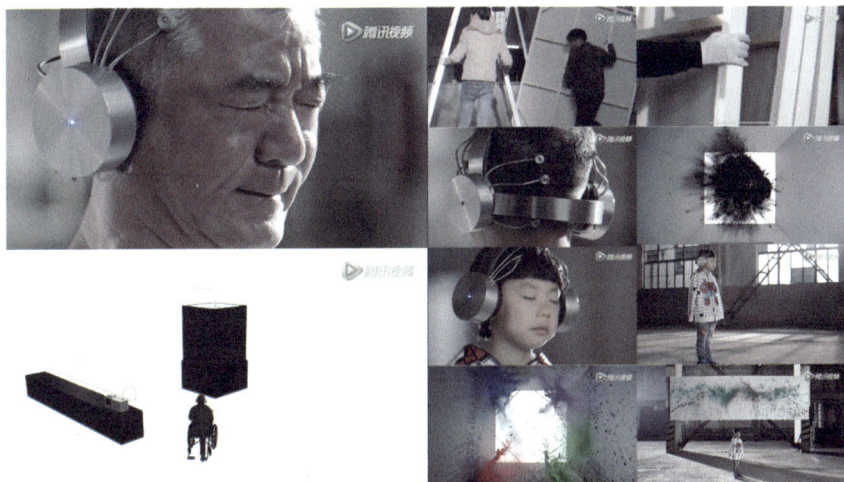

Mind Art：商业和公益相结合的经典案例

温莎·牛顿这个诞生于 1832 年的世界知名颜料品牌，希望通过独特的艺术方式，唤起社会对残疾人群的理解与关怀。中国有 8,300 万残疾人，居世界首位。他们承受着身体的缺陷，同时承受着世人异样眼光所带来的自卑与封闭。2014 年熊超团队为全球颜料领导品牌温莎·牛顿创作的 *Mind Art*，是商业和公益相结合的经典案例。

这个艺术和科技相结合的 *Mind Art* 项目备受全球关注，被著名的 Designboom（意大利著名工业设计网站）评为 2014 年度十大艺术之一，被东京设计周、上海设计周、WIRED 连线杂志、赫芬顿邮报、纽约 MOMA、南非艺术时代、创想计划、The 100 Innovations' Book、Discovery 探索频道等多个权威网站、杂志、电视台报道。同时 *Mind Art* 被知名品牌百度欣赏、挖掘，拍摄了以熊超和崔长江的故事为原型改编的百度品牌形象微电影《脑电波画家的故事》。此片在 2015 年的感恩节正式上线发布，短短几天，仅在中国的优酷、腾讯等平台，这条影片就得到了 300 万次的播放。[1]

1.《熊超：创意来自人性的洞察》，http://www.zcool.com.cn/article/ZNDY1NTk2.html，2017 年 1 月 18 日。

周折。所幸最终请到了互动工程师，顺利解决了所有的技术问题。同年 5 月，熊超团队邀请了 16 位残疾人参与这场关于精神力量和自我表达的实验。参与者戴上脑电波捕捉设备，引爆气球。颜料随之炸开，在布上形成变幻莫测的抽象图形，完美演绎了他们各自五彩斑斓的"小宇宙"。四块画布拼成一件巨幅作品，高 2 米，宽 6 米，极具视觉冲击力。当你步入这一场艺术展览中，你很难相信这些迷人的作品出自残障人，绚丽的色彩如同脑海中的迷梦之境，没有重力，也没有时间。每个参与的残疾人，都非常开心地享受了这个艺术项目，他们找到了久违的自信，灵魂得到了释放和自由。他们的意念创作相继在上海国际时尚中心和上海展览中心引爆，部分作品已被拍卖，善款捐给了残疾公益组织。

挣脱"体制化"束缚，寻求内心的自我突破

2015 年 5 月，熊超离开了被称为广告界"黄埔军校"的奥美公司，进行了一段时间的电影集中进修学习，之后带着更多新鲜的知识和对这个行业的思考，于 2015 年 9 月发起成立了"& Creative Lab"创意热店，成功推出了刷爆朋友圈的"520 唇印

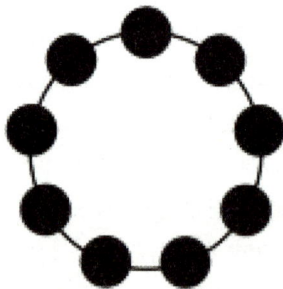

九曜的 logo

"The Nine"中文名曰"九曜"，"曜"是星球与能量，公司的了 logo 是把九个圆点连成一个圆形，代表着源源不断的创意热情和能量，为客户在这个瞬息万变的市场中，创作最先锋、最"In"的内容，秉持"消费者洞察 + 创新 + 美学 + 设计 + 科技 + 艺术 + 娱乐 + 事件 + 内容 = 让品牌和产品最完美地与大众沟通"的理念。

门风波"（520闲鱼拍卖节），奥运期间最火的、被誉为有着电影质感的TVC《今天，让我们向每个以梦为马的人，致敬！》（南孚奥运）等杰出作品。"& Creative Lab"被"天与空"公司全资收购后，熊超于2016年10月8日又创办了自己的创意热店"The Nine"。熊超认为"The Nine"不应该被简单地定义为广告公司或者设计公司，它更应该像一个创意实验室，一切媒体皆为创意服务，一切载体皆为人性洞察。尽管只是几十个人的、刚刚成立不久的小公司，熊超带领的团队却爆发出了惊人的战斗力，他们这些年来的努力和成就也让业界感到震惊。

整合营销，就像人体各个器官的完美搭配

2016年阿里巴巴"520闲鱼拍卖节"的借势营销和节日策划，是阿里巴巴又一场蓄谋已久的"造节"计划。熊超团队要为阿里巴巴将"520闲鱼拍卖节"打造成继"双十一"后又一个全民购物狂欢节。

虽然纸媒在这个时代日渐衰微，但并不代表纸媒应该退出历史舞台，怎么用纸媒创造新的话题才是关键。在阿里"520唇有独钟"的活动中，熊超团队首先展开"以爱为名"的主题活动——纸媒花式悬念秀。从2016年5月12日起，连续4天，《北京青年报》上出现了这样一组用"唇印"来引导注意力的悬念留白广告。用最简单的东西来表达爱，让受众去猜TA是谁，看到最后，读者会发现"唇印"勾勒出来的人物是柳岩，而广告推的则是"520闲鱼拍卖节"。在最后一天的广告文案中，这一次拍卖节的主题首次得到了揭示——"爱，买不到拍得到"。这种设计让大家看到了纸媒内容的话题性，这种话题性可以和社交媒体、明星娱乐、线上线下讨论结合在一起，把人与人之间的距离打破。

2016年5月16日晚，一场名为"唇印门"的风波席卷了许多人的朋友圈。当用户带着好奇心点击进入时，初以为是一个八卦视频，其实这只是吊胃口的前戏，重点是用户可以扫描自己的唇印向自己的TA表白爱，TA可以是爱人、亲人、朋友、孩子，也可以是自己。用一个唇印一吻传情，写一份520爱的情书，还可以用唇印拼凑出TA的头像，唇有独钟，一诉衷情。"唇印门"上线后，迅速引发用户的广泛关注

和互动。在微信平台，各种以明星为噱头的内容频频刷屏朋友圈，而微博上，连明星都忍不住要加入 H5 互动中，纷纷玩起了用唇印拼头像的游戏，将 H5 进一步推向新高度。

5 月 17 日，熊超团队在上海竖起了一块 6×8 米的 LED 大屏，推出了"唇有独钟"创意互动 H5。路过的人只要掏出手机，扫描二维码进行现场互动，就可以用自己的唇印写一封情书表白，或者用自己的唇印拼凑出一幅爱人的头像，在 520 当天送出这温情满满又极富创意的礼物。值得一提的是，屏幕上展示的是阿里巴巴公益合伙人陈妍希和陈晓两人的身影。而就在同一天，双陈宣布了自己的婚期。

席卷朋友圈的"唇印门"和"唇有独钟"的创意互动 H5

5 月 19 日晚，在人流量巨大的上海外滩边上，花旗大厦的楼体之上直接打出了"爱，买不到拍得到"的宣示，这像是闲鱼拍卖面向全球用户的一次深情告白。

闲鱼拍卖在花旗大厦做的楼体广告

这场营销整合了很多手段，把设计、科技和艺术融合在一起，形式多样，内容丰富，包括悬念营销、事件营销、创意海报、创意 H5、KOL 传播助力、明星参与等多种当下社会营销中常用的手法和形式，360°无死角。每类媒体都有它的力量，如果将它们整合在一起，就像人的头、眼睛、嘴巴还有四肢一样，构成一个完美的人体，就能达到1+1＞2的效果。

从在传统媒体上以留白广告的方式做首次主题露出，到社交媒体上引爆，同时在线下用互动装置进行导流，再到线上明星们参与传播，并且用H5扩散到朋友圈，阿里巴巴这次的"520闲鱼拍卖节"的推广活动在同一主题、同一视觉元素下融合了多种媒介之间，整波活动堪称一个融合创意、娱乐、悬念、热点、明星、事件、互动、设计、艺术、品牌多种元素为一体的360°品牌战役。毫无疑问，过往阿里用"买买买"将淘宝打造成中国第一电商平台，这次他们要用"520拍拍拍"捧红闲鱼拍卖。

这场整合式的活动产生了巨大的影响力：1. 外滩灯光秀浦江两岸曝光（人流＋车＋附近楼宇）80余万人次。2. 截至5月31日，H5点击量达1 543 257次，吸引857938人次。3. 户外双屏互动参与、关注人数16万人次。4. 活动视频播放量合计高达625881次。5. 微博话题阅读量高达1.5亿，讨论量6万。6. 微信推广文章阅读量达120万次。7. 总闲鱼logo、slogan露出总计8000万次。[1]

广告不是为个人而做，是要为客户创造新价值

南孚电池赞助了里约中国奥运击剑队。为了拍好广告，南孚一共邀请了三家公司参加比稿，包括一家4A广告公司和一家本土热店，还有熊超团队。南孚从每家公司挑选出一个创意脚本，在20多个城市进行消费者测试。测试结果是：定性测试，熊超团队的创意脚本排名第一；定量测试，熊超团队依然排名第一。熊超团队赢得了这次比稿。

广告将击剑队的体育精神和南孚品牌结合到一起，南孚电池里面有个密封的针，与击剑相似。击剑是优美的运动，如同芭蕾。基于以上灵感，熊超力求视觉上的美感，将击剑队的形象做到极致。熊超团队拍了100多张照片，用多重曝光合成一张最完美

1.《熊超：创意来自人性的洞察》，http://www.zcool.com.cn/article/ZNDY1NTk2.html，2017年1月18日。

的长条照片，从小到大排列，呈现出一条龙的形状。它的外形和电池外形一致。

这则广告的主题是"相信持久的力量"，表现的是一个小孩子慢慢成长为一个真正的剑客的过程。雷声从 5 岁的时候在电视机里看到击剑然后效仿，用 23 年的时间，成为天下第一剑客，成为中国击剑队征战里约热内卢的旗手。未改初心的雷声与"27 年来专注碱性电池"的南孚，奥运冠军与市场占有率第一的领导品牌，相得益彰，交相辉映。

对这套作品，熊超没送去参加国内任何奖项的评选，因为熊超认为近些年国内广告奖项的水准有所下降，并且形式单一，而他认为广告一定要风格多变、百花齐放。熊超也没有对这些成就过于宣传，在他看来，中国广告业现在最大的问题就是炒作太多，

南孚电池广告摄影

未改初心的雷声与"27 年来专注碱性电池"的南孚

熊超团队给南孚电池拍摄了一部 60 秒的 TVC 电视广告和一系列平面户外海报，代言人是那个舞动着国旗带领中国队进军里约热内卢，伦敦奥运会的男子花剑个人赛冠军——雷声。影片已在 CCTV、浙江卫视、湖南卫视、山东卫视、安徽卫视、旅游卫视等全国多家电视台播出，"27 年磨一剑，南孚电池——相信持久的力量"，将拼搏进取、持之以恒的奥运精神播撒向亿万民众。

熊超一心只想做让客户满意，也让自己满意的作品。至于能拿多少奖，能不能成为优秀案例，都不重要。重要的不是做广告，而是为客户创造一个新的东西，创造品牌价值。广告不是为个人而做，而是为品牌而做。

保持旺盛的好奇心，为新鲜事物疯狂

网购的一个巨大缺陷是，网上看来很合身，但是拿到手上却有这样那样的缺陷，因此很多人都会退货。这也是社交媒体、互联网引起的问题，消费者没有亲身体验。针对这个问题，2016 年 10 月，熊超团队打造了阿里新零售平台——"就试试衣间"这样一个实体空间。

"就试试衣间"是一个 3000 平方米的区域，其中有很多可以用手机互动的 AR或 VR 技术。它被分为四种风格：office lady、潮女系、森女系、名媛系，里面的装修也是按照四个风格来做的，比如鸟笼、竹子等就代表森女系。"就试试衣间"的 logo用了多个圆形，因为圆形代表了女人追求完美的过程。消费者到了"就试试衣间"就可以去试衣，从另一个角度来讲，就是消费者找到自我，找到自己最完美的那一面的过程。年轻的客户很喜欢这个圆形的创意。

"就试试衣间"采用了 App 扫码进店、收 5 块钱门票的形式，也采用了线上线下结合的方式。现在的人们越来越离不开手机，但是人们也需要去体验现实生活。实体店或者说半虚拟半实体的店，应该会有好的未来。没有良好的购买前体验及较高的退货率是淘宝现在必须面对的问题。因此，线上线下结合是有必要的。

第一家店做得很成功，因此"就试试衣间"2.0 版本顺利融资。这次熊超主打英文的 logo，把"就是"翻译成"JOOOS"。新的 logo 很简洁，从圆形出发，熊超试图打造一个符号，美是这个符号最基本的要求。团队设计了四个雕塑和卡通人物，使用名媛、潮女等形象作为 IP，起名为"小妖精"。的确，现在已经不是 20 世纪 80 年代"貌美如花"的审美了，现在的审美带有一种自嘲、自黑的潮流，有那种"我就是勾引人"的心态，就是"小妖精"的真实写照。"小妖精"亦正亦邪，20 世纪 90 年代的人用一种俏皮的方式来调侃自己，这是一件让自己变得更有魅力的事情，如同小妖精一样，

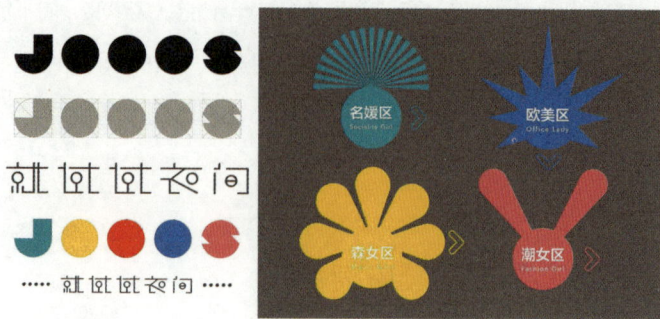

就试试衣间的 logo 和四种风格区

就试试衣间店内场景

2016 年 11 月 25 日，JOOOS 试衣间杭州星光大道店开业，面积高达 2,000 平方米，整合了天猫 top100 销售榜上的潮牌，从服装到配饰一应俱全，可以随意试穿混搭，与商品面对面"交流"，实现一站式购齐，免邮费而且线上线下同款价格。

变得漂亮，有魅力。

虽然熊超是 1970 年后出生的人，但是他还是会去了解二次元的东西。一个广告人怕的不是时间流逝，而是心老了，学习的能力和动力停止了。很多广告人还活在过去的世界里，但熊超依然保持着旺盛的好奇心，为新鲜事物疯狂。

就试试衣间四个雕塑，名曰：小妖精，口号：我就是好看

参赛稿是一把双刃剑，需要平衡利和弊

广告最终目的是指向销售的，但是对于创意人来说，有一个好创意也会让人很开心。有些创意就是为了参加比赛，为了拿奖。一些稿子是为了卖给客户、投入实践的。还有一些稿子根本不存在客户，那么这种创意就是一种试练，如同时装秀场里的衣服，大多是为了促进行业发展、指明近期的风向的，并不是真的让人在日常生活里穿到大街上的。广告公司要排名，因此全世界都在做这个游戏，包括戛纳创意节里百分之五六十的稿子都属于这个类别。

在熊超看来，打造参赛稿也不是纯粹为了名誉、为了作秀。从另一个角度看，这些稿子代表的是灵感的碰撞、创意的萌发，不能因为没有客户就停止前进的步伐，要从不同的角度看待参加广告比赛这件事情。从正面来看，它让创意人保持旺盛的创新能力，促进行业的发展；从另一面看，如果考虑为此投入的时间，和与其并不匹配的为公司的创造的利润和价值的话，它是有负面作用的。它是一柄双刃剑，需要去平衡利与弊。

在国际4A公司里面，组织参赛稿是一个非常正常的现象，像新加坡、日本、英国、美国的公司，都有这种现象。人们很难去杜绝这种现象，因为你很难去界定它是否太脱离实际，是否有真实的客户也不是参赛稿的评判标准，客户也会很喜欢参赛稿。像可口可乐这样的大品牌，会把一些命题给参与者，然后小成本制作出来去参加比赛，目的就是让它的品牌更出名。但也有一些很严谨的客户，他们的作品就不敢天马行空，也就不像参赛稿，太正规了。

熊超认为，做参赛稿并不卑劣，不做参赛稿也不代表着有多光荣。最重要的是如何平衡这个东西，即你是不是真正为品牌创造了有价值的东西。打造参赛稿只是广告人的一个方面，把它看成创意人去玩耍、开发智力，或者是让自己变得更强的一个手段。就好像平常练跳高一样，你必须要练无数次，才能在比赛那一刹那间绽放。最重要的是你如何对待比赛的这个心态，并且把它变成真正有意义的作品。参赛稿不是像别人说的那样，是让人很不齿的事情，要看你如何认定它、看能否把它变成一件有价值的事情。戛纳创意节就是一个国际广告大赛，一个常规的 work show。如果没有这个比赛的话，大家就不会准备作品，也就没有这个行业的推进。

此外，熊超建议还是要以真实的客户、真实的作品去参加比赛，能够出街的作品是最棒的。如果有人能把参赛稿做得像客户要的一样，有巧妙性、先锋性，那是一件好事情。市场需要正能量，有些东西的负能量我们要把它变成正的，并经过努力使之更好。

在 4A 公司里，没有一个创意人不喜欢得奖，但他们最大的问题是无法用他们的才华做出得奖的作品，这就是最大的现实。每年送到戛纳的作品非常多，但是能得奖的作品少之又少。人是很注重利益的动物，人性除了光明之外还有邪恶，如同黑泽明的电影《罗生门》所说，人其实是站在不同的角度为自己辩护。人当然可以替自己辩护，但是要客观地看待问题，比如学生没有人脉和金钱去寻找客户，参赛稿不能出街，但对于 4A 公司来说，如果整天闷在公司去做参赛稿，绝对是有问题的。在熊超的公司，每件作品都是为客户创作的，为它创造真正的品牌价值，熊超认为这是最重要的。

4A 公司"越狱"之后，创意热店何去何从

大家说到广告公司的时候，都会想到创意热店或传统 4A 公司，一般大家会觉得 4A 公司更平稳一些，创意热店可能会有更多新奇、跳脱的创意。创意主导的广告公司

未来发展的重点是多元化，现在的作品还不够疯狂，不够多元。如今，越来越多的 4A 公司创意人出走，去成立自己的创意热店，这似乎已然成为一种趋势。然而在整个市场还算健康的大环境下，这种趋势是如何产生的？是 4A 公司自身的传统架构和流程跟不上时代，还是甲方对于乙方的期望发生了改变，抑或是创意人对自身的发展有了更多其他的要求？这种趋势的形成是否健康，又是否能长久？如今如雨后春笋般纷纷出现的本土创意热店今后会朝着什么样的方向发展，传统 4A 公司又将何去何从？这些都是每一位广告人和研究广告行业的学者需要思考的命题。作为身处时代洪流中的创意人，熊超老师也在 2015 年离开了工作 18 年的 4A 公司，成立了自己的创意热店。此后，他的生活和工作都发生了变化。他是如何看待目前整个行业的现状以及自己的职业生涯规划的呢？

在 4A 公司工作了 18 年之后，熊超厌倦了，最后还是决定自己出来单独做。4A 公司最大的问题就是，它们不能卖那些真正的创意，因为它的层级太多了，没有把制度扁平化，内耗太大了，一个东西要传很多遍。在奥美做一个东西，每天都要很多人过，每天都开会开到十一二点，每天都在头脑风暴，这个过程中杀死无数好的创意。很多人在 4A 公司是为了挣钱，不是在做创意。

4A 公司里越来越多比较高端的创意人离开了，因为在 4A 公司里，他们的位置最好也就是做到 CCO。做到 CCO 又怎样呢？做到首席创意官又怎样呢？如果作品一般，职位做到那么高也没用。有一部电影叫作《肖申克的救赎》，在 IMDB（互联网电影资料库）上排名第一，这是为什么呢？因为人们活在这个地球上，是被囚禁起来的，我们没办法摆脱地心引力，但我们每个人又都想越狱。那部电影讲的就是人的一种本能追求，就是自由。而自己开公司也许收入没有在 4A 公司工作多，但最大的好处就是可以把握自己，可以面对面和客户沟通，可以把好的、有潜力的创意卖给客户，帮客户把他们的产品更好地呈现在市场上。

（采访：张立群　周　圆　宋哲源　朱嘉欣　廖海洋）

Chapter 7

一个广告创意人的坚持与守望

——H&H Creative 广告创始人李丹

李丹（Danny Li），拥有足足 19 年的广告行业经验，曾任职于麦肯光明、李奥贝纳、智威汤逊、奥美、腾迈、哈瓦斯等国际 4A 广告公司，2016 年 5 月加入电通麦利博文（mcgarrybowen）上海公司。他是中国获得国际广告奖项最多的创意人之一，共斩获超过 310 项国际广告奖项，其中包括 10 个全场大奖、82 个金奖。2011 年，全球美术指导 Top Art Directors 排名第五；在 2012 年，亚太地区顶尖创意人 Campaign Aisa 排名第三，美术指导排名第一。截至 2017 年，他在法国戛纳创意节上累积获得 1 座全场大奖、6 座金狮、3 座银狮、2 座铜狮，总计 12 座狮子奖杯，被誉为中国广告界"擒狮王"。2019 年 10 月 31 日，李丹离开了麦利博文，创办了创意热店。李丹将自己的新公司命名为 Heaven&Hell，名字取自改变其广告生涯的一个经典作品——Heaven & Hell，天堂与地狱的两个"H"。把这两个 H 上下叠在一起，就是一把梯子。H 越多，磨砺越多，梯子就越高，就有机会在天堂发光发亮，把最好的创意带给客户和消费者。"于是我们做了把梯子，我们将在这把梯子上经历起落，见证团队与行业的退化、进化，有时从天堂下地狱，也是为了从地狱重回天堂。"

绍兴路 96 号，一家乍一看平平无奇的咖啡馆，比约定的时间早到一些的我们，等在门前，有足够的时间打量这条铺满金黄梧桐落叶的安静小路，打量这间略显陈旧的咖啡馆。透过斑驳的玻璃门朝里看，咖啡店内显得狭小拥挤，心生好奇，里面会不会别有乾坤。很快，店门开启，跟随几只从容自在的猫咪兜兜转转来到三楼露天阳台，青葱的绿植，深秋清爽的风，懒散悠闲的猫咪，这一切让我们突然有点明白访谈地选在此处的原因。

我们大致安排好拍摄以及物件摆放位置后，一直守在门口的猫咪突然熟稔地叫唤起来，我们的采访对象李丹老师如约而至。李丹老师进门便带着微笑，瞬时让我们放下了心中的紧张，简单寒暄之后，我们开始了正题。

掌握人生选择权，坚守广告创意人的执念

李丹认为对从业者来说，激情都很重要，而他的激情就是广告。在所有的行业中你能干那么久，必须要有动力，这动力在大多数情况下是基于对这个行业的爱。李丹对创意、对设计、对美术等从小就喜欢，所以在这个行业摸爬滚打几十年后，他依然很有激情。

成为一个广告创意人是李丹对自己热爱的坚持，对于自己人生的自主选择。

从小学习画画的李丹，对于视觉呈现、美术领域有着极为浓厚的兴趣与热爱。谈到对于美术的坚持，李丹回忆起了小时候的经历。"小时候深受雷锋精神影响，什么事情都要积极参与，于是小学第一天，体育班主任和美术班主任都来班里找新的生源，我都举手，一下报了两个。体育没那么顺利，因为当时身体素质不行，老师看我个子小，安排我跑中长跑，我第一次跑一圈就开始吐，班里一共二十五个人报名，第一周就有二十个人退出了，但是我受的教育就是一定要坚持到最后，最后体育队就剩下两个人了，为了较劲儿，我跑长跑跑了整整六年，春夏秋冬，最好的成绩是长春市第三名。美术也是从一年级就开始画，从铅笔稿开始，我那个时候特别喜欢看李连杰的《少林寺》那个电影，然后就对着那些招式画小人，每次画一千多个小人，从小就这么画，喜欢跟美术有关的事情。运动给了我体力，让我现在有了加班的资本。"

但是满怀对美术设计的热爱，毕业于中央工艺美术学院的李丹并没有如愿步入设计领域，而是听从了父母的安排，进入了工会，端上当时人人羡慕的"铁饭碗"，成了一名公务员。谈及这一年多的悠闲安稳领薪水的日子，李丹却表示这一年多更像是在虚度时光。"每天和工会主席、科长坐在一个房间，干得最多的事情就是端端茶、扫扫地、值值夜班。我因为是学平面设计出身，当时就揽下出黑板报、布置会议横幅以及拍照的活儿，在工会待了一年多，后来我就背着家里人辞职了，就去做平面设计师了，也就是从那个时候开始了新的职业生涯。"

成为平面设计师后，李丹过了相当充实和满足的几年，他认为自己从事着自己所热爱的工作，并且职位从当地的广告公司的平面设计师逐渐升至创意总监，也让他觉得自己的创意水准在业界得到了一些肯定。直到之后，他认识了奥美广告公司的一位美术指导，他突然意识到自己的创作理念与技术还远远不够。"在和奥美广告公司

的那个美术指导交流了一番之后，我意识到曾经我用于广告设计的那一套理念是有很多缺陷的，那个时候我就下定决心一定要进入像奥美这样的大型广告公司磨炼一番。"然而，当时 4A 广告公司的门槛却相当高，李丹几乎试遍了所有方法，都没能成功，但他仍然不放弃。终于，契机出现了，2006 年李丹参加 One Show 创意营活动，获得了银奖，受到了当时颁奖嘉宾北京灵智大洋执行创意总监徐克瑄的赏识，受邀进入哈瓦斯（Havas）工作，29 岁的李丹也终于进入梦想中的 4A 广告公司，起步月薪只有几千块，身边的同事甚至上司都比他年轻不少。而此前，在本土广告公司，李丹的月薪已经达到两三万元，但李丹仍然义无反顾。坚持每天最早到公司，很快，凭借着热情、努力和天分，他迅速受到了广告界的认可。

2006 年 One Show 创意营李丹获奖作品：求生系列

几十年来，李丹还一直坚持着早起到公司的习惯。李丹认为："只要你有想把这个事情做得更好的期望，就会主动地去早起。当你还有这种执念的时候，那你就继续做这个行业。如果有一天开始变得每天早上起来的时候都不想上班，那个时候你就基本上离爱越来越远了。"李丹现在依旧十分热爱这个行业并怀抱执念，他做海报常常做到夜间 12 点，还想继续完善，改完一看，觉得还可以再修改一下，就马上起来实践自己的想法。

敏锐的洞察，诗意的表达

进入梦寐以求的广告公司之后，李丹开始踏踏实实做设计，不断磨炼自己、积累经验，终于在 2011 年迎来了改变其广告生涯的机遇。当时，李丹就职于上海智威汤逊，作为团队主创成员为新秀丽旅行箱创作了《天堂与地狱》，该作品获得了中国

完美旅程，我们为你承受更多。
新秀丽旗舰店·超秀丽Cosmolite系列

《天堂与地狱》创作过程

在《天堂与地狱》这个作品中，那些从不善待乘客行李箱的机场托运工被比喻成魔鬼，从他接手行李箱时，地狱般的"虐箱之旅"就开始了；与此同时，游客正在飞机上享受天堂般的服务。当飞机落地时，箱子和人再次相遇，完好如初。广告形象生动地表达出新秀丽旅行箱结实、超强韧性的产品特点，一张平面图如同一部 TVC 故事脚本。

大陆广告历史上第一座戛纳全场大奖，引起了非常大的轰动。

《天堂与地狱》是李丹为新秀丽牌行李箱做的平面设计广告，这个行李箱的主打特色是结实、耐摔打，因此这则平面广告的设计就落脚在"飞行过程中行李箱的体验"这一点上。这幅广告作品分为上下两半，上面讲的是飞机客舱，乘客在飞行的过程中环境很好，就像天堂一样；但是在下半部分的货仓里，你的行李箱正在经历地狱般的体验，而那些暴力对待行李箱的魔鬼也十分可怖。这种对比就让人自然而然地开始担心行李箱能否受得住这种考验，从而也就达到了广告的诉求。

《天堂与地狱》的创作过程分为故事、构想、诉求和创作四部分，首先是李丹基于产品而回忆起自己的经历：他在乘坐飞机的时候曾经亲眼看见自己的行李箱被粗鲁地扔进货舱，这让他深深地担忧在货仓中的箱子。然后他产生了自己的思考：有时候你发现你的箱子坏了，可能是因为工作人员不能善待箱子。在这个过程中，工作人员就像魔鬼一样，魔鬼生活的场景，又可以联想到地狱，有了地狱就会有天堂。这样整个逻辑链和故事情节就串联好了。李丹认为，这个平面广告的目的是传达这样的观念：箱子结实，到达终点之后就不会损坏，这是它的诉求。从这个角度来说，虽然平

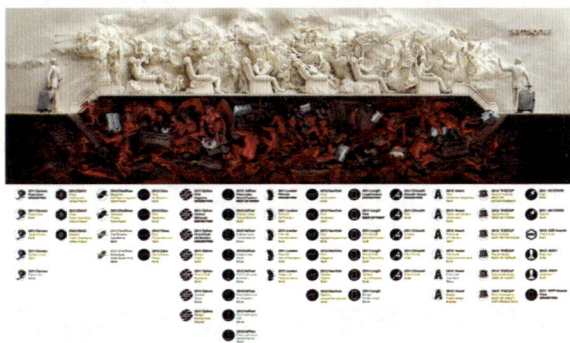

《天堂与地狱》获奖记录

《天堂与地狱》不仅赢得中国大陆广告史上第一座戛纳全场大奖，还拿到包括 Cannes、D&AD、One Show、Cilo 在内的 16 项国际广告奖项中的所有金奖，并成为世界平面广告历史上获奖最多的作品，新秀丽因此获得 2011 亚洲年度最佳客户大奖。在 2011 年世界美术指导 (Top Art Directors) 排名中，李丹排名第 5。这对于李丹本人来说，是职业生涯的一个转折，之后的他更像是"开挂式"地斩获一个又一个广告领域大奖。[1]

---

1 秦先普，《广告人的星空与田野——专访 mcgarrybowen 上海创意群总监李丹》，《中国广告》， 2016 年第 10 期。

面广告是静态的，但是故事是完整的，把它做成活动或者做成视频，这个故事情节都能承担得起内容的主干。平面是静态的却也是广告人最基础的手段，在平面上做出不平的状态来，才是创意人重要的特质。

曾有人评价李丹的作品："充满了诗意的生活化，让人会心领意之后又会忍不住噗嗤一笑：原来还能这样的啊。为汤达人做的插画里，泡面碗盖住脸庞的设计，既是表现面汤好喝让人忍不住碗底朝天的狼吞虎咽，又能解读为小人物在喧嚣生活里的眼不见心不烦。插画里的每一个细节都经得起推敲，我们称之为'接地气'。李丹的细腻洞察靠的是多年锻炼出来的敏锐，而脑洞大开的联想和诗意是他为生活制造的一点幽默感。"[1]

李丹为汤达人做的插画设计

反向思考，迸发创意花火

2012 年，李丹踌躇满志，携新作（《牙文明》系列平面广告）奔赴广告人梦寐以求的圣地，参加第 57 届戛纳国际创意节。当时没想到《牙文明》会再一次擒狮戛纳，李丹觉得这套平面作品在执行上和前一年的《天堂与地狱》相似，加上连续两年获奖

1《【创意过招】第 2 讲｜一个广告人的"擒狮时代"》：http://www.sohu.com/a/273674208_718877，2018 年 11 月 6 日。

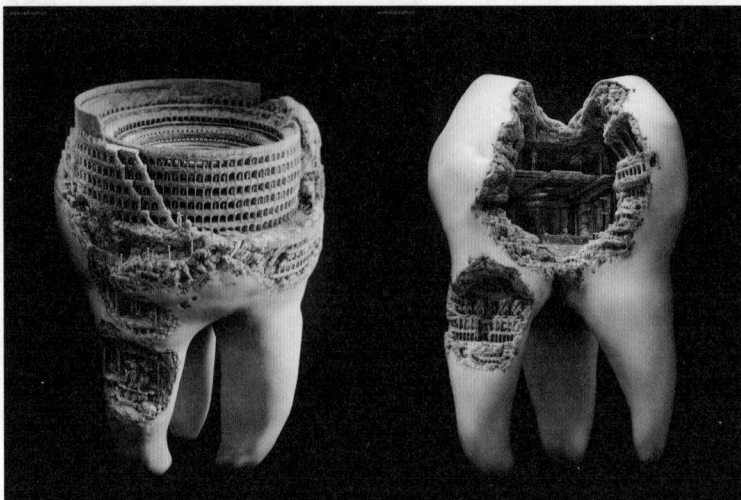

《牙文明——别让细菌蛀下来》

中国大陆历史上第一个法国戛纳创意节全场大奖
全球获奖最多的平面海报
16项国际广告大奖上获得**10项全场大奖**，**47个金奖**（所有奖项全部获得金奖），10个银奖和2个铜奖，
帮助新秀丽品牌获得2011年亚太地区年度最佳客户大奖

《牙文明》获奖记录

　　在戛纳，只有金狮才可以上台领奖，当时为李丹颁奖的正是他的老板劳双恩（智威汤逊公司东北亚执行创意总监，户外类评审主席），这位 57 年来戛纳第一位华人评审主席，亲自授予李丹一座沉甸甸的户外类戛纳金狮。同时，该作品也获得平面类金狮，李丹两次登台领奖。[1]

---

1 秦先普，《广告人的星空与田野——专访 mcgarrybowen 上海创意群总监李丹》，《中国广告》，2016年第 10 期。

是非常难的事，所以就没抱太大希望。然而喜从天降，《牙文明》一举拿下五座狮子。

《牙文明》的标语是"别让细菌蛀下来"。这是为美加净的防蛀牙膏设计的平面广告作品。李丹用精美的画面描绘了牙里的细菌会产生的和人类类似的文明形态——莫高窟或者斗兽场，让人看了牙根发酸。它的创作思路其实是一个反向思考的过程：如果你的牙膏防蛀效果不好或者不刷牙，细菌就会在牙里无限制繁衍，甚至会创造属于它们的文明。这其实是通过反向的诉求来强调使用一款防蛀功能强大的牙膏有多么重要。

《牙文明》的设计思路可以归结为产品—思路—诉求—创作这个过程。首先李丹思考了产品的功能和宣传的目标，对于美加净牙膏来说，就是防蛀效果；然后在思路上进行反转：防蛀效果不好会怎样？李丹想到了"富集效应"——细菌会富集，生活在没有天敌的环境中。如果无限制地继续下去，这种繁衍会带来什么？李丹就想到，虽然细菌没有文明，但是夸张一下，让它在过度的繁衍中产生人类的文明，会是什么效果？既然如此，那么我们就要思考人类文明的代表是什么，李丹团队想到的是建筑，接着想到了敦煌莫高窟和罗马斗兽场，这就是他们最终选择呈现的完整的故事。

在谈及这个平面广告的目的时，李丹说他想达到的目标就是让人看见了牙根痒，心里想："哎呀，这个牙（看着真难受）"，产生一种心理上的不适感，他认为这样这个广告的目的就达到了。其实当我们走在大街上，平面作品很难吸引我们的注意力，我们做平面的努力大部分应该放在引起人们的注意上。所以当一个平面作品能够吸引观众的视线和注意，它其实在某种程度上就已经算是成功了。

完美主义强迫症，绽放极致生命力

《眼奴》系列是李丹在麦肯光明上海时期的作品，广告主是来自辉瑞香港的青康明减压眼药水。当时的消费者洞察是说，现在有很多人为了取得成功，急功近利，让自己的眼睛常处在超负荷的工作状态，这对于眼睛来说是一场灾难，它们变成了戴着镣铐的奴隶，在监视下没日没夜地工作着，它们为了主人的功名成了垫脚石、牺牲品，于是李丹及其团队有了一个大创意：废除眼奴制。

　　李丹及团队先从一条《解放眼奴宣言》的病毒视频开始，塑造了一位眼球人去模仿马丁·路德·金的《解放黑奴》宣言的形式，"今天我有一个梦想，我梦想有一天眼奴主和眼奴不再是主仆关系，而是跟兄弟一样，可以共坐一起共叙情谊"。

　　之后，他们计划再找来一些高度近视的各领域精英，比如高考状元、成功白领、游戏冠军做形象代言，用他们做人物原型做一系列海报，请他们戴上印有专属于自己的"成功标签"的眼罩，以此方式讽刺那些以伤害眼睛为代价换来功名的愚蠢之人。

《解放眼奴宣言》

李丹亲自绘制的《眼奴》系列作品之《美工篇》

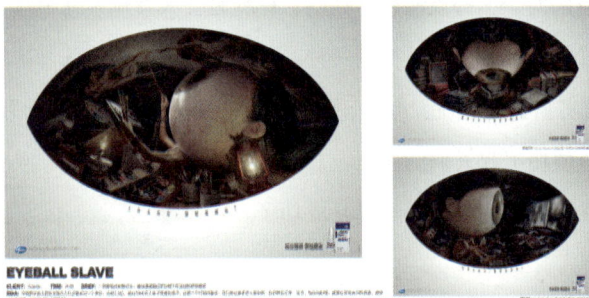

《眼奴》系列作之《美工篇》《游戏篇》《高考篇》

　　《眼奴》在草图阶段就打磨了近 3 个月，草图是由李丹本人所绘，第一张《美工篇》花的时间最长，为了让静态的画面动起来、有张力，李丹让画面中的每一条"线"都有自己的指引方向，每条线所指引的方向连接成一个向内的漩涡结构，使整个画面无形地律动起来。李丹表示："之所以花了很长时间，是因为在构图开始时，你不可能知道哪个元素放哪里会更合适，指引的方向会更完美，一切都要不停地试错，试错，再试错。所以这需要你是带点强迫症的完美主义性格，否则这活干不了。"[1]

1. 梅花网，《独家披露：戛纳金狮作品＜眼奴＞创作全过程》，https://www.meihua.info/article/3223308165188608，2016 年 9 月 29 日。

《眼奴》系列营销海报

画面全部由 3D 建模完成。《高考篇》里共有三百多种书，全部是重新做的封面设计。而在《游戏篇》里，元素是最丰富的，各类游戏机、游戏冠军奖杯、外卖、代玩订单、烟灰缸、宅男物件等，应有尽有。正因为这份巧思与精细，《眼奴》成功斩获 2016 年戛纳国际创意节健康类金狮，这也是中国广告人在戛纳健康类别的第一座金狮。

一个广告人对社会责任的坚守

但当谈及职业生涯中令他印象最深刻的作品时，李丹谈的却不是任何一件为他带来极大荣誉的戛纳、获奖作品，而是一个饱受争议、曾把他推上舆论的风口浪尖的反玉林狗肉节展览海报。

"我从来没看到过这种效果，因为一个公益广告策划案，在微博上同时被十万人骂，还挺刺激的。"当提起他认为的职业生涯中最有意义的一次创意策划案给他带来的舆论压力时，李丹只是笑着，毫不在意地说出了这句话。

李丹觉得，到现在为止，最有趣的一次创意策划就是，为反对中国最后一个狗肉节策划的一次展览。那个时候，他和他的团队关注了杭州打狗的事件，他的团队里也有两个爱狗人士，就觉得这种野蛮的现象不应该发生在现在这样一个社会环境里，既然自己是做创意的，就应该担起肩上的社会责任，因而他们决定为杜绝打狗这种现象，干点"大事"。团队开始天天加班，只能用个人的休息时间

反玉林狗肉节展览海报

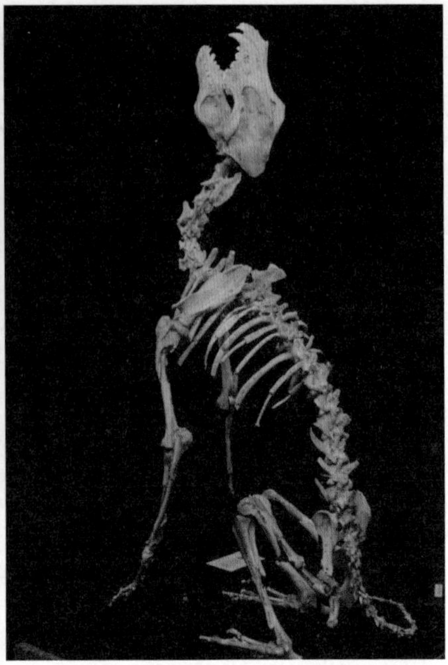

Yulin Dog

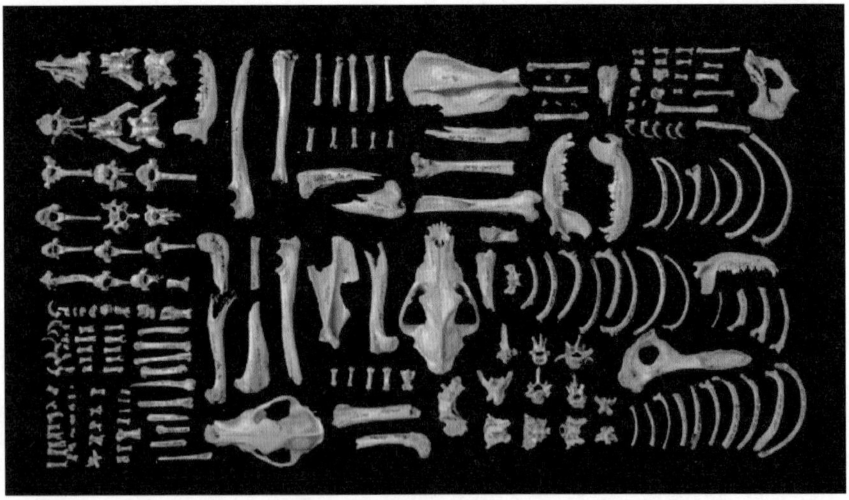

拼成的狗骨架

　　李丹团队去玉林那边把他们餐桌上吃剩的那些狗的骨头都捡回来，用这些残碎的骨头拼成一具完整的狗的骨架。一只狗的骨头有二百多块，捡来的骨头可能每块都来自不同的狗，要把餐桌上残留的各种狗骨收集起来，剔肉、清洗、消毒，这是很恶心也很烦琐的一件事情。但是既然提出了这个提案，立了这个目标，那就一定要坚持下去。

去干这样一件事情，大概花了一周的时间，他们查到了中国现在还存在的最后一个狗肉节——玉林狗肉节。他们的想法是，如果有一个机会把这个节取消了该多好，至少用广告人的手段去把这个节先弄到地下，再使之慢慢消失掉，李丹觉得这将是他这辈子做的非常有意义且值得回忆的一件事情。他们想出了一个创意叫作"一场浩节万骨哭"。

李丹团队的每个人都请了年假，自费前往玉林，在那边租了房子，购置了一些设备，然后去了当地有名的狗肉街，那条街上全都是狗肉馆，他们买了很多袋子，趁着餐馆服务生来不及收拾的时间段里，捡餐桌上残留的狗骨，回到住处再简单地处理。每年的6月21号是狗肉节的开始的日子，一天之内，当地可以卖一万五千只狗，这些狗大部分是偷来的。这条街上大部分狗肉餐馆都是经营了十几年之久的，团队成员被发现在做这件事情的时候，现场被人骂，被撵走。五天的时间，他们收集了几大袋狗骨，将这些骨头运回上海处理后，于2019年三月份，在上海8号桥艺术馆展出，名字就叫"Yulin Dog"。

在描述这段经历时，李丹展现了一个广告创意人对于自己的设想历经各种阻挠终于成功落地的成就感与自豪感，坚持要把这个有意义的创意落地实施的这种信念始终支撑着他，因而即便最后效果并不如预想的那么好，似乎也并不需要那么在意了。

李丹团队最初的设想是希望更多人来一起呼吁抵制这种残忍的节日，却没想到很多人都来骂，李丹微博甚至收到了无数的私信，威胁要来上海泼他硫酸，给他发很血腥的狗的屠宰视频。这场舆论的风波被李丹轻描淡写地揭过，他甚至用广告的视角来分析这些谩骂者的心理。"老实讲，我看到那些恐吓我的人，我觉得，第一压力是有的，但是这是一件对的事情，你要坚持下去；几天以后，你回过头就能发现，这些人之所以反应这么激烈是不是你戳到了他们的痛点呢？如果是这么多人自发地来说这件事，就应该坚持对准他们的痛点一直戳，逐渐把这个影响力扩大。我相信，这种狗肉节终将是要被取缔的，如果我和我的团队能为这种残忍的节日的取缔作出一些贡献的话，我觉得这就是很有意义的一件事情，也算是广告创意人担起的一种社会责任。"

看淡荣誉，把社会责任扛在肩上，这是一个中国广告创意人对于自己职业初心的坚守。

不畏曲折，致敬"造物精神"

关于作品创作过程中的困难，李丹认为，其实每个过程都很曲折，如果它很顺畅，你倒要想想这个是不是有问题。在众多过程曲折的创作中，2018 年第三届淘宝造物节的相关创作过程就很典型。

淘宝造物节是淘宝继双十一购物狂欢节之后针对年轻人推出的另一个节日。

2016 年首届淘宝造物节宣传概念海报

2016 年 7 月 22 日至 7 月 24 日，首届淘宝造物节在上海世博展览馆举办。活动以 TAO 为标志，围绕 T(Technology 科技)、A(Art 艺术)、O(Originality 原创力) 三个主题板块，以极具互动性的参与方式，向全世界的年轻人展示科技、音乐、潮流时尚、现场综艺、亚文化等内容。

经过前两届造物节的成功举办，造物节这个 IP 已经相对走向成熟，其创意与新意也就更加难以凸显，因而李丹和他的团队得花更多的时间想出一个足够有新意的主题与切入点去打造这场淘宝的线下盛会。

最后，李丹老师的团队结合淘宝店家在造物节上展示各家极具特色的商品的特点，以"华山论剑"为主要创意点，将这场淘宝盛会取名为"神物对决"，后因客户想更加贴近年轻人的想法，改名为"神物 battle"。

在这个案例中，最有特色的是造物节导览图的创作。如何做出一张最独一无二

2017 年淘宝造物节的主题则为"奇市江湖",于当年 7 月 8 日至 7 月 12 日登陆浙江杭州 G20 展馆会场。主会场被划分为"东市西市南北街",分别代表潮人玩家、脑洞神店、治愈美好、独立设计四个不同板块。展会商家来自全国各地,共计 108 家淘宝店,这些淘宝卖家代表国内创造力的 IP 作品以及网红,齐聚杭州。[1]

2016—2018 年三届造物节 logo 变化

1. 网易新闻,《2017 年淘宝造物节即将开幕, 快来领略创意江湖脑洞风暴吧!》, https://baike.baidu.com/reference/19836477/8ccf1-7edlwOeNfanyymMuWrRWushh-66QuxrDNuC6LXvzR6CdZT6fAQ6ZU_ohxtxNtg3eJ5VYdwdhvp38SlMDklWsJV_F5ZL72hZMASDTe6, 2017 年 6 月 2 日。

"神物 battle" 主视觉海报

的导览图呢？为此，李丹的团队一次又一次推翻了不够好玩、不够有创意的想法，希望做出中国最牛的、没有人做过的导览。后来就想本来就是推广造物节、造物精神，能不能把图做成致敬造物节的图呢？首先地图用插画的方式画，把观众画成有造物精神的人，比如李小龙、猫王、灌篮高手……甚至在景点门口画了黄牛，还有爱因斯坦和中国航母、PPAP 的大神，全进去了。画完了给客户的时候担心被毙，就不跟客户提，实际上客户根本没看到，只说画一点二次元之类的，直到结束了才认出是李小龙，但感觉挺好。客户提议能不能画六个马云进去，其实早就画好了。这个客户当天发起了一个活动，如果能在一小时之内找到 6 个马云，就免费给造物节票。李丹关心的是，

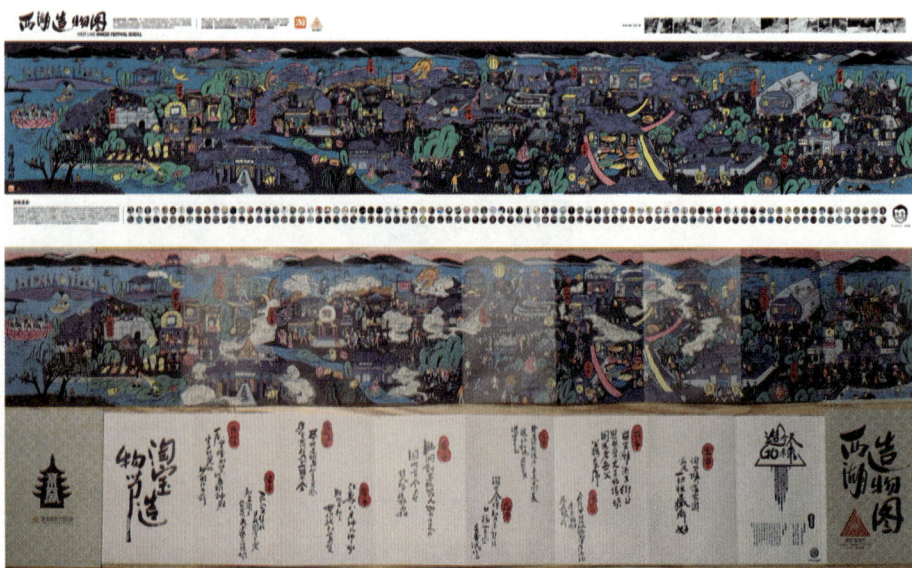

《西湖造物图》造物节导览图

导览图中隐藏的众多"彩蛋"

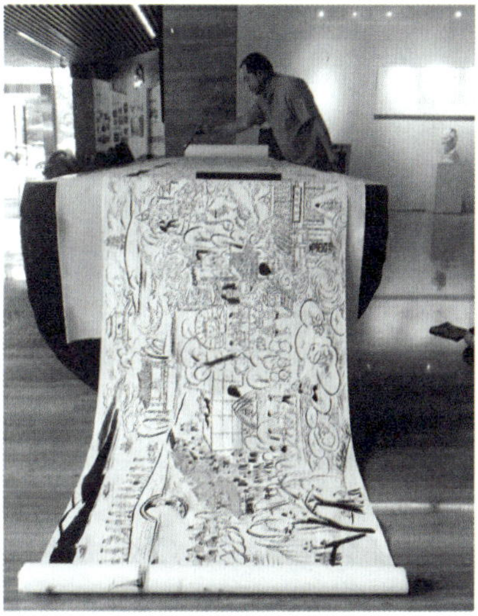

　　这张图的实体长度为 5 米多，高约 0.8 米，是由水墨漫画艺术家邓辉华先生亲手创作的，因为是在西湖举办活动，淘宝也希望，关于此次造物节的推广内容能够具有地方特色，所以才特别选用了水墨画。[1]

《西湖造物图》创作过程

作品都想把它做好，但过程中是被动还是主动的，就看你想做成什么样了。

　　李丹从造物节中的"造物精神"入手，将整张导览图做成致敬造物节的画像，地图采用绘画的方式，让参加造物节的人也可以随意创作。

　　导览图中分散在各个店铺门口、街道上的游客则致敬了人类历史上拥有创造精神的名人或是作品，图中许多好玩有趣的梗也为大众所熟知，甚至触发集齐图中隐藏的6个马云，获得一张造物节免费门票的支线任务。

─────────

1. H5 资讯站，《2018 淘宝造物节，终于来了！！！》，https://www.sohu.com/a/249767906_649589，2018 年 8 月 23 日。

洞察消费者心理，用创意解决问题

李丹认为，广告人要善于洞察消费者的心理，做广告就要发现问题，并且用创意解决问题。广告人应该有寻找洞察点的习惯，如果你洞察点真的找到了，你的问题就解决了一半，然后广告要做的就是解决好这个具体的问题，创意就是解决问题的方法。李丹借用名言"不管黑猫白猫，抓到耗子就是好猫"来论述创意问题，即不管创意的形式如何，只要是在洞察到消费者心理的前提下，能够解决问题的，就是一个好的创意。但是如果解决不了问题，就必须换一个角度去思考。李丹觉得，要像福尔摩斯一样去观察最细微的线索并且串联起来，把自己放在研究对象的角度思考问题，就一定会产生好的创意。

李丹的团队在和淘宝接洽双十二营销活动时，偶然提及中国老龄化严重的问题，六十岁以上的老人越来越多，虽然他们有购买能力却很少使用淘宝，除却对于智能手机使用的困难，还有一点是他们本身对于银行账号绑定这件事情非常排斥。同时，儿女长大了，总是希望多给父母买点东西，孝敬父母。李丹提到，他过年回家时经常为父母挑选礼物，比如那些洋气的品牌什么的，却发现父母并不是很喜欢他选的礼物，更多的时候只是摆在那里，都没有打开过，他们并不需要那些东西。他们想自己买，但是又不会用淘宝。针对这个痛点，李丹指出，如果有一个产品能够把这两拨人给绑定在一起，那就可以解决这个问题了。

根据这个创意，淘宝很快研发出亲情账号这个新的业务形态，即让儿女与父母绑定账号，父母来挑选，由儿女下单。李丹认为，春节期间推广亲情账号这个产品最为合适。淘宝后来投了20个亿，成为那年春晚的首席赞助商。因为以亲情与团圆主题，也被当年央视看好。"新年，一起宝贝爸妈"是李丹为此次营销想出的广告语。"宝贝"是淘宝的商品，"宝贝"又有保护爸妈的意思。"新年，一起宝贝爸妈"，以此为整合营销方案的方向，展开此后的一系列营销。

"新年，一起宝贝爸妈"想要讲述的是亲人之间爱的付出与回馈的故事，因而就有了关于淘宝亲情账号的广告视频，内容讲的是父母与儿女之间怎样才愿意来绑定淘宝账号。其中的洞察点是爱。具体故事就是女儿小的时候爸爸给她买了一个洋娃娃，但爸爸可能攒了三个月的钱，他本来是想买一根鱼竿，而这个时候路过一家娃娃店，

淘宝亲情账号

淘宝亲情账号推广视频

女儿就喜欢这个洋娃娃，又不知道爸爸攒了三个月钱是想去买鱼竿。这个时候，所有的父母都会选择把这个钱拿出来买下女儿想要的娃娃，这就是爱的无私。长大以后，有一天爸爸给女儿看手机上老王买的1万多元的鱼竿，这时女儿闻到了烟味儿，想把烟给找出来。一打开柜子，发现了爸爸在她小的时候用攒了三个月的钱买的洋娃娃，女儿想起那个时候爸爸喜欢抽烟，也喜欢鱼竿，然后她就说："我给你买鱼竿，但是你要答应我，少抽烟。"对应着小的时候爸爸对女儿说的，"爸爸给你买洋娃娃，但你要答应我，少吃糖"。然后通过拉钩，这个承诺就兑现了。这个广告就是想让人们看到父母在儿女小时候总是把儿女的需求放在第一位，而当父母老去，儿女们如何更好地去满足父母的购物需要呢？淘宝亲情账号正是作出了这样一种回应。

李丹强调，创意应该是基于解决问题而在某些领域萌生的新的想法、观点或者创造的新的形式。戳中痛点并非只是为了煽情，而是想要通过这种形式引发人们的反思和启示。有好的创意点，无论是平面广告还是影视广告都能由此生发，好的创意点可以引领和统筹营销的过程。

广告创意评奖是在确立行业标杆

李丹获得过不少国际广告比赛的大奖，也在不少广告比赛中担任过评委，包括ONE SHOW中华青年创新竞赛、伦敦华文奖等华人著名的广告比赛。在他看来，世界和中国各大广告比赛有很大区别。比如同样的作品在中国拿到了大奖，引发了热议，拿到国外可能连海选都过不了，因为各个广告比赛的标准不同。李丹认为，国外所理解的创意，是一种革新，创造一个你从来没有见过的声音、视觉、文字、想法。而在中国，我们更多讲的是文化的认同、心灵的共鸣。所以中国的作品往往比较催泪，但这些跟创新没有关系。

李丹对此举了一些案例，比如针对中国春节拍回家的广告，经常看到的情节是人们不远千里从世界各地回家过年，亲人相见，相拥而泣。国外的评委就会觉得这跟创新没有关系，他们注重的是在这个领域里有没有新的想法、新的观点或能否呈现新的形式。比如我们今天用的二维码，在 2012 年的时候在韩国租一个门面店是很贵的，有个厂家想开超市，房租很贵怎么办？他就在地铁的墙上贴了好多产品照片，每个产品上面都有一个二维码，你只要扫那个二维码，就会有人把产品送到你家，这是最早扫二维码送货到家的案例。当年的下半年，中国的一号店就沿袭了一模一样的形式，二维码逐渐改变了我们的生活。

李丹认为，广告大赛的意义在于树立标杆。比赛中，专业评审得出的平均分，从客观的角度来评判你的作品能否成为一个行业的标杆,成为验证一个好创意的标准。就像服装行业中的模特 T 台走秀活动，模特身上的衣服可能无法穿到大街上，但每年全世界很多城市都在举办时装周，这些时装周上的服装代表着每一年的流行趋势，起着引领的作用，可以看作一个标杆。服装制造商根据这些所谓的标杆进行修改，再落地变成普通人可以穿的服装。它呈现的是业内的最高标准，体现时代的发展，引领人们前进。这就是广告比赛的意义。它告诉我们什么才是最好的广告，这些优秀的作品所包含的新颖的洞察点帮助我们开发思维，启发我们在日常生活中换一种角度去思考问题。

中国广告业发展这么多年，以前的广告很多都是叫卖式的，跟摆地摊一样，在人群中喊出响亮的口号吸引人们注意。以前广告简单粗暴，但是也有效果，这个效果好不好取决于你从哪些角度看。比如脑白金广告"今年过节不收礼，收礼就收脑白金"，或者再早一点的"恒源祥，羊羊羊"，以至后来的十二生肖广告。李丹表示，当时看到这样的电视广告都惊呆了，以为中病毒了。当时大家都认为这是无脑的广告，但是所有人都记住了，它是有效的。李丹认为，重复十遍二十遍，一定是有效果的。然而创意人绝对不能拿这个当标准，简单粗暴的洗脑式重复不是创意，那只是做广告，做推广。广告是创意的一个领域，广告要在创意指导下进行。今天中国广告仍然处在发展阶段，李丹认为等中国制造发展到中国创造的那一天，这些大赛在中国的意义就会有所体现。

用生意和荣誉诠释品牌价值和品牌文化

李丹指出，一个品牌有两件事情需要做，一个是生意，一个是荣誉。生意固然很重要，但同时一定要有荣誉感，两条腿一起走路。现在的奥运会，一些品牌成为赞助商，它们要的是荣誉。荣誉能够让消费者认可你的品牌，当他们认同你的品牌价值的时候，他们才会买你的产品。但是一个品牌一直在做生意的时候，消费者就觉得你只在意钱，不会有亲近感，更谈不上品牌忠诚，所以要两条腿同时走路。生意不一定能带来荣誉，但荣誉一定能够带来生意，品牌的生存根本在于价值，在于它的品牌文化。

但是还是有很多品牌忽视自己的品牌文化建设。很多客户喜欢用快手和抖音去做广告，用网红直播去带货，但是久而久之会发现品牌没了，因为消费者记不住这个品牌是什么，他们记住的只是抖音的喧嚣和热闹，而且很快就忘了。阿迪达斯发过一篇文章，反思过去那些年把30亿美元花在了"效果广告"上，而忽视了它的品牌建设。但是耐克就一直在做他的品牌建设——JUST DO IT。比如，我们知道，最近两年，美国比赛前升国旗奏国歌时的下跪已经成为抗议种族歧视的动作，也是对美国这个国家的批评。这源于美国有个橄榄球运动员在升国旗的时候单膝下跪，抗议美国对黑人的种族歧视。特朗普就发推特骂他对这个国家不尊重，所有橄榄球联盟把他封杀了，但是耐克签了他做代言人。签他做代言人的时候，美国人全骂耐克，耐克股票市值在一天之内就下跌了数亿美金。有多少个品牌敢这样做？耐克敢，你做得对，我就支持你。篮坛巨星科比以前是阿迪达斯的代言人，但是科比出现了一些负面新闻，后来打官司，不了了之。阿迪达斯在第一时间就与科比解约了，耐克却在第一时间跟科比签约，他说只要是人都会犯错误，品牌也会犯错误，但是如果你是我家人，即使你犯错，我也不会跟你撇清关系。这就是耐克诠释的"JUST DO IT"。

创意热店：话语权又回到了创意人手中

李丹认为，创意热店和 4A 公司最大的区别在于谁最有话语权，是客户部还是创意人？当公司发展壮大以后，客户越来越多，客户部的人就越来越多，然后客户部就会设立高管，不同的高管对接不同的客户。客户部的人掌握公司话语权的先决条件就是他要跟客户每天沟通联系。客户部可以根据自己的先天优势跟客户建立很好的关系，而创意人只做创意，这导致客户只认识客户部的人，不知道创意人是谁，久而久之客户部的人便掌握了话语权。如果客户对某个创意不满意，那么就会告诉客户部的人，这个没有沟通机会的创意人就被解雇。但客户部是生意导向的，注重收益，既然话语权在客户部手中，创意部的人只能越来越夹着尾巴做人，看客户部的脸色，做他们不屑去做的"创意"。但是公司的核心竞争力一定是创意人。李奥贝纳老先生曾经说过一句话，当公司的客户部的人不再重视在草纸上写的那些文案、在手绘板上画图的那些画家，而是把财务的数字放在比公司任何事情都重要的位置的时候，我建议我的后人们把李奥贝纳这个牌子摘掉，换成任何一个名字都行。现在的 4A 广告公司就是这么一个状态，因此，才会有很多创意人出来开公司。

现在中国所有的所谓创意热店的创始人全部是创意人，我们又回到了以前的样子。其实创意人跟客户沟通完全没问题，创意人不是不能沟通，只是大家分工不一样。现在各种社交媒介都很方便，创意人可以在微信上跟客户解释为什么不能改，理由一定比那些客户部的人说得更专业。客户认识了创意人又认同了创意人，而那些客户部的人反而不被认同了，没有地位了，话语权就又回到了创意人手中，就可以做出更好的创意。

李丹觉得，现在的客户找广告公司，找广告人有点像去网红的餐馆点网红菜，他们不再只关注品牌的历史，菜是否好吃、厨师水准是否过硬。因为现在很多的甲方客户是从广告公司出来的人，他们非常清楚 4A 公司里面的情形，4A 团队价格之所以昂贵，是因为比稿的时候大部分 4A 公司会花一大笔钱请外国人来接待客户撑场面，真正做事的其实都是中国人。然而请外国人撑场面很贵，最后钱都被他们赚了，剩下给做事的人的报酬就很少，结果就导致作品的质量不高。本土创意热店的涌现就是因为有很多广告人想专心做事，减少那些没必要的环节，这样既可以保证作品质量，还能把成本控制得很好。现在经济在低位徘徊，客户预算减少，他们了解4A公司和创意热店的情况，也愿意把机会给创意热店。李丹看到了这个市场空间，所以选择出来另立门户，他相信未来本土创意热店会越来越好。

（采访：涂心玥　周　晴　刘　旭　吕　姗　咸邵希）

Chapter 8

"不做创意人，只做创造者"
——W 公司创始人李三水

李三水，W 创始人。

坚守"不做创意人，只做创造者"理念，将 W 迅速经营为亚太市场中业界公认的顶尖独立营销机构。创生"野狗文化"，践行"超媒体"品牌战略，坚持"服务不得志的创造者"企业使命，其高质、高产、高跨界联营的各类广告内容，乃至商业模式创造，时刻牵动行业趋势。

至今，连续创造 NewBanlance"每一步都算数"、Timberland"真是踢不烂"、豆瓣网"我们的精神角落"、浦发银行信用卡"我们的故事从没钱开始"、弹个车"一成首付弹个车"、劲霸男装"记住这个男人"、野岛"献给所有向往野岛却半途而废的人们"等诸多国际国内经典品牌营销全案，收获国内外行业顶级奖项 600 余个。

先后入选中国年度商业创新 50 人，CAAC 中国广告智库、中国 4A 最具成长性公司领军人物，《中国广告》年度数字营销人物，IAI 年度最具影响力行业人物，ECI 年度商业创新人物，金瞳奖年度最佳创意人，ADMAN 当代杰出广告人 & 十大新锐人物，Campaign A-List 年度广告名人堂及 Campaign 年度最佳创意人；同期历任 CIA 中国独立创意联盟首任主席，Effie 艾菲、中国 4A 金印奖、龙玺创意奖、金瞳奖、虎啸奖评审主席，中国设计力协会联席主席，One Show、LIA 伦敦广告奖、纽约广告奖、华时代全球电影短片节、亚太华文时报、台湾地区 4A、台湾地区 DSA 评审等。

W 价值观："不做创意人，只做创造者"

创意人或者创意这两个词，每一个人的定义都不同。如果说有一个事物它存在着，但是对它的定义是不同的，说明这件事没有标准。对于一家公司或者对于一个行业来说，建立在一件没有标准的事情上，那这个行业本身就是值得商榷的，或者说它的未来一定会受到很多考验和挑战。"创造者"这个理念，并非高深或者说是假大空的字眼，比创意更好懂，创造的"造"字就代表着它其实是要看到实际产出的，是要可控的，而且是可见的，也就是人们经常所说的"造物"。而"创意"，它的初衷都落在一个"意"字上，是相对虚空的、无形的、难以恒定的。所以"不做创意人，只做创造者"光从字义上来说，就已经有了一个判定。李三水说，作为从事广告这个行业的 W 公司希望为这个行业去创立一些标准，在此标准上呈现一个可以评估、可以理解、可以让想从事广告的人向往的行业。

"创造"的标准是可衡量的，或者说必须是独一无二的。同样的"创意"可以用在不同的品牌上面，但同样的"创造"未必。比如苹果首创了一些滑屏、触屏技术，基于这些前所未有的标准它们最终成就了苹果品牌，但这个技术如果再被运用到三星产品上的话，就只能说，它是苹果的翻版。但创意就未必，正因为"创意"的不可衡量性和极度的模糊性，它很容易被人占为己有。"创意者易逝，创造者多活一秒"，李三水认为，创意要解决的问题可能仅仅是"用筷子吃饭的一百种方式"，而创造是想吃饭还能用其他什么工具。当确立了这样的逻辑和行为准则之后，自然会有全新视野的商业模式。

W 的每一个案例基本上都是在践行"创造"这个理念，都是在确立和践行行业的新标准。像"我们之间就一个字""评什么爱姜文""这个陌生来电你敢接吗"，像"霸王黑客 William 重出江湖"等李三水为大众点评创造的作品的背后，都是 W 所践行的"创造"理念。

2015 年 5 月，好莱坞大片《复仇者联盟 2》上映，大众点评希望借其影响力，推广电影 IMAX 在线订票业务，并能在同时段其他订票网站的相同主题推广中脱颖而出。W 为大众点评创造了第一个虚拟用户体验手机界面的 H5。

本案首创了"未接来电""未读消息"的 H5 全新互动形式，将创意内容与用户手机使用场景产生强关联。进入 H5，用户接到一个号码未知、定位失败的神秘电话，点击接听后，一个邪恶声音对你喊话，随即引来复仇者们对你手机屏幕的猛烈攻击，即将"崩屏"之时，终极反派现身，吐槽手机屏幕太小，并挑衅说要玩就玩大屏，将用户带到"上大众点评网，19.9 元看 IMAX 大屏《复仇者联盟 2》"的最终画面。

2015 年 6 月，大众点评"霸王餐"业务上线，消费者可免费享受吃喝玩乐的生活服务。但是由于业务新、大众认知度低，参与的人并不多。本案的主要挑战是，在短时间内让大众点评"霸王餐"业务被广泛知晓，并提升网站流量。

W 为大众点评制作了一个"霸王黑客"的病毒视频，视频虚构了一个天赋异禀、仗义执言、敢作敢为的互联网罗宾汉——黑客 William Chen，并为他打造了一份逼真的"黑履历"：19 岁用黑客技术瘫痪通信网络、因不满苹果公司嚣张做法大闹发布会等。病毒视频从现代人手机中的 App 太多的现象切入，以 William Chen 的口吻和逼真的手机操作动画，讲解了他开发的手机黑客 App——APPMIXER 的使用教程。APPMIXER 可将任意 2 个手机 App 合并为 1 个 App，例如合并"嘀嘀打车"和"Uber"就可以用 1 个 App 召唤两家的专车等。而 APPMIXER 的终极功能则是把手机中所有吃喝玩乐的 App 全部与"大众点评"合并，生成"霸王点评"，其中所有消费都不用钱，正如大众点评"霸王餐"业务，吃喝玩乐全部免费。

"不做创意人，只做创造者"不是一个广告，不是一个噱头，也不是一句口号，它是一家公司的价值观。在思考 W 公司为什么能够存在于这个市场时，就该用这样的价值观衡量公司的所有行为。对于 W 公司而言，创造一个新模式、构建一种新的商业思维甚至是为广告去创建一个新的想象空间远比单单去执行一次策划更加重要。一家优秀的广告公司决然不会被隐蔽在自己的作品之后，这也是 W 公司由始至终的理念。李三水认为，广告行业接下去应该会乱象频发，会更无标准，更加无序，媒体业会呈现撕裂状态，在传统媒体逐渐低落的状态下，像 W 这样一家同时掌握"品牌战略运营"与"互动技术优势"，在商业模式、谈判语态上都能跳脱传统模式的公司，可能会突出重围。

大众点评——这个陌生来电你敢接吗？

2015 年 5 月，W 与大众点评合作推出名为"这个陌生来电你敢接吗"的 H5 互动广告，html5 访问量超过 2000000 次（数据来自百度统计）。颠覆性的互动体验，引发大量消费者自发截图上传至社交网络进行传播和讨论，增加了二次传播。本案在同时段其他订票网站借势《复联 2》的推广脱颖而出，令大众点评的电影 IMAX 在线订票业务显著提升。[1]

大众点评——霸王黑客 William 重出江湖

W 面对大众点评"霸王餐"的传统促销型任务，首创以第三方发布文章的形式创造性地运用"虚构人物讲述与消费者强关联故事"的方式进行创意传播。"霸王黑客"病毒视频发布后，立即收到了大量的转发和留言。W 创造了第一个虚拟 App 应用开发进程的 H5。视频发布至今，在腾讯视频上的点击观看量已超过 369 万次，APPMIXER 百度搜索条目超过 171 万次，获得巨大反响。大众点评"霸王餐"关注度与业务量显著提升。[2]

1.《获奖案例 | 这个陌生来电你敢接吗？》，http://www.weixinnu.com/tag/article/2010470992，2016 年 4 月 14 日。

2.《W × 大众点评案例精选分析：这些 H5 影响了我的文案生涯》，https://www.digitaling.com/articles/28977.html，2016 年 7 月 26 日。

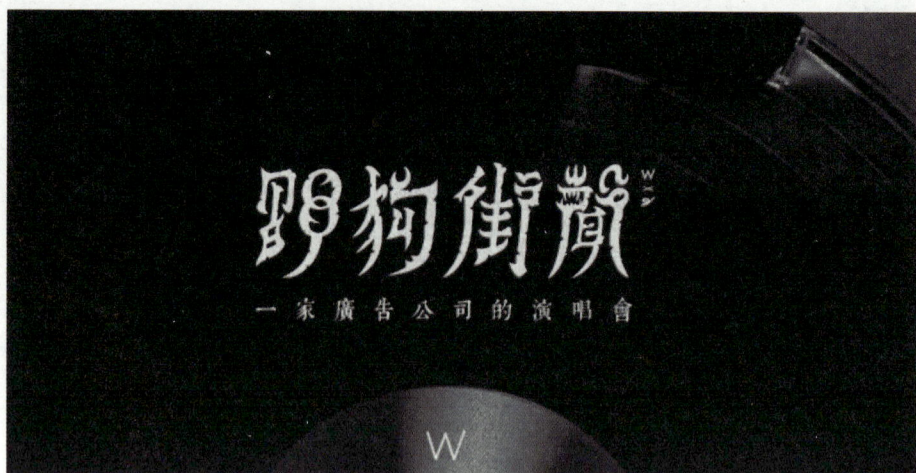

W"野狗街声"演唱会

2016 年 10 月份，W 在简单生活节上搭建起了自己的第一场演唱会"野狗街声"，首创式地把品牌用音乐互动的形式搬到了舞台上展现出来。这样的形式开创了一种玩法，使得越来越多的品牌思考：音乐节到底应该怎么玩，怎样把品牌融入公关和文化事件当中去，这就是创造性思维的典型体现。

W 公司"野狗 007"互联网自行车

上图这辆车叫"野狗 007"，是和国内的自行车企业 700bike 联合生产的第一款互联网自行车，这也是一家广告公司的首创。开发这款自行车是 W 正在创造一种新模式的体现，它意味着广告公司确实可以直接和产品进行深度的结合并且和企业主一起走向市场。

以"三字经"的创作方法论打造 W 独特的公司气质

"本能心""思无邪""当面说"这三句话是 W 公司企业文化的具体体现，它的意义其实很简单：第一，怎样去理解项目或者理解品牌；第二，怎样去想创意或者说进行创造观的指导；第三，在沟通或执行的环节中奉行什么样的原则。

"本能心"不是指公司里某一个人的心，它是客户的心、企业主的心。一家优秀的广告公司必须明白为你付钱的人到底在想些什么，他们归根结底要解决的问题是什么。大量的广告公司首先把自己放在最前面，往往看不到客户真实的需求。从某种意义上来说，W 公司践行的是典型的甲方思维。W 公司的作品之所以被市场看见，究其根本是因为广告主会去想为何会有这样的一家公司可以把一个品牌广告做得如此让人印象深刻。当市场能够体会到 W 公司做的每一个广告其实都在恰如其分地为那个品牌加分的时候，就代表 W 公司已经吃透了品牌主的本能心。

"思无邪"说明了 W 公司怎样去落实自己的创作方法论。一般而言，在进行创作的时候，创作者的思路很容易被太多陈词滥调、条条框框给束缚住。"思无邪"这样的方法论就是告诉创作者即使脑海中的想法是错误的、冲动的甚至有悖常理的，但只要你自己坚信这样的想法代表了你心中的原始信念，那它就是正确的，这恰恰是人的本性的具体体现。当然创作者在践行自己的本性时，并非为所欲为，而是不断地尝试去把这种悖论合理化、正常化。伟大的作品和好的创意永远都在做一件事情，即打破禁忌的同时维护秩序。

W 公司"三字经"创作方法论

"当面说"是很重要的也是最难做的。目前为止，"当面说"还是一个非常简单和表面化的原理，就是必须面对面地说。表面上看，这三个字基本不用解释，但越不需要解释的话就越难。我们在社会上基本很难实现当面说，因为往往会有太多的障碍和隐情阻止你去和别人当面交流。W 公司希望能够打破这一层隔膜，与客户之间实现高效的沟通。

W 公司的气质，其实就一点，就是"说不"，向传统的广告公司工作模式"说不"，也对传统的甲乙方关系"说不"。W 是一家宁愿丢掉业务、得罪客户，也要始终坚持自己价值观的固执的公司。正因为有这样的价值观，W 才会不管不顾地开了自己的演唱会，做了自己的产品。在 W 公司里，李三水本人就是这个公司的核心精神支柱，如果李三水离开 W 的话，那么公司就不会按照现在的模式发展下去。在公司管理上，李三水并不否认自己的"专断"："哪个成功企业家不专断呢？专断未必是坏事，专断的背后代表着一家企业的坚持。我特别排斥两个词，一个是小而美。这本身就是一个出息不大的词汇。什么东西叫小而美，就是重复套路，就是安于现状，就是'小国寡民'。第二个叫作 we are family，回到公司就像回到家一样。我讨厌这个口号，因为你永远无法开除你的家人，也不能除名你的兄弟姐妹，当公司越开越像一个家庭的时候，这家公司的前途已经封顶了。我经常说 W 是野狗，野狗们彼此能力互补并惺惺相惜，但野狗群只信奉两个字：效率。更快地追逐并征服猎物。"[1]

李三水的 W 会带有强烈的个人特质，因为这家公司在创立时就深深地打上了创始人的烙印。但李三水并不担心有人替他主政这家公司，因为如果这样的话，他反而能够腾出精力去做一些更加有趣的事情，体现 W 更加多样的价值。李三水认为，一家企业成功的关键其实就在于几个主要人物，甚至于就是一开始的核心团队的那股劲在，如果那股劲不在了，要勉强让这家企业存在的话，是生硬的，是有违自然的。从根本上来说，一家企业跟一个人一样，是有属于自己的生命周期的，尊重这样的一个生命周期，对企业家和其他人而言，都是好事情。W 有李三水并不代表他的事业点就只有这一个，事实上他正在做很多有趣的事情，不断地把一些具有创意的想法落地。

1.《李三水和他的广告公司 W，一只"野狗"的生长》，http://news.ifeng.com/a/20170424/50987548_0.shtml，2017 年 4 月 24 日。

李三水认为，对 W 公司而言，最好的甲方是能和广告公司之间形成一种搭档关系的甲方。甲方和乙方之间之所以能真正地良好相处，就是因为彼此之间是对等的，这里的对等不是地位上的对等，是能力上的匹配。简单来说，只有两个高手结合在一起，才会出好作品。

努力打造国际级的中国独立创意机构

W 未来的发展方向是"大"和"专"。大，不是规模上的大，而是影响力的大。李三水认为，在甲乙双方关系不断发生交叉变革，广告营销公司与不断崛起的新媒体、自媒体的界限越来越模糊，媒介环境日益复杂，用户接受信息极端碎片化的中国营销市场，必将发生一场营销产业变革，随之而来的则是新形态的广告公司的诞生。W 希望成为中国第一家能够立足于中国，同时具有国际影响力的广告公司。

到目前为止，活跃在中国广告市场上的广告公司有两类，第一类就是以 4A 公司为代表的外资传播集团，和国际级的独立创意热店在中国开设的分公司，它们是裹挟着威名和声望在中国本土市场进行业务开拓的；第二类就是有典型中国特色的、独占很多资源的本土型的广告公司集团或者财团。前者凭借着全球影响力，后者凭借本土熟知度，两者虽然截然不同，但有一点相似：聚焦中国广大市场和时代契机，抓紧时间在中国扩张业务并埋头经济创收。对于中国而言，目前并没有哪一家公司能够从本土出发，在国际上得到认可。因此，W 希望通过努力能够成为这样的一家公司，一家深耕中国市场，融通本土文化，具备公认的行业地位和影响力，并凭借实力引领中国广告发展趋势，晋级世界一流广告公司的中国独立创意机构。

当下的贸易争端并不能阻挡国际化和全球化的潮流。国际品牌想要进入中国，需要中国的本土力量对其品牌理念进行诠释；而国内品牌想走向国际，则需要好的国际伙伴，而 W 就是最好的选择。当 W 在服务 New Balance、Timberland、The North Face 和雪碧的时候，都是在做很本土化的广告，但 W 在制作墨迹天气的广告时，却又是一种要把它带向国际市场的做法。可以说，W 的最终目的都是以能够帮国际客户在中国制造影响力，帮助中国客户能够在国际市场上被人注目。

深耕策略，以"分享主"理论指导品质监控

与其他公司相比，W 更加重视策略。目前 W 公司只有两个核心部门，文策部和创造部。W 是一家典型的互动类的广告公司，也是一家技术超群的公司。有人会说 W 是一个表现手法非常强烈的艺术工作室，或者说它是一群想法很另类的人聚集的地方。然而最不能忽略的是 W 的核心本质是品牌战略咨询，品牌的可替代性，或者品牌广告的可替代性，关键不在于表现，而在于策略。W 能够把产品的这个"点"抓得特别准，还是得益于甲方的高度信任，以及公司对策略的重视。其实，越了解 W，看 W 作品越多，就越会发现 W 这家公司的核心竞争力还是在策略上。只有在策略方面进行深耕，才能去服务国际国内一流的客户。

一个"完美的策略设计"只能由作品本身来体现。最圆满的策略设计状态可以用 "分享主"去形容。这三个字背后的逻辑是，愿意主动分享广告内容的人决定了广告是不是能够创造现象级的蝴蝶效应。W 的每一个作品在诞生之后都会有很多行业内外的人士主动地评价，这是一种非常良好的传播结果，证明消费者对它有反应，而且这种反应是一种强烈的、能激发别人分享欲望的反应。李三水认为，刷屏有两种，一种刷屏叫作大家都在转发，往往只能引起一时的赞叹。而另一种刷屏叫作大家都在评论，它让你由衷地愿意去写帖子，愿意去敲上百字的评论，愿意去把感受记录在日记本上。这样的刷屏才是真的刷了屏，因为作品内容刷到了人的心里，而其参与者都是 "分享主"，他们才是品牌真正的主人。在豆瓣"我们的精神角落"这个案例中，有大量的用户看到这个作品之后有感而发，写篇幅1500字以上的评论。在这个行业里，真的能达到这个标准的很少，W 努力地以此为标准，来进行作品的品质监控。

2015 年，豆瓣十年来首次启动品牌营销战役。这家一向沉默的互联网品牌，在面对市场的不了解甚至误解，以及众多用户与媒体的观望时，要发出十年来的第一声，该如何打好这场仗？ W 从豆瓣以精神产品起家、是亿万豆瓣用户精神世界无法替代的一角的特点出发，创塑了"我们的精神角落"的品牌形象，成为豆瓣释放品牌姿态的突破口。考虑到豆瓣用户精神世界的独立性，W 为豆瓣拍摄了品牌宣传片《我们的精神角落》。为了给宣传片的造势预热，W 为豆瓣制作了 html5 互动游戏。

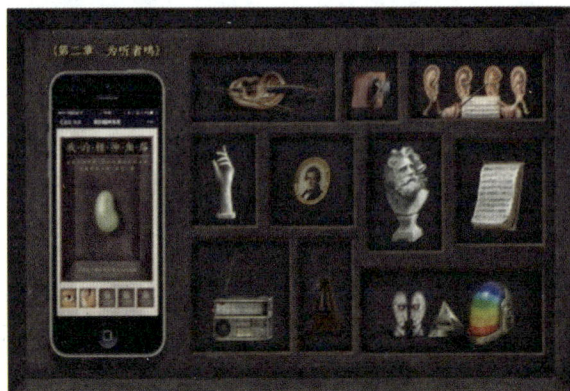

豆瓣——我们的精神角落

　　W 为豆瓣首创了章节式 html5 互动游戏，根据产品性质将豆瓣解构成：感知（读书、电影）、共鸣（音乐、FM）、寻获（同城、东西）、分享（小组、广播）和精神（品牌），并分别具象为与消费者强关联的五种感官：眼、耳、口、鼻、大脑。首创章节式悬疑游戏，持续积聚豆瓣老用户的好奇与新用户的关注，为豆瓣品牌宣传影片预热造势。

这次 H5 网页互动量突破 117 万次，全新广告语"我们的精神角落"成为网络热门话题，网络搜索量超过 830 万次。首开章节式 html5 传播先河，为面临瓶颈的 html5 传播开辟新的互动模式，5 轮 H5 互动游戏，层层递进的情节与解密乐趣赢得了海量豆瓣用户追捧，被评为"要像追剧一样追的游戏"，如何过关的问答与个人攻略大量涌现，并自发形成社交话题"这游戏简直了"，成功为豆瓣后续的品牌宣传片预热造势。[1]

《我们的精神角落》品牌宣传片首创 GoPro 相机第一视角拍摄和后期胶片翻印的制作手法，搭配极具诗意的电影化叙事方式和旁白文案，超现实演绎人们在不同的生命阶段、不同的人生境遇下的精神历程，呈现豆瓣十年来对人们精神需求的不断探索与满足，最终通过"我们的精神角落"赋予豆瓣明确且独特的品牌符号。

微电影观看量突破 204 万次，宣传片独特的演绎方式和媲美电影的质感，创新了 TVC 的创意与形式，引发行业内外海量讨论与自发传播，为豆瓣获得前所未有的关注度与曝光度。同时，"我们的精神角落"引爆了用户及媒体对豆瓣首次品牌营销的解读和争议，成为社会热点。[2]

豆瓣——我们的精神角落

---

1. 《豆瓣－#我们的精神角落#品牌推广》, http://www.wearewer.com/zh/douban-my-inner-space-campaign/, 2016 年 4 月 14 日。

2. 同上。

W 将各类社交平台上关于"我们的精神角落"营销事件的部分精彩评论汇集编撰成实体书

W 在"我们的精神角落"这个项目中，最终验证了"分享主"的理论价值。W 在最后把各类社交平台上关于这次营销事件的部分精彩评论收集在了一起，并编撰成一本实体书。你会发现书中所说的一些事情其实与豆瓣没有什么直接关联，但都受到豆瓣广告片的明显启发，激发了人们对于生活感观的强烈共鸣。

这件事让整个营销事件变得与众不同，"分享主"借广告谈的都是自己的感受，并且更愿意去和朋友讲出这份体会。在他们主动参与传播和分享、再创造传播内容的情形下，豆瓣的品牌形象得到了完整且立体的全盘激活，而这一切不是广告的刻意塑造，而是分享者们的主动演绎，这是 W 所认为的理想传播效果。

H5 营销的定义者

W 为大众点评做的一系列 H5 广告，并非有意而为之。就像高速公路两边还没有建广告牌的时候，如果问是怎么想到去建广告牌的，可能只是时势使然。那时国内市场刚好有一个空白，懂技术的广告公司非常多，甚至有些都不是广告公司，都是些技术型的工作室，或者甲方的技术部门。另外，懂策略和懂创意的广告公司就更多了。但是既懂技术又懂策略和创意的广告公司却非常少。W 就是这样的公司。

李三水可以说是开创了纯粹动画序列帧[1]的广告形式，序列帧刚开始只是动画的

---

1. 序列帧（sequence）是指把活动视频用一帧一帧的图像文件来表示的技术形式。

一个基础表现手法或者形式，现在已经变成行业内普及的模板和套路。李三水在"我们之间就一个字"里开创了长文案[1]式的互动类 H5 的形式，这完全出于他坚定的判断。李三水坚信长文案在广告行业内会引起关注，就好像小说不死、文艺电影永不凋零一样，如果真的没人看的话，这个行业早就没人做了，而至今还有大量市场从业人员就代表它们还是有一定关注量的。某种意义上说，W 不是在开发一个小众的东西，而是在没有人的地方炸开一个缺口，只是坚信那个地方会出水。

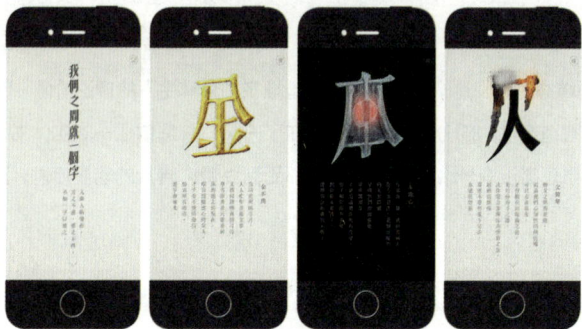

大众点评——我们之间就一个字

W 为大众点评制作的"我们之间就一个字"让每一个看了这则 H5 的受众都参与了一场文字游戏，文案走心，句句扣人心弦，诸多知名品牌也参与了这一场文字游戏，甚至包括国家大剧院等跨界"玩家"。一个好的 H5 生命周期大概是 3 天，第一天火，第二天平稳，第三天进入长尾的流量，但这则 H5 却火了半年。[2]

W 和大众点评合作在 2015 年 1 月上线了 H5 创意广告。W 站在大众点评品牌角度思考策略问题，根据汉字含义设计动画，提出"我们之间就一个字"的创意概念，用"金、本、欠、梦、日、朋、拼、赞"八个汉字从各个维度深刻解读朋友之间的情义，因为朋友之间本就无需多言，一个字就足够表达情感。最终，以"聚"字呼唤"让我们再聚一回吧"，从而引出大众点评"年底聚餐团购"信息，推广业务的同时兼顾人文内涵。在这个案例中，W 运用内敛、沉稳的叙述口吻，为每一个字的动画页面

---

1. 长文案 H5：一般来说，H5 不宜采用过多文字，因为会分散用户的注意力，使得他们失去看完的耐心。
2.《W 创始人李三水：做得好的广告公司都性格分明》，https://www.cbnweek.com/articles/normal/14272，2016 年 10 月 12 日。

配以长文案，从对朋友关系的洞察切入，娓娓道来，达到触动共鸣、引爆传播的目的。

据统计，广告投放之后互动页面访问量超过三百万次，画面、文案被消费者自发截图、摘抄，并上传至社交网络，甚至成为中学语文考试题目，并且引起了国内外超过 110 个著名品牌跟风效仿，引发了现象级的集体共鸣与情感认同。更重要的是，这个广告将品牌传播落到实效，广告投放后，大众点评"年底聚餐团购"销量显著提升，大众点评品牌好感度明显上升。[1]

W 为大众点评做了很多 H5，其实是在一砖一瓦地创建一个立足于本土的互联网生活服务平台，去重塑品牌调性，让大家对它产生新的观念和好感。H5 不是一个表现形式，它是一个编译语言，一个新的网络媒介传播方式和底层数据编写语言。这种编译语言可以做任何事情。李三水说，就好像一开始大家都驾马车，终于有一个人开始开汽车了，这时候有人说，它跑起来还没马快呢，汽车开始就是结束。是的，刚开始新事物只是做到让所有人都认知它，接下来在这个认知基础上还会有很多裂变和完善。W 公司的野狗科技舱就在做这些事情，比如 W 的作品从豆瓣开始，不断探索 H5

墨迹天气——天气改变命运

墨迹天气的工具属性使得产品很难产生显著的社群效应和话题讨论，而行业属性又限制了品牌联想的空间。2016 年 8 月，巴西里约奥运会召开期间，W 和墨迹天气决定来一次全面的"奥运借势"，打响一场为期 18 天的奥运突击战：结合奥运赛况，每天下午 3 点，准时发出一个原创音乐 H5 引爆朋友圈，并在其他媒体平台进行大范围、多角度的辅助传播。每天紧跟不同的热点，将天气和奥运结合起来，成功实现了墨迹天气品牌的突破。

1.《W × 大众点评案例精选分析：这些 H5 影响了我的文案生涯》，https://www.digitaling.com/articles/28977.html，2016 年 7 月 26 日。

的传播规律、手法和方式。上面提到的给豆瓣做的章节式解谜 H5，堪比一个解谜游戏，这在全行业是前所未有的。W 在奥运会期间为墨迹天气制作的 social 卡片，就是做一个 H5，让受众去感受 H5 的执行效率和表现可能，也是在重新注解 H5 的新边界。

W 靠 H5 名声大噪，拿下了长城奖、One Show 奖等广告营销行业的诸多奖项。不过很快，李三水就公开表示：W 不做 H5 了。所谓"不做"，是常规意义上的单个项目的单向 H5 不会再做了，只保留全案合作背景下的 H5。李三水曾在接受采访时说："W 最初开业的时候，我说我们能够做全案，会做很多的大家想象不到的事情，说破天，没有人愿意相信。于是，我就用垂直打法，就做 H5，把 H5 做到最好，让很多人能够看到。等我把 H5 做到一定高度的时候，我就会把它整个抛掉，迅速地自我阉割。"H5 不过是 W 打响知名度的一个手段，李三水最希望人们能够了解和接受 W 其实是一家全案营销机构。[1]

广告要有信息量、附加值和沟通诚意

W 做的很多广告都风格独特，给观众留下了深刻的印象，这是由"创造者"的特质决定的。独立创意机构与品牌方的调性之间是不需要平衡的，要平衡的不是设计师，是文策部。设计师一定是在策略既定的方向上进行最大程度的发挥。当下的许多视频广告喜欢讲品牌故事，不到最后 logo 出现，就不知道它在宣传什么，这是一种不可避免的趋势。李三水认为，"不像广告"的评价其实是一种赞美，广告就不应该像广告，好像时装就不该像走秀款，餐饮也不该像烹饪大赛上的美食。与其强买强卖，倒不如为消费者设计一个抒发情感的出口，在这个过程中不干扰你的视听，不强行告诉你什么是对的、什么是好的，只是提醒你去感受。W 在豆瓣项目、李宗盛项目上都是这么做的，只是提醒你原来生活还可以是这个样子。至于生活究竟该什么样，每个"分享主"会告诉你他的答案，而这个答案，可以说是广告创造者和广告分享者高度默契下的合作产物，它或许不再像是广告，最终的效果却远超广告。

1.《W 创始人李三水：做得好的广告公司都性格分明》，https://www.cbnweek.com/articles/normal/14272，2016 年 10 月 12 日。

在媒体大爆炸和传播高度同质化的时代，用暴力方式强卖信息，即使它浓妆艳抹，即使它外表花俏，但这种甩卖和倾销式的广告显性特征太多，反而会让人觉得厌恶。如果受众直接知道广告是赤裸裸的销售，未必能够接受这种广告的存在。相反，广告在创作时应该带有更多的附加值、信息量和沟通的诚意，将品牌信息传递到消费者的面前。其实，只要做到信息量、附加值和沟通诚意足够的话，没有 logo，别人依然可以记住你。当然，这样的广告本身也就不会存在作品同质化的问题。

New Balance——每一步都算数

继 2014 年李宗盛和 New Balance 合作过一个时长 3 分 30 秒的广告片《致匠心》后，2015 年，New Balance 又一次找到了李宗盛，由 W 公司为 New Balance 110 周年拍摄了广告片《每一步都算数》。该片上线仅 5 天，在腾讯视频已经播放了超过 500 万次。考虑到视频广告本身不易传播的特性，再加上这个视频 12 分钟的惊人时长——视频长度与观看人数通常呈现明显负相关——这样的传播效果超出 New Balance 的预期。[1]

W 公司是负责 New Balance 110 周年品牌宣传的机构。New Balance 向 W 提出了两点要求：一方面强调要用数字说话，"数字是通用语。数字在进化和成长。数字比语言更响亮"；另一方面，New Balance 希望用这个系列的市场宣传来奠定其在市场格局中独特的品牌印象，以期跟耐克、阿迪达斯这些竞争对手区别开来。

30 年创作 300 多首歌是一个很棒的切入点，但更为关键的是，New Balance 找准了"中产阶级之靴"这个品牌定位，而在李宗盛身上提炼出的"有阅历、有品位、低调务实"的特点正好符合品牌想要创塑的中产阶级人格。

1.《NewBalance 为什么又找上李宗盛拍广告？》，http://www.yinhang123.net/guonacaijing/77654.html，2016 年 6 月 2 日。

李宗盛还配合拍了一部时长为 2 分多钟的预告片，这部预告片在 4 月底已先行通过 New Balance 的官方微博和微信公众号发布。除此以外，W 又做了大量的传播物料，比如特制的木质礼盒、明信片等，以扩大传播面。

W 首度为 New Balance 占位品牌人格，与品类中的其他运动品牌做出了显著区隔：爱思考、善感受却少行动的中产阶级，沉默但不会被忽略的社会中坚分子，稳定奋进中的大多数人。New Balance 574 作为主打青春属性的基础鞋型，自然而然占据了"中产阶级的青春时代"这一产品定位。

《青春是什么颜色》叩问人们：青春说走就走，青春无极限……我们的青春真的是这样吗？真实的青春往往布满感情的伤痛、尝试的挫败和前途的迷茫。只有承认真实青春并非刀枪不入、无所不能，才有可能打动年轻群体里沉默、普通却无法被忽视的大多数人，让 New Balance 574 品牌与空泛和作秀式的运动品类拉开距离。

H5 上线至今，互动页面访问量超过一百万次，触发了社会集体共鸣，消费者自发摘抄 H5 文案，作品为业界青春题材品牌传播开辟了全新思路。此外，广告成功地将品牌传播落实到销售，New Balance 574 系列产品的销量显著提升。[1]

New Balance——青春是什么颜色

在 H5《青春是什么颜色》中，首创每屏两大纯色色块的新形式，借喻青春的正反两面：热血与伤口、目标与当下、空想与执念、飘忽与踏实、逃避与回归之间的联系与反差，表现真实的青春不是广告片或电影里鼓吹的空泛或作秀的态度，而是充满失败、伤痛，需要沉淀、思考与前进的成长必经阶段，这才是青春的原色。

1.《New Balance—— 青春是什么颜色》，http://www.wearewer.com/zh/new-balance-what-color-is-youth/，2016 年 4 月 14 日。

W 给 New Balance 做的广告是为青春下了一个定义，这样的灵感来自沟通的诚意。

大部分广告在面对年轻人、大学生时，其实是没有诚意或者是充满了一种得意的说教。广告商们给大学生们灌输的是青春是不羁、青春是想做就做、青春是没有错、青春是我要的现在就要、青春是说走就走。但事实上，青春更多是困惑，是迷茫，是困顿，是穷，是苦，是挫，是想得而不可得、想争而没能力争的矛盾。W 觉得需要有品牌和年轻人说一点有诚意的话，告诉他们青春的原色是什么，不是去空打鸡血。广告所要表达的，除了让年轻人向往之外，还必须和年轻人一起有诚意地回答一个问题，青春到底是什么。W 认为，所有答案其实是青春值得重新去思考的，要真诚一点，毕竟谁都不傻。

在"首草先生的情书"中，W 主打的是温情牌。李三水认为，"情怀"本身是无辜的，这个词的好坏只取决于一点，就是做这件事情的人自己相不相信。如果说广告制作者自己都是一个没有孝道的人，那想要做一个广告说要多回家陪陪父母，是完全不能说服别人的。如果你自己在家里面都没有帮父母倒过茶、倒过洗脚水，却去想一个这样的创意，当然就会被别人一眼看破：怎么那么假，演得那么硬。真正倒洗脚水的时候是怎么样呢，要先拿手去试一下，然后慢慢扶着去倒，还会把倒

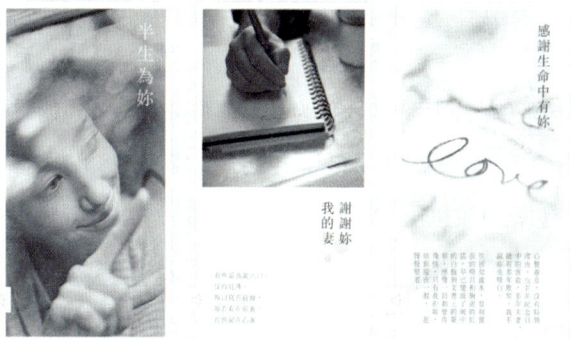

首草——首草先生的情书

W 为首草制作的 html5 互动网页："首草先生的情书"。前期，W 调研了中年男性的互联网信息阅读习惯，量身定制了图文搭配的"情书"形式。作品以内敛、朴实的口吻，讲述一位事业有成的丈夫对持家教子的妻子的种种亏欠、感恩与怜惜，为早已在财富排行榜中千人一面的中国男性企业家们，找到不同的爱情表达方式，并与之形成共鸣："女人最好的补品不是首草，而是爱。"

水的声音弄小一点，很多广告里面大大咧咧：妈，水好了！那样的广告就是生硬的，浮夸的。很多情况下，广告从业者消费的很多东西本身是无辜、中性的，只是没有能力驾驭的人去驾驭了才会显得生硬。你不是武士，却要拿一把刀说你天下无敌，当然会被一眼看破。

首草是中国西部最具品牌实力与知名度的养生品牌，专业从事中华九大仙草之首——铁皮石斛的种植、研发、加工、销售多年，堪称行业标杆。W 有幸全程参与其品牌创建、产品开发、市场营运、广告传播等工作，同策同力，打造中国高端养生行业首个"爱妻品牌"。html5 互动页面访问量超过 1 100 000 次（数据来自百度统计）。本案触发了社会的集体共鸣，大量用户自发抄写文案，用作自己对妻子爱的表达，更有学校将本案定为考试题目。同时，本案本也无法避免地被其他品牌抄袭。本案破除了社交网络环境中，"没人读长文案"的错误迷信。全 html5 共 16 段章节性文案，字数超 1000 字，多过以往所有 html5，但传播的规模却达到了前所未有的数量级。项目的生命周期超长，上线 1 年后，仍有大量用户转发。品牌传播也起到实效，html5 上线期间，首草的销售量和知名度显著提升。[1]

跨界玩音乐，造单车：不断拓展自己的生存边界

W 的公司架构是偏向集团式的。作为一家广告公司，W 还同时发音乐专辑、办演唱会、开发自己的产品。未来，W 的音乐舱会独立成为一家音乐唱片制作发行公司，科艺舱会变成一家科研开发机构。W 是一家真正的企业，这也是它甲方思维的由来。从本质上来说，W 不是广告人，也不是创造人，它就是甲方，是有创造力的企业主。

W 的野狗音乐舱和野狗科艺舱是其独到之处。W 的价值观是"不做创意人，只做创造者"，可以说 W 的每个作品都在诠释它。W 希望让客户愿意为广告公司的产品买单。广告公司天然的产品是广告，但除此之外，它也可以产出属于自己的商品，也可以产出非实体类的衍生品，比如音乐，这些商品本身就具有发展价值，可以为客

1.《首草——首草先生的情书》，http://www.wearewer.com/zh/shoucao-a-love-letter-from-mr-sole-love/，2016 年 4 月 15 日。

户提供增值服务。在这样的理念和愿景下，野狗音乐舱希望自己的音乐作品能够重新在市场上获得验证并且传递价值。

野狗音乐舱在 2015 年发行了第一张专辑《野狗悲歌》，在 2016 年发行了第二

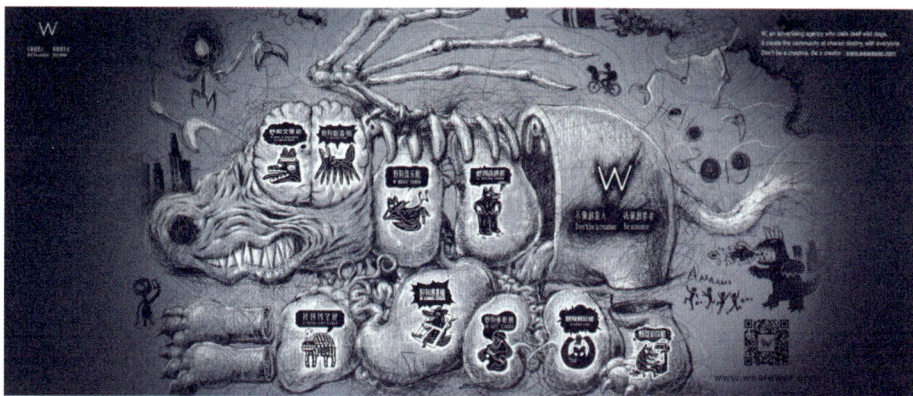

W 公司全新组织架构

W 公司内部奉行"野狗文化"，主张高速实效解决问题，因此部门规划极简，直接去除传统客服部门，全公司只设立"文策部"和"创造部"两大部门。文策部只保留文案和策划两个职位，并由其直接面对客户，管理项目；创造部统筹平面设计、字体设计、动画绘制、艺术插画、影视制片等创造性人员。同时也衍生出"野狗音乐舱"和"野狗科艺舱"两大独立部门，专门负责 W 式音乐营销和互动营销领域的不断创新和突破。

张专辑《野岛》。另外，野狗音乐舱还策划了"唱给未来广告的歌"，第一部作品是 2016 年 5 月创作的《唱给马云听》，讲述电商时代平凡人的故事。它本身不仅是一个广告，甚至说就不是一个广告，而是一种社会思考、社会批判，是一个价值多元的存在。很多人转发它，并不是因为它的广告价值，而是基于对中国社会现状的思考。音乐舱的第二个作品是和腾讯金融理财通合作的产品，是 2016 年 11 月创作的"一首听了就有钱的歌"，讲述几组不同年龄段、不同国家的人，因为整理房间而领悟致富秘诀的奇妙故事。2017 年春节一过，李三水又号召同事每人写一句回上海的理由，汇成歌词，联手音乐发行机构街声（Street Voice）推出了一部音乐纪录片：《回海上》。

"唱给未来广告的歌"的不像传统意义上的广告歌，它的目的就是重新用音乐的形式去注解品牌。李三水认为，这些形式不是为了自嗨、出唱片，而是每个唱片里

面都包含一个广告主。在演唱会上，W 可以带着二十几个品牌做音乐互动装置曝光。"唱给未来广告的歌"也不是情怀之作，而是变相地靠音乐来支撑的另外一类的广告产品。"唱给未来广告的歌"之所以称作"未来"，并非形式上前所未有，而是和品牌方合作方式的一种全新创造。李三水说，这个计划并非为了专门服务某个特定品牌，每一个系列都是先有一个内容方向，或一个宣传目的，比如说谈电商价值、社会金钱观或北上广青年状况，这些话题哪些品牌适合，就自然会吸引这些品牌的主动关注与合作。这种合作模式应该是开创了广告公司与品牌主一起创造内容的新玩法，也算是走出传统音乐营销的一条新路子。

W 音乐专辑封面

《唱给马云听》在没有任何推广的情况下，上线第三天就达到了 20 多万的点击量，W 希望用这种方式来重新思考音乐和品牌的价值。即使有品牌主动合作的话，在整个作品中也不允许出现它的 logo、产品信息或其他任何相关元素，但 W 会帮它传达核心理念。这是在试图改变营销的游戏规则，但没想到上线第 2 天，腾讯理财通就主动找到 W，要求定制第二部"唱给未来广告的歌"，并且愿意接受 W 的条件，给予最大程度的信任与放权。

野狗科艺舱则立足于中国互动技术的发展，研发自己的互联网产品。比如说"野狗 007"，比如新的一代 H5 的应用方法 AR、VR、AI 都会在科艺舱实现。科艺舱的最终目标是让广告形式再升级，创造出新的商业模式。W 在创造部下面设置两个舱，这两个舱可以作为两个独立实体分裂为单独的部分，它不是凭空地发酵和玩票，是直接迅速地对接商业价值，让创造人找到实体存在感。

W公司的"野狗"文化：不再讨好众生，众生自随你而来

李三水认为，想要扩大广告公司的影响力以及与公司合作的品牌的影响力，就必须要扩展那些只是在广告行业内，或只在行业网站内了解公司的人的信息渠道。同时他也觉得在任何情况下，经营企业都不是在经营规模，而是经营一份相信，所以才会有"本能心""思无邪""当面说"这样的公司座右铭。这也在时刻提醒着李三水，无论走得多远都不要忘了自己为什么出发。

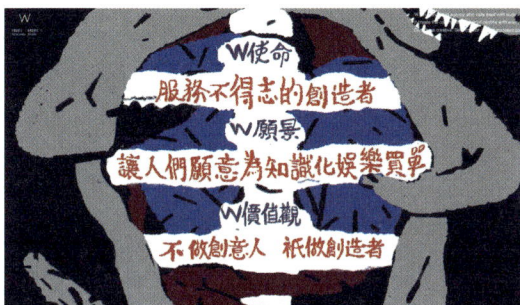

李三水在复旦大学举行的"虎啸数字商业传播前沿课"讲座的 PPT

W给客户提供的往往不是创意，而是在帮助客户找寻到新商业模式的沟通方法，这也是为什么 W 从来不追热点、玩套路的原因，这个行业中的很多公司是服务型思维，而 W 却是甲方思维，当你创造了价值，问题自然就解决了。W 的作品都是客户的，如果没有他们的支持和放权，像是"New Balance 青春原色""每一步都算数""我们的精神角落""首草先生的情书""雪碧献给夏天最闷的人""我们之间就一个字""霸王黑客""吃饭不带钱的阿惠"这些项目就不可能看得到。W 要找到真正需要它的人，找到愿意去做出突破的甲方，才能发声、发光的人。这就是 W 提出的使命：创造命运共同体；愿景：让人们愿意为广告公司的产品买单；价值观：不做创意人，只做创造者。[1]

李三水理解的本土广告业与国际水平的差距主要集中在两方面。首先是国际视野，很多本土品牌只会从中国人的角度思考问题。而麦当劳、宝洁的国际总部则是一直在思考印度、日本、欧洲市场出现什么样的具体情况，显而易见很多本土品牌和国际品牌的高度和视野完全不同。本土广告公司想要跨越这样的不同，才至少要具备融通、操盘同类级别和高度业务的能力。差距的第二个方面还是取决于相信。大多数国

1.《专访 W 公司创意总监李三水：W 的优势其实是野狗的策论》，http://www.admaimai.com/Interview/Detail/906.html，2016 年 8 月 16 日。

际公司相信自己的制度、相信规模，而大多数本土公司还是相信自己的野心，这是最大的区别。这可能是企业发展阶段不同，而正是因为发展阶段不同，才会造成他们行为方式截然不同，大型的传播集团公司会选择安稳，而小型的公司会愿意不断去突破、突围。

W 的发展依据的是自己的能力边界。就现在的能力边界而言，刚好够到产品研发和音乐，但这不代表 W 只对这两个方面感兴趣。在这个过程中，公司其他能力在同步增长之后也可以选择去拓展一些新的项目。犀牛的角不是为了好看，长颈鹿的脖子不是为了优雅，都是为了拓展生存的边界。而 W 为了拓展生存的边界，再长两条"狗腿"出来，是因为这两条"狗腿"刚好够得到食。有人说野狗很疯狂，野狗很爱乱玩，其实并没有，W 走的每一步都是实事求是的，都是想过、能做到、赶快做的，这也是 W 公司 logo 的含义。大多数公司在创业时都有各自领域的范本，做广告你可以学奥美，开快餐你可以像麦当劳，你甚至可以去做他们的掘墓人、反叛者、新标杆，但总归还是有参考。而 W 没有任何参考，它并不是一家广告公司，它是一家企业，它的优势也不是创意和执行，它的核心竞争力是企业的战略咨询和营销管理，是实打实的创造。

（采访：周晨茜　俞　榕　张梦雅　赵健全　郭文珺）

Chapter 9

"人生处处有门"
—— okk. 创意咨询创始人、CEO 王小塞

王小塞，《金牌文案》的联合作者、微咖啡的发起人、社会化营销圈子里的头面人物之一。拥有十余年广告从业经验的他，凭着在梅高、智威汤逊、安瑞索思、腾讯科技获得的经验、洞察和对行业的思索，基于那个永不磨灭的梦想，成立了自己的社会化营销公司——有门互动（NEONE）和 okk. 创意咨询。

除了《金牌文案》等作品，王小塞还经常在微信、微博客户端上发表文章和公司案例。王小塞是一个非常有见解、敢做敢说的人，其公司的文案犀利又不失内涵。然而生活中的他内敛低调，为人和气，与人初见时还有些拘谨。性格上的温和并没有影响王小塞在职业道路上的激情和勇气，这从其犀利的文案中也可见一斑。他对广告业有极大的激情，时时刻刻思考着广告业和广告人的本质，不单纯为了利益和名誉去炒作一个话题，去做一个炫酷但无用的广告。对于当下浮躁的广告业来说，这些值得大家思考。

误打误撞入行，体验不一样的人生

谈到入行，王小塞说这其实是一个误打误撞的事情。他读的是师范大学中文系，第一份工作是在一个理工科大学里做中文系的老师，比较清闲。在一个暑假，觉得无聊的王小塞看到一家广告公司在招人，觉得有趣，抱着想去看看的态度，选择去应聘。他随之发现广告公司的工作和他原来的大学里面的工作相比，完全是另外一个世界，是年轻人应该停留的地方，里面有读心理学的、读物理学的和其他各种稀奇古怪的人，公司看上去很自由很放松。那时候他本就在思考是不是要和他的大学同事一样，每天端着一杯茶，一眼看见将来的样子，还是体验不一样的人生。后来他觉得广告是特别有趣的，于是选择去做广告。

做广告工作面临很大的挑战，包括家人的反对。王小塞 2002 年刚从大学出来的时候，大学薪水有 3000 块钱一个月，还有很好的福利，包括分配宿舍。而出来以后他在广告公司的工资是 600 块钱一个月，反差很大，而且还有很大的不确定性，比如他没学过广告，他不确定能不能在这个方向上有所作为。为了这件事，王小塞的父亲甚至从老家赶到杭州见他老板，而他的老板非常看重他，和他父亲聊了一个小时，说他是一个非常适合做广告的人。

王小塞表示，从他做第一份广告工作到他创业，中间的时间其实很长。在第一家公司他干了 3 年左右。他一开始做策划，上司是当时的策划总监，做了 1 个月左右就跳槽了，所以基本是老板在带他。杭州的广告行业是一个很奇怪的存在，杭州的广告公司几乎都做地产广告，那几年中国的地产广告很好做。而他们那家公司不做地产，做的是通信。通信战进行得也非常厉害，那时的中国移动和联通打营销战，像现在的天猫、京东打营销战一样。王小塞的公司服务的是好多省的联通，包括浙江联通、广西联通和贵州联通。那家公司是他认识广告的开始，他轮岗做策划、项目经理，也被外派到广西联通将近一年的时间，回到杭州以后转行做了创意。

而离开杭州来上海的理由，是因为王小塞发现自己职业上升的瓶颈。他在杭州的广告市场没人可以教他，都是自己摸索。像现在的广告人在刷微信公众号一样，那时候是上网站论坛。很多广告人开论坛，他在里面认识了很多做广告的人士。他发现那个阶段的广告行业已经发生变化。一开始广州的广告业很发达，特别是广州的本地广告。王小塞在广西的时候想去的是广州的一家非常有性格的广告公司，叫广州协作广告有限公司[1]，老板是陈格雷[2]，现在做张小盒动漫。王小塞去找陈格雷的时候，因为陈格雷出差，错过了。他回到杭州的时候考虑要不要去另一家公司发展。他不想做地产广告，在杭州做地产广告只求画面做得漂亮、文字写得漂亮，不愁房子的销量多少，这不是营销的前沿。

后来，整个广告行业精英慢慢往上海转移，他们知道上海有很多国际4A公司，一些大的广告公司总部在上海，发展条件比较成熟。要进一步提升自己，要么去上海，要么去北京。北京较远，王小塞重视家人，所以上海是比较好的选择。他去上海的广告公司也是机缘巧合。那时他在杭州参加一场讲座，当时本土广告公司中比较让人看好的梅高广告公司[3]的老板高峻，来杭州分享他们公司的经验。他们那家公司的想法很打动他，突破了他原来的认识。他的目标非常明确，就是去面试这家公司，上海梅高是他来上海工作的第一家公司。

王小塞的决策是非常决绝的，虽然家人让他不要折腾，在杭州安定下来。他本来在杭州买了房子打算长住，但住了半年不到，就来到上海，而且非常突然。周五面试通过，周末他就来上海了，第二周的周一就开始上班，他只花了一天时间找好房子安顿。之所以这么快，是因为他当时觉得他一定要去这家公司。

离开杭州时，他已经做到了创意总监，这次跳槽其实是一种降职，但这家公司让他获得许多成长。梅高广告公司当时有50多人，而整个创意部里的创意人员有差不多30人。公司里的大部分人都是美术专业出身，包括创意总监、咨询总监，只有他是资深做文案的，所以创意部都依赖他，给他提供了非常多的成长机会。在梅高广告公司大概待了1年时间，王小塞选择了离开。因为，对于王小塞那一代广告人来说，他们都有一个4A公司的梦，如果没有去过4A广告公司，那么广告生涯是不

---

1. 广州市协作广告有限公司成立于1997年3月25日，注册资金100万人民币，是广州一家广告、公关、市场推广、会展行业公司。

2. 陈格雷（GreyChan），著名动漫形象张小盒的创作者、盒成动漫公司创始人，也是著名营销和创意人，还做过记者、摇滚酒吧DJ、互联网公司高管等。他还是广州协作广告公司及协作顾问创意机构创办人。

3. 梅高（中国）公司成立于1989年，经过多年的发展目前拥有200人左右，在上海、北京、桂林等经济文化发达城市建立了专业化的服务网络。目前所服务客户每年在品牌建构、广告媒体等方面的投入总额已超过10亿元。

完整的。刚好有人和他说智威汤逊有个机会，问他要不要试试看。王小塞就去跟他们聊了一下，他们就录用了他。

去 4A 公司待了 3 个月左右，王小塞觉得自己学到很多东西，但和他设想的未来还是有些不一样。首先他发现 4A 公司的体系非常完善，但它的作品出品非常漫长。他做的工作就是前期多轮反复的测试，如果测试差一分的话就要推倒重来。这个测试不一定科学，但是评价不过关，就要重新推翻再做。其次，王小塞做了很多英文文案翻译，比如当时劳力士的文案翻译，要把英国人写的英文文案翻译得使中国人看得懂。除此之外，全公司都在拼命想怎么做"飞机稿"去国外拿奖。王小塞在思考，这些事情能不能发挥他的价值？这是广告行业的本质吗？他在梅高是从企业的角度思考问题的，4A 公司为了赢奖，日常工作套路化，出品很慢，于是他决定去一家互动公司。

保持强烈好奇心，追求职业新鲜感

王小塞觉得，创造有价值的东西本身就能激发他自己的热情，他对之一直有种羡慕和爱好。一开始，考大学他就想考中国美院，大学毕业想去学电影。他发现自己比较热爱创作这个行业，它有很多的魔法，可以让自己的人生更加丰富，让自己有很多的活法，而不是一成不变的。另外，他有好奇心，好奇心让他面对不同的东西，去打破自己，让自己有新鲜的想法，而不是陷入固有的状态里面。

离开了广告公司后，王小塞发现了行业新契机，这个契机一开始不是他主动发现的，而是突然有人找他，让他去某家公司试试看。他打开公司全英文的网站，发现是国内一家比较早的互动公司。那时很多人不知道互动广告，突然有这样的公司出现很奇怪。他简单浏览了网站内容，发现有大量员工旅游的主题照片，这让他感觉这家公司很新锐。于是他尝试了解互动到底是什么，结果发现互动可能是广告的未来，或者是中国广告人的未来。

有一个外国人说，广告的未来在互动，互动的未来在中国。王小塞发现，每次转变都是直觉先行，理性思考在后。成长经历对于中国创意人来讲是相当漫长的。

从传统广告行业来讲，标准往往是由大公司制定，像奥美有很多专业的方法论。中国很多国际 4A 公司，早期的创意总监都是中国港、澳、台地区，或新、马、泰的，他们是学习国外那一套广告理论的。通过大量专业的广告学习，他们变成了早期非常专业的广告人，然后又培养了中国大陆的很多广告人。让他们去超越传统是非常难的，因为他们是徒弟，起步晚，需要不断地学习。如果要更好地在职业生涯中弯道超车，就要开辟新的道路。新的道路之一就是王小塞当时思考的互联网广告领域，他觉得中国和国外的差距没有那么大，创意人进入互动领域机会更大。

　　差不多是在 2006 年的下半年，王小塞去了那家互动公司，并待了差不多四年半。进去以后发现，这家公司在不同的 4A 公司找了人，员工少有传统广告人，基本上都是学多媒体、新媒体的人，后来又在马来西亚找了一些学互动、做视觉的人才。最终王小塞是唯一被升为创意总监的，带领很重要的团队。他们原来有两个美术专业出身的创意总监，还有一个是做动画出身的创意总监，他是做文案出身的创意总监。他服务的客户应该是他们中最重要的——上海大众。那家公司给他一个比喻，说他是大众情人，因为他负责了上海大众的很多款车的活动，包括新车的上市发布会、上市的线下互动和视频、领导的演讲稿。王小塞在那家公司做的基本都是汽车广告，包括斯柯达、荣威、奔驰和奥迪等。

　　那家公司是那个时期互动广告行业里创意比较领先的公司，现在大量的互动公司的创意总监都是从那家公司出来的。当时的老板非常有理想和目标，两年里它的成长非常快。王小塞进去的时候员工六七十人，没过一两年就涨到了两三百人，很多 4A 公司想收购它。后来老板的想法发生了变化，老板是一个很疯狂的人，一个学习和行动的"疯子"。王小塞觉得公司的意志可以影响下面的人，他们这家公司在互动领域来讲，领先别的公司很多。 以前老板是带领整个广告板块往前走的，后来这个板块被他放下了，要知道创始人的意志是很重要的，当他不关注的时候，对这个板块的敏感性就比以前弱很多。大概在 2010 年左右，微博开始兴起，这家公司对新的社交媒体的兴起不敏感，还在用以前传统的互动方式去沟通。公司里大概只有王小塞最擅长玩微博，当时他的粉丝将近 5 万，广告行业里面排名第三。

　　由于创始人意志的转移，不想把这个公司推到行业的最高处，王小塞就想换一个公司发展，接着他去了腾讯。去腾讯的原因是他非常想要了解媒体，以前他是从广告公司的角度看媒体，很多时候他不了解媒体，做出的创意行为是被动的，想法是固定的，还是以传统的方法来做广告，但其实媒体环境和创意关联是很紧密的，一个人的创意内容和活动内容的设计完全是由媒体环境决定的，媒体时代同样需要挖掘消费者需求，创意的形式和做法和传统的做法有很大的区别，王小塞面临的最大挑战是对媒体环境的不了解，他想进一步了解媒体。想去腾讯也是因为腾讯是媒体形式最完整的一家公司，它的媒体非常立体，有传统的门户腾讯网，有腾讯视频，当时还有腾讯微博。它有非常完整的媒体体系，而其他媒体相对单一，比如说新浪是偏门户的，人人偏社交网络。

于是王小塞选择去腾讯做创意策划总监，去面对腾讯的一些有挑战性的大客户。快消领域是腾讯广告销售中最重要的板块，快消对广告和媒体的创新影响是非常大的。上海是快消行业巨头聚集的地方，有可口可乐、百事可乐、麦当劳等。做好这份工作既需要了解媒体和媒体的产品，又要了解如何和大客户沟通，这个过程对他来说是一种学习和成长。他发现，其实他所有的广告工作经历，都是在不同类型的公司间切换。有些人的广告生涯是不断地在 4A 公司间跳槽，有的人不断地在各大媒体里跳槽。然而他并不是这样，他认为每一类型的公司对于他的职业生涯都是宝贵的经历。他创立有门公司的契机就是，当他从腾讯出来的时候，他想要做一家不一样的广告公司。当他这么决定时，他肯定不会走别人的老路，否则他就不会去做它。

业务模式迭代演进，重新定义广告公司

王小塞开创了自己的有门互动之后，第一个客户是一个牛仔裤品牌，最初为国外品牌代工，后来有了自己的品牌，做工还不错，但不是一个一线品牌。他们服务的就是这种类型的品牌，处于第二、第三的位置，并不是最好的，所以客户定位就很重要。当他最初做的时候，别人发现这家社会化营销公司和别家不一样。当然，他们有很多和传统公司及其他互动公司不一样的地方，他们的创意和思考深度更强。

除了双微运营、日常运营以外，有门互动还做了很多其他活动。其中有很多精细化运作的小型活动，非常有效，比如帮助客户从品牌的策略、营销的角度去思考，

更注重创意和策略部分，而不仅仅去做一个有趣的话题。在这个过程中，有门互动慢慢和客户建立关系。同时有门也在找一些更有价值的客户，也在寻找新的前进方向，积累经验，用案例来带动前进。这个时候也是团队不断演变的过程，业务的模式也是在不断地迭代和演变。他们是将自己当成一家互联网公司去运作的，而不是传统的广告公司。

有门互动的运作和传统的 4A 公司是完全不一样的。他们走的是一条自我摸索的道路，他们的结构和所有公司都是有区别的。4A 公司的机制追求稳定的输出，每个环节都分得很细，每个环节都需要做平衡和监督。传统 4A 公司分创意部、客户部、媒介部等一个个部门，每个部门的层级是非常多的。这样会保证创意的"传统质量"，但是出品的效率和试错率很差。而互联网的打法就是试错，有一些小的活动他需要做灵活应对。如何去定义一个好的营销，不是说要把创意做成大片级的东西投放出去，而是要调动消费者参与，产生影响。比如说冰桶挑战，它没有什么鸿篇巨制的广告片，但它通过一个很好的机制引起大家的反应，这个时候需要创意和操作的灵活性。所以有门的运作模式非常灵活高效，特别是应对一些中小型的活动。有门的运作以一个小型事业部为单位，事业部是一个独立完整的个体，它包含了一个小型公司可以独立作业的基本职能，有创意、美术、策略等人员，他们在服务客户的过程中慢慢找到自己的方向，明确客户的特点。其他的部门是后台或者说是支持部门，包括媒介、技术、PM、商务中心、创意中心、运营中心等。这种机制保证了作业团队的独立性和多元化，使之可以面对不同的挑战。所以他们会做很多别的公司不愿冒险去做的新的营销方式。

冰桶挑战赛

2014 年由美国波士顿学院（Boston College）前棒球选手发起的 ALS 冰桶挑战 (Ice Bucket Challenge) 风靡全球，各界大佬纷纷湿身挑战 。

ALS 冰桶挑战赛（ALS Ice Bucket Challenge）简称冰桶挑战赛或冰桶挑战，要求参与者在网络上发布自己被冰水浇遍全身的视频，然后该参与者便可以要求其他人来参与这一活动。活动规定，被邀请者要么在 24 小时内接受挑战，要么就选择为对抗 "肌肉萎缩性侧索硬化症（ALS）" 捐出 100 美元。

该活动旨在让更多人知道被称为渐冻人的罕见疾病患者，同时也达到募款帮助其治疗的目的。"ALS 冰桶挑战赛" 在全美科技界大佬、职业运动员中风靡，也扩散至中国，科技界大佬纷纷响应。

仅在美国就有 170 万人参与挑战，250 万人捐款，总金额达 1.15 亿美元，这可能是为某种疾病或紧急情况捐助最多的款项。[1]

避免认知错位，帮客户实现价值转换

王小塞认为，广告需要在 "产品是可持续经营的" 这个基础上去解决问题。广告要真正实现销售的转换是要回到本质去思考。本质的思考就要离产品和品牌更近，帮企业做传播就要基于产品本身做思考，将产品价值最大化地体现出来，或者基于服务做调整改造，最差的是和品牌做强关联。广告的目标是去解决客户的某个问题，虽然当下不尽善尽美，但是他的客户愿意和他往前走，用户也会支持他，认同他的品牌，产生黏度。否则就像一个人一直在单方面强调他的优秀，如果自身没有真正可以提供的价值，那就是在过度营销。喊的声音越大，反而显得越不怎么样，这是在过度消耗自己。

企业做营销，需要在不同时间做不同的事情。很多时候企业和广告公司有冲突，是因为相对于企业所处阶段而言，广告公司所做的事情不对。可能某个阶段企业就是需要生存和用户增长，这个时候如果给他提供高大上的、虚无的东西，是不适合的。如果要这么做，必须去寻找有持续投入的大品牌，才是有可能的。企业主需要生存和成长，它花的每分钱都和此有关系。而广告公司是替企业主花

---

1. 百度百科，《冰桶挑战赛》，https://baike.baidu.com/item/%E5%86%B0%E6%A1%B6%E6%8C%91%E6%88%98%E8%B5%9B/15389320?fromtitle=%E5%86%B0%E6%A1%B6%E6%8C%91%E6%88%98&fromid=15416781&fr=aladdin。

钱的，如果公司不能有同理心去为客户思考，那么就把客户的钱浪费了。如果公司浪费企业主的钱来满足自己的表达欲，这是很过分的事情。做出来一个很漂亮炫酷的广告，但是不能满足企业用户的增长、品牌价值的提升和价值转换的需要，那么企业没有必要花这个钱。王小塞觉得，没有经历过企业这种痛苦的广告公司，很难理解为什么要站在企业的角度思考。而这恰恰就是广告业的本质，广告人的价值不是在行业内拿奖，而且这个奖不像电影、音乐的奖项那样可以被大众认知。广告行业的奖可能只有业内知道，便于跳槽。广告真正的价值是帮助企业去获得认同，得到品牌价值的提升、用户的增长等，并最终获得广告行业的认可，这是一个"to b to d"的过程。首先是为企业服务，解决问题，要让企业的用户开心，广告的价值才能体现。所以王小塞反感有些广告公司做了案例，但企业的任务还没有完成时，就到处宣传这是自己做的，甚至有时候盖过了企业的声音，喧宾夺主，把自己看得太重，这不是广告公司的价值体现，当企业做好以后，这个作品到底是谁做的，大家自然就会知晓。

王小塞始终觉得，任何一家公司开始时设立什么样的目标很重要，可以不说出来，但心里一定要知道。很多时候需要终局思考，当踏出第一步的时候，就要想到未来在哪里。首先看整个广告行业，要么是大而臃肿，要么是小但灵活。他最初想要做的是又大又小的公司，既要有规模化，又要保持灵活的战斗力。不想做大而臃肿的公司，那样最终生意规模很大，但是战斗力不如小公司。第二就是，虽然案例很漂亮，但是公司成长性是有问题的，这些人一起创业是收获不了价值的。

广告人要既能获得行业的认可，也能获得收入的增长。这个价值是匹配的。回归到行业的本质，并不是说传统广告没落了，互动广告又被社交广告替代了。不管行业、媒体环境和消费者如何变化，还是回归到为消费者思考，为用户思考。在当下浮躁的媒体环境和消费者环境下，以本质为出发点，真正为企业思考，为当下广告人的价值思考，这就是王小塞给他的公司起名"有门"的原因。"有门"字面意思就是解决问题，背后意思就是人生没有绝境，处处有门。任何企业、任何人都是一样，你为他服务，他为你服务，遇到问题总有解决方法，大家一起来面对。

培养终局思维，从结果反推过程

为什么要有终局思维，王小塞举微信的例子，把微信和短信、打电话的图标放到一起，大家会发现毫无违和感，于是大家就知道微信当时野心有多大，虽然微信一开始做的时候也并不知道未来在哪里。所以在事情做对的情况下，一直往前跑，别人就会慢慢被自己超越。而做事需要有全局观，就要像老鹰一样俯瞰全域，观察整个行业的变化。同时从小处着手，锋利地切入某个领域，开始让这家公司活下来。他发现，可以从社会化营销广告切入，这些相当于企业主的市场部的一些小岗位，很多大的广告公司不特别看重，好多做社会化营销创意的公司还比较草莽，大多是从公关、媒体转型出来做社交的，他们对于广告的认知，包括对消费者策略创意的认知相对比较弱。这些公司更善于做内容性的广告，不断找话题，然后炒作，但是炒作完很少思考对品牌以后有多大帮助，对增长有多大帮助。所以他们从社交的创意切入，选取客户的时候，也会选择愿意做一些不一样尝试的客户。

其实互联网营销和传统营销产生影响力的机制的区别和内容可传播性、是不是跨媒体、媒体的穿透能力有关。做一个活动和经营一个公司一样，是终局思考，从结果去反推。现在一个好的案例被认知，会被消费者在微博和微信平台谈论，还有一些传统媒体的深度分析和报道。所以王小塞认为，他们需要去了解，什么样的东西可以被主流社交网络谈论，变成一个社会话题，被一些传统媒介进一步深度报道。前期的创意内容的形式是什么不重要，可以是很传统的，也可以是很注重互动的、很注重社交的、很技术流的，或者很偏重线下的，重要的是，结果是不是有一个很好的反馈。他认为，创意内容和形式可以被打破。他的公司不是被框定只能专门做 TVC，专门做视频，或者专门做 H5。他们不是以创意展现形式来定义公司，而是以结果来定义这家公司的。公司要能够为客户积累品牌资产，积累社交资产，被用户去谈论、去了解、去体验。更重要的是，广告作品要使消费者感觉离品牌更近、可以沟通，而不是一个冷冰冰的品牌。

有门的两个案例：2014 年"打脸天猫"，2015 年"to 某东"，虽然外表看上去是很大的一个话题，但王小塞解释，这背后是为企业解决问题而思考的，并且的确解决了问题。比如 2014 年的案例，他们当时有很明确的策略，并不是拍脑袋说要做一个话题出来，而是采用了与当时的环境最适合的一种模式。

2014 年的电商环境是一个白热化的环境，竞争异常惨烈，阿里刚好上市，京东提前一个月就开始打阿里，他们开始广告战，也有很多 TVC 户外投放。

他们服务的苏宁应该是电商行业的第三名，有个笑话叫第一和第二打架第三就不见了，特别是在电商行业，这和电商的流量有很大关系。如果双十一那天没有人谈论苏宁，流量就会下降得很厉害，所以这个过程中如何让第三名出来发声，是一个急需解决的问题。不能过早发声，因为广告战消耗很大。同时，也不能过晚进入，比如说双十一以后进入，那个时候基本是阿里的天下。苏宁需要在双十一到来的时候发出声音，当时发现的一个机会点是双十一的前一天，前面两家打得差不多累了，大家都在期待双十一的到来，这个时候他们让苏宁以消费者的角度去狙击第一名。

2014 年 11 月 10 日，在"双十一"购物狂欢节的前一天，一个捂着被打红脸的少女立于广告中间，底部横拉两句广告文案，并配上苏宁易购 Logo。《南方都市报》《京华时报》《扬子晚报》《新闻晨报》等权威纸媒更是用六联版刊登了该广告。据了解，除平面媒体以外，部分城市的公交、地铁等灯牌也出现这组"双十一"广告。

文案内容也是非常互联网化的，直接戳到了消费的痛处。

但是有门不是将广告直接投放在网络上，他们希望这个反差是巨大的，产生一个爆炸性的效果。所以他们通过传统的媒介引爆，投了三大报纸：《南方都市报》《扬子晚报》和《京华时报》；还有线下的候车亭，候车亭和阿里的广告对着投。这个时候就发现了传统媒体的力量，传统媒体反攻新媒体，引起巨大的轰动。投《南方都市报》的时候，《南方都市报》的主编就说了一句话："这可能是历史上最大的商战。"正如他所预估的，投完后第二天，大量的用户把这个内容刷到朋友圈和微博上面，他们自己也写了一些文章，其中一篇是王小塞自己写的，发到了雷锋网，那是当天科技类认证第一名，处于被刷爆的一种状态。紧接着有大量行业的文章跟进、报道，同时有很多非互联网媒体，包括报纸也进行了报道。

有门互动创始人王小塞表示："当初客户和他们坐在一起构思这个创意文案的初衷，是不仅要找到竞争对手的缺陷和消费的痛点，更重要的是如何结合苏宁现有的优势服务来回应消费者的这些痛点。从一开始就决定了这是一次无比务实的创意过程，避免了创意沦为电商大战的炮灰。"

产品思维成就优质内容，整合营销成为制胜关键

快速决策是这次营销的关键，广告 10 号上刊，而第二天就是双十一，一旦过了双十一这一天，这一切都毫无意义。在王小塞看来，客户能够快速地拍板，有门互动也能够快速反应，这一切归根结底是客户与有门在长期的磨合中达成通过产品思维来做营销的默契，所以这是一次卓越的集体创意。

有门互动联合创始人任轩宁表示，有门互动核心团队创业之前均在传统的门户网站工作，这让他们有丰富的做产品的经验，这一经验也运用到了有门互动的服务中。有门互动现在所提供的广告服务、营销服务、公关服务其实都是用互联网产品的思路在运作。"所谓的社群经济，其实就是产品经济。在这一块来说，互联网企业是走在前端的，受益也是最大的，像小米就是利用他的产品来做粉丝经济，所以他有很多'米粉'的拥簇。在做产品的时候，产品的生产部门和产品的设计部门是走得非常近的，基本上工程师和设计师，这两个需求的发起者和需求的满足方几乎是随时在一起的。但是到了市场端就发现，客户在客户的楼里面，代理公司在代理公司的楼里面，这种传统的思路绝对不是做产品的思路。"所以现在能看到的有门互动的案例，几乎都是通过项目组的方式跟客户待在一起做出来的。在遇到大型项目的时候，有门互动相关人员几乎是全部进驻客户公司，形成有效的互动和快速的决策。

苏宁易购广告所运用的整合营销思维也体现出了苏宁及有门创意团队对于传统媒体和社交媒体的良好控制。广告利用大篇幅联版的形式在传统媒体刊登，强大的视觉冲击力和话题性迅速引起了社交媒体的讨论，再通过一些辅助渠道的传播就可以迅速让传播效果最大化。

在王小塞看来，如果没有被社交媒体讨论的传统广告性价比是特别低的。现在媒体越来越多地需要更好的整合和创意才能让广告更有效。对有门互动来说，未来的机会就在整合传播。而整合传播也已经成了广告的本身，而不是一种新的营销方式，因为现在消费者的媒体环境已经发生了剧烈的变化。

苏宁易购广告仿佛让他们看到了以往很多的经典案例，这其中有耐克在"做伟大"案例中的快速反应，也有"流行美"通过报纸整版广告示爱范冰冰的经典炒作。

有门互动

有门互动是一家开放的公司，所谓开放就是没有媒体局限性，不会把自己定义成微博营销公司或者微信营销公司，不管是传统媒体还是数字媒体，在整合营销中都能发挥其独特的作用。有门互动的服务是针对企业在向数字营销转型过程中面临的问题，最终帮助品牌快速地找到目标人群，然后回到社交网络，因为只有在社交网络上才会被大家看到从而引发讨论。

而在有门互动的这场策划中一切似乎都恰到好处，所以有了网友的热议，有了其他媒体的迅速参与。在这个媒体融合的时代，媒体已经没有线上与线下之分，最重要的还是生产好的内容。

苏宁易购广告最终有三个显见的效果，一个是大大提升了苏宁在双十一的销量，百度指数飙升，销量同比增长了将近 400%，而当年京东的增长是 100%；第二个是获得了很多的媒体的免费报道；第三是苏宁从这里真正开启年轻化策略，而苏宁很早就想年轻化、互联网化。最早服务苏宁的时候，他们给苏宁的定义是中年大叔的形象，因为他一直想要转型但转型不了。那次战役以后，才真正发生转变，真正进入一个年轻化的状态，包括后来代言人的使用，邓超后来的照片也发生了很多变化，Logo 也是，营销行为也更加年轻化、娱乐化。这个战役不仅达到了苏宁的目标，也超出了苏宁的预期。

破坏者角色定位和价值共创思维

谈到整个生产环节中最重要的一环以及最重要的人，王小塞说这是一个需要系统化思考的东西，不能只关注一种人才。有门的人才排序是这样的，首先是创意、策略，然后是支持部门人才。创意本身还是很重要，但是他们对创意人会提出更多要求，他要的是从结果来思考、从整体来思考的创意人，他需要的是非常强的有实战能力的创意人。

什么是整体思考呢？比如说，有一个很好的创意，可能被传播，但如果对媒体运用不得当的话，可能也会产生问题。所以创意人会想，要去设计它的传播路径，去和媒体部门打交道，去讨论如何让一个东西跑得更快，跑得更远。一个很好的创意、很好的想法，需要找咨询团队，把这个想法做出来，形成作品。很多时候，他的作品做出来以后就不管了，让别人投放。而现在，他就要想，他这个作品出来以后，就好像生小孩，他要怎么把这个小孩养大。所以，王小塞更关注作品出来以后，出现在媒体的环境里，它的生长过程是怎样的。一种就是它自然地生长，被讨论，被用户评价。还有一种就是，衍生出来新的东西，去做二次创作，再做讨论。用户除了对原有作品解读以外，还有可能引发 PT 区的创作以及其他媒体的结果。通过这个过程，才可以让他的品牌传递的信息更加的立体化、丰满化。就像认识一个人一样，一个真实的人一定是有很多面的，是很立体化的，而不是干巴巴的。再者，品牌喜欢说自己是谁，而消费者不一定认可。现在有很多消费者可以发出声音，所以品牌很多时候是被消费者定义的，不是被自己定义的。消费者对产品的感受是重点，产品要触动消费者的感受，让消费者把它总结出来，然后告诉更多的消费者。

产品要触动消费者的感受，背后需要有优秀的创意人才，王小塞觉得创意人的能力要比较全面。比如他自己，除了创意能力很强，推理能力也很强，还要考虑整体项目的执行过程。有些创意人喜欢单兵作战，是一个特工的样子，很多问题可以自己解决，这种创意人的能力是比较综合全面的。还有一种创意人，他在某一方面非常精通，但是这种创意人要懂得如何与他人合作。

他们内部把创意人定位成一种角色，这种角色叫作破坏者角色。破坏者就是永远从统治性的角度思考问题，打破原有的思考逻辑。就是说，他和策略人员有一个"相爱相杀"的过程。一个是破，一个是立，他们把策略人员看作是秩序的建立者，有一个比较完整的逻辑；而创意人员要打破原有的逻辑，创造新的逻辑出来。其实在这个过程当中，创意人永远要归零思考，去打破原有的觉得不可能的思维。对创意人来讲，道德是要有底线的，但创意是没有底线的，消费者没见过的创意才有可能是好的创意。

但同时创意人又需要以同理心思考，必须要跟好的策略人员去协作，把想法完美地执行、落地，而不是简单地停留在想法上面。创作一个好的案例是一个协调天时、地利、人和的结果，包括客户的认同也很重要。如果一个创意从想法到最终的落地，让大家觉得是一个共同的目标，才有可能做出好的案例。

除非做飞机稿，否则要真正做出一个实战性的案例，都是一个团队作业，所以王小塞的公司非常推崇共创行为。共创行为是他跟客户的共创，跟媒体的共创，和他的制作公司的共创，不是一个简单的甲乙双方合作的逻辑。术业有专攻，媒体有媒体擅长的东西，广告公司创意人有创意人擅长的东西，他们协作做出来的内容，可能是更好的。

打破束缚归零思考，重新塑造崭新自我

培养这样的人才，王小塞觉得，首先环境要足够自由，同时，让创意人对自我有一个清晰的认识，对目标有一个清晰的认识。他一直强调的终局思考，就是创意人自己是否认同这件事情，认同这是一件对的事情，他可能很难去打破自己原有的思维，他认为自己就是对的。为什么有很多创意人做了很多年，还不如一些做了两三年的人？因为他受那个思维的束缚，他是被绑住的，他无法自我解开，就无法归零思考，无法真正做到以一个初学者的心态去面对新的问题，这个时候他就很难有成长。一个人的成长是不断打败自己的过程，是明白永远有未知的可能性，他要去探究那个未知的可能性，而不是认为他就是最好的而沾沾自喜，这样很可能在某一个新的地方就被淘汰了。因为创新永远是不能走老路的，一个创新很难有复制性，比方说已经做了一次，再做一次，用户的好奇心就会往下掉，直到最终消失。

但这并不是说科班出身的广告创意人，就会受局限，有门互动现在创意中心的

负责人就是科班出身的创意人，上海交通大学广告系毕业，王小塞觉得他功力是很深厚的。科班出生的广告人在策略的想法和思维上是相对比较成熟的，但需要去打破的是在面对新的事物、新的传播环境的时候，如何从传统的做法和知识领域里面跳出来，如何去和媒体结合在一起思考问题，因为很多的传统创意人对媒体环境了解得不是特别多。很多传统创意人和手工匠人一样，只会打磨作品，很少去接触媒体。现在做创意作品是需要跟很多的板块进行协同和碰撞的，好比一个内功很深厚的人，如果学习了一些新的招式，可能会更强。

承担社会责任，实现社会价值

公司培养出好的创意人，帮他们去实现创意人的价值，其实也是承担了行业的责任。创意人在这家公司创作了好的作品，实现了自身的价值，家庭生活更幸福了，王小塞觉得这是一件值得自豪的事情。

因为对行业要有担当，所以他不做那些没有道德底线的事情。他推崇价值观的多元化，真实的世界是多元化的世界，他尊重每一个人多元化的存在。但是道德底线是不能跨越的，应杜绝那些虚假的、抄袭的行为，否则会对行业大的生态带来问题。

现在很多品牌服务商也在考虑广告做出来是不是有社会价值，这种社会价值能够形成一种更好的被讨论的价值氛围，对社会有所贡献。就比如说，有门帮红星美凯龙做"爱家日"的时候，他们提出的爱家的观念是"亲密有间"。每个人都是独立的个体，不能用爱去捆绑别人，以前爱家就一定要回家，爱别人就无限度地去控制别人、挤压别人，觉得那就是爱，但这种爱让人无法喘息。他们创造的是可以让人喘息的独立空间，人与人之间的亲密是需要有空间的。这是一个新的价值观，值得让更多人了解和认同。

有门公司帮饿了么做"好好吃饭"的创意广告，去探讨老一辈跟年轻人沟通的问题。年轻人的有些职业，很多老人不能理解。比如年轻人要去全国各地旅游，他要去写自媒体，他要去玩电竞，很多老一辈觉得不明白。于是王小塞团队想出一个很好的沟通方式，即：不管他们在干什么，都会答应爸爸妈妈好好吃饭。

另外，王小塞团队曾帮九阳做一个叫"再见父亲节"（Goodbye Father's Day）的广告，

红星美凯龙 2016 年爱家日 "亲密有间" 的视频广告

红星美凯龙 2016 年爱家日的主题是 "亲密有间"。通过一个三段式视频，描述了繁忙都市中夫妻之间、父母和孩子之间种种微妙的对家的感受和理解，提示我们，再亲密的家庭或夫妻、情侣之间都需要一定的私人空间，以放飞自己的心情、舒缓自己的压力，这就是亲密有间的寓意所在。[1]

饿了么 "好好吃饭" 海报

讲的是九阳豆浆机以旧换新的一个活动，创意的立足点是现在的爸爸有很多的想法甚至是很多的抱怨，都不愿说出来，他们想要礼物的时候，也会说不需要，但子女不要认为他真的不需要。如果子女给他一个他真正想要的东西，他会开心很长时间。所以王小塞团队做了一个视频叫 "再见父亲节"，剧情就是一个突然变成摇滚青年的爸爸喊出豆浆机很多不好的地方，然后回到现实，有人帮他换了一个豆浆机。这引起很多小辈内心的共鸣，爸爸说不要了，其实内心是想要的。激发青年人在不是父亲节的平常的日子里去捕捉爸爸的想法。

1.《红星美凯龙爱家日，让亲密也有间！》，http://jiaju.sina.com.cn/news/20161227/6219438731326456454.shtml，2016 年 12 月 27 日。

九阳"Goodbye Father's Day"广告

　　2016 年父亲节过后，九阳却推出了一个关于父亲的视频，刷爆了朋友圈。通过视频和海报的形式向人们传递一个不一样的父亲形象。九阳豆浆的《再见父亲节》TVC 里的老爸形象，狂拽酷炫，唱着一首吐槽旧的豆浆机的摇滚神曲，事实上却是话中有话，一语双关，"控诉"你的冷落让他孤单了。所以，你要做的不仅是给他换个豆浆机，更重要的是多回家陪陪他。九阳豆浆机将此次活动放在父亲节之后，固然有避开父亲节当天与众多品牌撞车的目的，更重要的是提醒大家，别把父亲节只过成一个仪式，而是要把每一天都过成父亲节，不是在朋友圈，不是在电话里，而是在平常生活细节里，多去主动理解、关心自己的老爸。[1]

1.《创作手记：他们把老爸的内心戏，拍成了九阳豆浆机摇滚 MV》，https://www.digitaling.com/articles/28909.html?plat=android，2016 年 7 月 25 日。

有了术和技，才能更好理解道与法

好的创意人需要长期的培养，做过大学老师的王小塞也谈到了现今的大学教育，他觉得从本质上来说，大学的教育跟实战作业相比还是相对滞后的。他觉得有些基础的、不变的东西，大学里是可以教的，比如说如何去了解人性，如何去洞察人性，如何提升审美能力，如何去思考营销的本质，这些是不变的，会越来越重要，越来越经典。

但有些东西变化很快，比如说，媒体的环境，媒体的形式，包括创意的手法。有一种说法叫道、法、术、技，"道、法"是可以在大学里完成的，那"术、技"是马上可以变成实践的东西。他觉得大学相关教育可以和一些实战性的广告公司去做结合，让他们更多地去大学里面做分享，甚至跟大学生一起完成一些实践项目，这样可以帮助大学生更好地去培养实际操盘的能力。当有了实战经验的时候，再去思考这些法和道，学生就会有新的认识。但是如果不知道这些"术、技"的时候，就去学"道、法"，是稀里糊涂的。就跟拿一本《道德经》给学生读一样，如果没有一定的生活阅历，他很难了解背后的奥义，只是朦朦胧胧地知道，所有的实战和体验才是学生学习的真正动力。

王小塞觉得鼓励对于学生来说也很重要。一是鼓励学生独立思考，一是鼓励实践。当有了实践以后，再去反过来看一些传统的、经典的教育，不断地去验证它。理论观点也有被替代和被突破的，并不是以前讲的那样所有的东西都是对的。有些很经典的理论，现在回头去看，还是觉得非常有价值，而有些是不合时宜的，需要去更新的。学生在学校里到底应该学什么？不要学那些一出去可能马上就被淘汰的东西，而要关注那些本质的东西。同时，多去跟一些实际作业的人去沟通，这才是最重要的。

平台赋能促进未来广告公司变革

广告行业从边缘行业到如今的发展现状，王小塞感慨这是一个大浪淘沙的过程。他说以前广告行业是不被资本看重的，因为广告行业是一个新兴的行业，是一个手工匠人的行业，它需要沉淀和积累。好的创意人不是马上速成的，广告行业的成长性，不像一般的公司，可以指数型成长，它很难做到指数型成长。它的成长在于培养出更多更好的创意人，它的规模效应就目前来讲，还没有被完全地解决。而现在资本进入的很大原因是，传统行业希望更快地借助互联网转型，互联网营销是一个最好的跳板。很多的上市公司纷纷并购广告公司，他们认为转型最方便的就是买家互联网营销公司，因为它的资产相对比较轻。慢慢地有很多广告公司的选择也在变化，一个就是未来可能很多都在网上游走，出现一些依赖数据，和数据结合的广告公司，它们的精准营销可能会形成一些指数化增长的公司。当然，在这过程中，有很多需要解决的问题，比如数据的虚假性、有效性等。

而有些广告公司开始向内容公司转型，只有变成一家内容公司的时候，广告公司才可能会吸引资本介入，然后变成一个更有成长预期的公司。但王小塞始终认为，单纯的创意公司其实不要太依赖于资本，因为很容易被资本带歪，资本是需要成长速度的，就是它会逼迫公司高速成长。但是，很多时候一个公司的成长，特别是像创意这个领域它需要有一个由精到拙、由拙到精的过程，需要一个沉淀的过程。

强有力的行业联合其实是很难的，所以未来更多的是平台式的公司去赋能给工匠，让他们活得更好。工匠跟广告公司有点像，很小型的公司就相当于一个工匠，一个平台性公司去赋能给这些工匠，让他们去做出更好的东西，更好地将创意变现。

王小塞现在意识到消费者对于广告营销产生了"抗体"，消费者可以说是在广告环境里长大的，看了很多优质的广告。所以，广告如果不能跳出传统的形式，消费者就会觉得这就是广告而已。而现在的趋势是广告内容化，广告已经越来越不像广告，但与此同时，广告离它要服务的品牌越来越近。所以王小塞把他的产品内容化，把他的服务内容化和传播化。

现在也有很多商家跳过广告公司，直接和消费者沟通。王小塞说，这其实只是增加企业同消费者沟通的平台，这些平台更像是粉丝平台。他觉得未来更好的方式是企业主自己去运营广告宣传，只有它没有能力的时候，再找广告公司代理。在这种情况下，未来广告公司做的事情并不是日常运营，而是提供创意和特别的想法。

（采访：林钰舜 王 政 马伊娜 金造恩）

Chapter 10

广告界的"故事大王"
——胜加广告总经理、首席创意执行官马晓波

　　马晓波，现任胜加总经理兼首席创意官。胜加被称为"广告界的故事大王"，以故事的力量为品牌圈粉，同时也为胜加揽入无数广告大奖。凭借精准锐利的策略思维和令人震撼的创意能力，胜加广告已为方太、中国银联、中国平安、快手、bilibili、腾讯游戏、海信、添柏岚（Timberland）等多个一线品牌客户提供系统化、定制化的深度服务。从品牌战略咨询、品牌主张提炼及产品故事表达，到包含互联网在内的整合营销传播，胜加创造了一个又一个广为人知的传播案例。其中为方太连续全案服务 18 年。

　　在对话的过程中，马晓波低调风趣，令人印象深刻。他言谈举止亲切，将一个个案例背后的故事向我们娓娓道来。稍有接触，你便能感受到他内心深处涌动着的细腻的故事感，也只有这样的人才能创造出类似《油烟情书》那样的脉脉温情。

掌握行业判断标准，挖掘自身不可替代的价值

马晓波从小喜欢文学和写作，法律专业毕业，毕业初期在甲方工作了一段时间，但他发觉创作才是自己的兴趣所在，或许广告行业更适合自己。他坦言自己是一个比较追求新鲜感的人："我觉得还是每天做不一样的事比较好玩。……在广告行业，你可以认识不同的人，做不同的商品，接触不同生活方式。"

2003 年，奥美原创意总监孙卫东先生创立胜加广告公司。彼时，马晓波已经在甲方担任部门经理职位，他向比自己年长十岁的孙卫东提出想从创意组长做起，孙卫东欣然答应："可以，只要你吃得消。"当年的马晓波虽然没有在乙方工作的经验，但在甲方的工作经历让他知道该如何与甲方打交道。以此他开始了和胜加长达 18 年的不解之缘。

刚刚进入广告行业时，他经历过一段比较累的适应期，很多专业术语听不懂，听同事们讲了之后，他自己偷偷记下来，去查一查。但很快，在半年之后，他就基本上知道了大部分东西是怎么做的、这个行业的判断标准是什么。"我觉得判断标准很重要，什么东西是好的，什么东西是不好的，这一点要学会，这样起码你自己在练习的时候心里有谱。"

在广告行业这一路走来，马晓波认为入行并不难，关键要看自己是不是够喜欢。不喜欢的话，不但做不好，还会做得很苦。同时，表现自我的欲望和沟通的欲望很重要。很多人可能文笔很好，但很容易到达天花板，做到文案就升不上去了，要做到创意组长就需要跟团队、跟客户更好地沟通，需要这个人性格更外向，有更强的沟通欲望。有些人觉得没关系，我就做文案，我可以做一辈子，国外有这样的可能性，甚至有文案薪水拿得比 CCO 还要高；还有一种人觉得上升空间不够，最后就转行了，但是做人也好、做事也好，不管从事什么样的行业，从广告业里面学到的一些基本原理、基本的判断标准，是一辈子受用的。

广告人还必须清楚地知道自己的定位，才能从中找到自己无可取代的价值。马晓波解释："广告人能够帮助客户想生意模式吗？当然不行。人家做的生意比你多很多。广告人更懂行业、更懂技术，还是更懂怎么议价吗？当然不是。"

马晓波认为，每个广告人都需要具备让自己变得不可替代的独特能力，并把它

发挥到极致。比如说，有些广告人擅长洞察别人的需求，他能够准确地把客户内心的想法转化到广告中；有些广告人则可能具备语言的特长，马晓波以他的一位善于翻译的同事为例，这位同事能够在团队需要多语言版本输出的时候，根据各个方案的属性特征进行相应的翻译。而这些都是广告公司里所独有的价值。

用故事表达观点，而观点本身才是核心

《油烟情书》是胜加于 2017 年为方太推出的广告，荣获了金投赏创意奖金奖、中国 4A 金印奖等多项广告大奖。该则广告以女主给男主写过的 1872 封信作为环境背景，以烹饪为线索来展开他们的一世情缘。

该广告呈现形式十分独特，底部是较大的留白，上面滚动播放着手写的情书的文字，整体的人物形象以小人的形式出现。这一独特的呈现形式并不是最初就敲定的，最早的时候马晓波团队设想片中都是情书，用情书组成山、房子等。后来他们受汤唯主演的《黄金时代》里的画面启发，敲定了最后的呈现形式。

拍摄现场有两台摄影机，一台摄影机对着写字的女孩拍特写，另外一台摄影机对着广告中的人物，画面在监视器里面同步合成，这样可以一边拍摄一边不断地调整

方太油烟机《油烟情书》视频广告画面

2017 年，胜加为方太油烟机制作的视频广告《油烟情书》，该片荣获了金投赏创意奖金奖、中国 4A 金印奖等多项广告大奖，广告画面上播放着手写的情书文字，底部是较大留白，人物以小人形象出现，画面上两位主人公互相回头凝视，表现了相识时的场景。

他们的表演，更好地呈现人和字、人和纸之间友好的互动关系。

这一拍摄手段后来被很多片子借鉴模仿，也推动了影视业的发展。但马晓波认为该则广告的成功主要在于观点的胜利。当时方太即将参加国内大型的家电展会，需要展示其作为油烟机行业领导者的形象。马晓波的团队没有从正面宣传方太的销量、市场占有率、科技投入、专利的数量等，而是选择另辟蹊径，找到了一个全新的角度切入。

方太二十多年一直在跟油烟作战，认为它是最大的敌人，想尽办法处理油烟。但当其成为行业领导者，有足够的实力去驾驭油烟、控制油烟的时候，就发现油烟其实是个挺美好的东西：当厨房里油烟升起的时候，就是在有人在为你做饭，为你做饭就是写给你的情书。由此，"油烟情书"的概念应运而生。

"我们讲'用故事表达观点'，但是最原始、最好的东西其实来自观点本身，也就是你对事物的看法产生的改变。"马晓波带给了人们一个全新的看待油烟的视角——"油烟是爱的印记，爱是值得铭记的东西"，这也正是该则广告成功的原因。

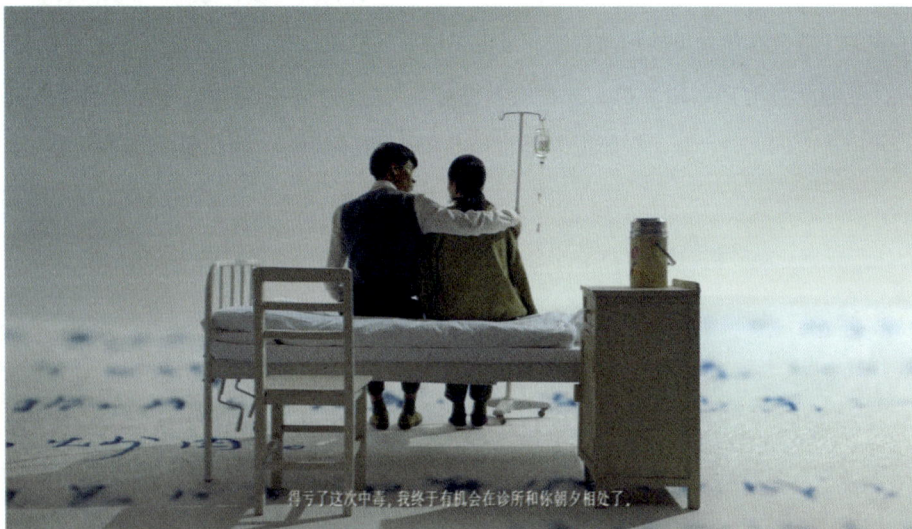

方太油烟机《油烟情书》视频广告画面

画面上两位主人公互相依偎着坐在病床上，配有"得亏了这次中毒，我终于有机会在诊所和你朝夕相处了"的旁白，表现了两位主人公相互扶持、相互陪伴的场景。

"要捡起心中的梦，先要放下手中的碗"

女性在家庭和梦想之间的平衡是一个永恒的社会命题。胜加于 2017 年 4 月制作的《妈妈的时间机器》系列广告，就巧妙地将妈妈的梦想这一故事和方太水槽洗碗机结合起来。

这个曾获得 2017 年金投赏全场大奖的系列广告的创意也来源于一个巧妙的洞察和观点。当时方太的这款水槽洗碗机定价在 12000 元左右，比其竞争对手西门子贵了两倍多，但洗碗机的整体使用功能差异并不大，因此就需要给其增加附加价值感。马晓波团队联想到了时间的概念："水槽洗碗机也许只能卖五六千，但是它如果是台时间机器的话，它最终生产的其实是时间，它可以每天帮你多创造一个小时出来，价值就不一样了。"

方太水槽洗碗机《妈妈的时间机器》系列广告

《妈妈的时间机器》是 2017 年 4 月马晓波团队为方太水槽洗碗机制作的系列广告，曾获得 2017 年金投赏全场大奖。广告巧妙地将妈妈的梦想这一故事和洗碗机结合起来，表达"要捡起心中的梦，先要放下手中的碗"的观点。

随着经济的发展，全职妈妈的数量也在增多。研究数据表明，90 后全职妈妈的数量以每年 20% 的增长率急剧增加，马晓波团队敏锐地注意到了这一群体，做了充分的市场调研。"我们当时调研了很多妈妈，小到 1989 年、1992 年的，大到 60 后的都有。我们问她们一个问题，如果你们生活中多一些时间的话，你们干吗？"马晓波得到了 150 多个有趣的答案，从中得到了很多灵感，而一个有趣的观点也由此诞生——"要捡起心中的梦，先要放下手中的碗"，你的人生什么样取决于你把时间花在什么地方。

第一则广告讲了一个全职妈妈的科幻梦，这则故事的主角以 J.K. 罗琳为原型，"很多时候故事中的人物并不是虚拟出来的，一定要有一些现实当中的原型，你写出来的人物才会有说服力，可信度才会高"。故事没有着重描绘她的梦想有多华丽、赚了多少钱、取得了多少成就，而是着重于她的作品影响了多少人。在推广这则广告时，马晓波找了许多作家在微博上推广广告中的这本"新书"，许多消费者都误以为这是一本真实存在的书，甚至纷纷到电商平台上搜索。马晓波笑道："有时候讲故事，就是在跟观众斗智斗勇，你想着怎么'骗'过他，怎么让他们信以为真，这是一个很有趣的过程。"

数字营销时代的消费轻决策和品牌轻表达

方太是马晓波合作多年的老客户，他们的合作从 2003 年一直持续至今，从传统的营销方式到如今的数字营销，他们的合作见证了中国广告行业的变革，广告的形式和媒介投放发生了很大的变化，但不变的是广告中的洞察和策略。

随着互联网在中国的普及，马晓波和方太的合作也向数字营销转化。在这期间，伴随着中国家庭的收入增加，消费升级，人们购买产品的决策模式也发生了变化。以前像油烟机这样的耐用品被称为重决策产品，购买者需要反复比较，但如今人们购买油烟机已经不再像以前一样。随着电商的兴起，消费者在电商平台上的购买比重逐渐增加，有时候消费者不进店，只是在电商平台上看到这个产品，就会直接进行购买，这时更需要讲故事去引起他们的好感。营销的重点从前端的导购逐渐转向后端的品牌营销。

同时智能手机的普及培养了很多新的消费习惯。手机的更新换代越来越快，消费者对电子类产品的决策也越来越轻，渐渐把耐用品当作快消品来买。由于消费者购买习惯的改变，越贵的东西就需要越轻的表达，"在你的产品和其他产品相比没有技术上的颠覆性的优势时，讲故事反而效率更高"。

而方太当时也面临着一个新的时期，它与老板两个品牌在中高端市场的合计占有率已经达到了 80%，它需要确定自己的差异化的品牌形象。"那个时候我们发现，讲故事就可以卖货，而且越是中产阶级，他越会喜欢这个东西。反而收入低一点的话，还是需要更多功能性的一些表达。"

因此，马晓波在为方太进行的营销策划中更加注重品牌背后的故事。无论是《妈妈的时间机器》还是《油烟情书》，本质上都是在讲一个故事。这些故事中的感动人心的细节都来于马晓波团队日常生活中的经历。胜加公司的主力员工以 70 后、80 后为主，有自己的家庭生活和丰富的阅历，"很多时候你只要映照自己的人生就差不多了。有时候写完之后，你可以问问家人，可以问问自己的太太这个故事怎么样，他们有时候会给你一些很直接的反馈"。

尽管马晓波拥有一流的讲故事的能力，但他认为广告最重要的、到最后拼的还是洞察和策略。"我觉得对于讲故事这件事情来说，只要讲对，不讲错，就已经基本上符合要求了。"一个优秀的广告，既要有策略也要有创意，要用策略去指导创意，让策略得到更好的贯彻。

从小众的分野走进大众的视野

《踢不烂，用一辈子去完成》是 2018 年添柏岚中国区总经理 Olga 请胜加广告公司做的一条视频。影片从一双饱经风霜的添柏岚大黄靴回到最初的起点开始，回顾了一个年轻人进入社会后成长的十多年。走过山川，走过溪流，走过城市，有过迷茫，有过挫折，有过离别，也有过相遇，但每一天太阳升起时，又都是全新的一天。一双真正独一无二的添柏岚需要用一辈子去完成，一个人也要用一辈子去诠释"踢不烂"的精神。

2016 年，W 上海为添柏岚拍摄的年度品牌影片《真是踢不烂》，将品牌形象与大黄靴的产品特点融合，成功传达出了添柏岚的"踢不烂精神"，不仅影片本身斩获了许多奖项，也对添柏岚的销量与口碑产生了很好的促进。

有了这样的珠玉在前，对下一个接手的人而言势必是一个挑战。2016 年，添柏

《踢不烂，用一辈子去完成》视频广告封面

《踢不烂，用一辈子去完成》是 2016 年马晓波团队为添柏岚制作的品牌形象广告，曾获得金投赏创意奖金奖等多项奖项。影片由马晓波团队提供脚本与文案，王砺珉执导，用一双大黄靴贯穿全片，展现了一个年轻人初入社会经历的十年人生，去诠释"未完成"这一概念。

岚中国区总经理 Olga 找到正处在上升期的胜加广告公司，希望他们参加比稿。胜加团队有过犹豫：如果做不好，会很没面子；即使做好了，也可能会有人说，还不是以前基础打得好。许多人认为，当时的胜加没有必要冒这个险，但马晓波却认为这是个有趣的挑战：只有给自己一些压力，才能完成更好的作品。对于胜加而言，这也是这家本土公司第一次接手面向整个亚太地区的案子。"那就去做吧。"

"踢不烂"这个名字是添柏岚的粉丝给它的昵称。马晓波认为，这对于添柏岚而言是一个非常难得的品牌资产：并不是所有品牌都有机会从粉丝那里得到一个很好的外号。"踢不烂"不仅传达了品牌的气质，也很好地表述了产品的使用体验，替代了原来的名字，成为了一个口口相传的昵称。

2016 年的《真是踢不烂》更多的是表达一种态度，一种执着、坚定和勇气。而 2018 年胜加广告打造的《踢不烂，用一辈子去完成》，则是要传达"未完成"的核心概念。马晓波说，在和 Olga 交谈时，他提出如果还是沿用"真是踢不烂"的概念去讲故事，那只是对过往的延续。添柏岚在当时已经拥有一大批粉丝，它的经典产品大黄靴也是一款百搭单品，但它在国内依旧是一款小众的产品，很多人不愿意去尝试这样一双笨重的靴子。马晓波认为，添柏岚需要设定一个新的商业目标：从小众的分野走进大众的视野。

基于添柏岚大黄靴的价位，马晓波团队在选择目标消费者时瞄准了年龄层稍高的中产消费者。对于刚毕业的年轻人来说，购买一双1400元的大黄靴所需要的决策成本是很高的。马晓波想要争取的是收入较高而决策成本比较低的人。问题的关键在于，如何说服这些人，你的鞋柜里可以多一双"踢不烂"。

马晓波需要一个理由。他的团队研究了许多种类的鞋子，他们发现，很多鞋子，尤其是这种高价位的鞋子，都是需要保养的。但他们观察到，大部分添柏岚的消费者从来不会去刻意保养这双大黄靴，他们把这双鞋当拖鞋穿、当雨鞋穿，甚至回到家中鞋带都不松，直接一脚把鞋甩掉。这就是一双"踢不烂"的鞋。

同时，这也是一双越旧越好看的鞋。岁月的痕迹让它变得更有质感。许多圈内的行家甚至会直接上二手平台购买旧的大黄靴去穿，他们觉得这比一双新的大黄靴更美。这也是一双"未完成"的鞋。

这样一来，策略的闭环就形成了：马晓波想要争取更大众的消费者，他瞄准的是购买力强、决策成本低的中产消费者。对于一个轻决策，只需要一个很轻的理由就可以了，这个理由就是，你的鞋柜里缺一双越穿越好看、越旧越好看的"踢不烂"的鞋。

《踢不烂，用一辈子去完成》讲的其实是一个非常朴素的故事。马晓波是这样去形容这部影片的内容的："想象一下，你在大学刚毕业的时候，有过这样一双鞋子。然后一个普通人会经历什么，这个故事就要怎么样去表述。"

一开始刚毕业的时候，他会去饱览大好河山，去旅行；慢慢地他开始工作，有时候会被老板批评，会在很自得意满的时候，突然遭遇一些挫折。终归有些朋友会离开你，终归有些人没办法和你一路同行。甚至有时候，我们会走对路，有时候也会迷路，也会吃各种各样的苦。但是到最后，每天早晨起来时候，感觉自己又是全新的。

它没有特别标新立异的视角或态度，它诉说的就是一个普通人十年或二十年的成长。如果说《真是踢不烂》是三五志同道合的朋友在把酒言欢话往事，那《踢不烂，用一辈子去完成》追求的则是与更多人的共鸣，它更贴近一则大众广告。

马晓波团队依据成长线与地域线设定了非常细致的脚本，去体现"未完成"的概念以及添柏岚作为户外鞋靴的性能。拍摄时，导演加入了一些即兴发挥的镜头，比如给主人公剪头发的片段，为影片注入了许多灵气，但是成片中差不多90%以上的内容，都是已经被脚本设定好的。

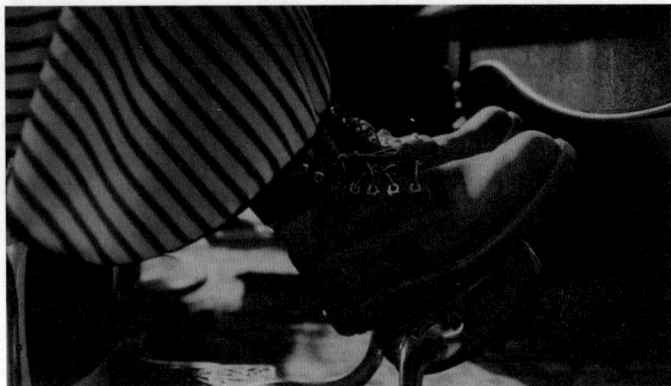

添柏岚品牌形象广告《踢不烂，用一辈子去完成》中的理发镜头

最终成片 90% 的镜头都是马晓波团队脚本中设定好的，但拍摄过程中导演的即兴发挥也为影片注入了许多灵气。剪头发的这一幕正是拍摄途中导演临场加入的剧情，给许多人留下了深刻的印象。

马晓波认为，这部片子的成功并不是靠多么出奇制胜的创意，而靠的是基本功：文字写得很扎实，画面设定很扎实，音乐、拍摄……所有东西都非常扎实。"你可以没有非常精彩的创意，但哪怕是一个普通的创意，哪怕是只有七十分的创意，也要做到一百分的执行。"

这也是马晓波近年来个人最喜欢的一个案子。他认为，这部片子穷尽了他对一则广告的所有想象，它展现出了广告的价值。它不仅对添柏岚该年的生意起到了很大的促进作用，它还"出圈"了。广告刚发布时，他看到连他的圈外朋友都在转发。直到今年，他还在一本杂志上的一篇对年轻人的访谈中看到，有人说《踢不烂，用一辈子去完成》帮自己做了一个很重要的人生决定。他始终觉得，不论外部环境如何变化，做广告的本质始终是说故事，说好故事。好的广告永远是能够输出价值的。

广告是一场了不起的冒险，创意人要大胆一些

马晓波曾表达过对策略和创意的不同的看法："策略有时是一件非常理性的事情，需要数据分析，而创意是很主观的事情。没有一个创意人会说，我要非常理性跟严谨地去做一个创意。"马晓波认为，做创意一方面不要突破底线，避免那些会引发负面

的、给品牌带来麻烦的东西，但另一方面，创意保留了很多感性的判断，包括了很多代表个人喜好、经验的东西。创意人就应该胆子大一点，将这些东西保留下来。

秉持着这样的观点，马晓波在和杜蕾斯合作的过程中，坚持了自己的选择，最终帮助杜蕾斯在 90 周年之际完成了"再向前一步"的品牌转型。在杜蕾斯 90 周年品牌宣传片中，马晓波帮助杜蕾斯完成了三点升级：一是从性到爱，爱的宽容性比性更大；二是从追踪社交热点转变为制造一个社会事件，这需要做更多社会实践性的事情，帮助品牌摆脱追热点的段子手的形象；三是增加品牌的厚度，不再只谈性感，而是关注普通人在恋爱中如何突破种种限制。

杜蕾斯 90 周年广告《再向前一步》

该广告是马晓波在 2019 年为杜蕾斯制作的 90 周年品牌宣传片。通过四个不同时代的爱情故事，影片帮助杜蕾斯完成了"再向前一步"的品牌转型。画面描绘的是 2019 年的年轻一代为了爱情再向前一步。

基于这三点，马晓波确定了宣传片的内核：弱小个体坚守爱情，勇敢抵抗命运和时代的浪潮，而杜蕾斯则是见证爱和承诺的"信物"。在最终版本确定之前，马晓波拟定了两个版本的表现方式。另一个版本在情感表达上更细腻一些：阻碍我们爱情的可能并不是外界的对手，而是我们内心。但最终马晓波还是选择直接树立一个对手。他认为，首先，性是一个很本能的东西；第二，树立一个更加直观的、强大的对手，整个剧情的戏剧冲突会更强。因此，他放弃了本可以更细腻的表达，选择了最外显的方式去呈现。

在选择在影片故事时，马晓波做了第二个大胆的选择。宣传片一共有四个故事，其中一个是二战期间，西欧战场上一等兵亨利和战地护士艾米相恋的故事。马晓波介绍道，这个故事的原型是二战时一对英国的情侣，在征兵前，女孩给士兵一个避孕套，作为士兵活着回来的信物。当时客户提出要放弃这个故事，但马晓波坚持一定要把它拍出来。

当然，马晓波还是有一些遗憾。在被删除的版本中还有一个讲述 1998 年中国人门第之间的故事。他认为这个故事单薄了些，"感觉像从一部电影变成了一部偶像剧"，便放弃了这个故事。当时犹豫了很久，客户想保留，以拉近和中国消费者的距离，但马晓波为了避免影响整个片子的气质，坚决主张放弃了这个故事。回顾当时的决定，马晓波坦言，放在现在他有可能会选择保留这个故事，因为普通消费者对影像品质的感知，其实没有专业人士来得那么强烈。马晓波笑了笑说："不过所有的东西，最后都需要做选择。所以我觉得广告还是一个充满偶然性的东西。"

马晓波说，做案子有十之六七可以达到基本的预期，其实已经是非常了不起的事情了；大部分时候，执行过程中总会出现一些偏差。

在做艾美特电风扇的案子时，马晓波曾有很美好的设想："我是想卖风，是更高品质的风，将传统的电风扇赋予内容共创和社交的元素。"艾美特电扇有 64 档可调控的风。在马晓波的设想中，风可以被设计，比如还原一个人 17 岁的少年时代在三亚的海边吹过的那阵有初恋感觉的风，比如一个北京的用户和上海的用户可以通过风力的设置共享双方的体验。他想"用风力来分享情感和人生的经历。"最开始，客户支持这个想法，表示愿意升级服务器，让风力共享得以实现，但最后由于技术条件的限制，这样一个有趣的设定没有能够完成。

在影片拍摄的过程中，马晓波也遇到了意料之外的难处。一开始他设计了一场实验：在仓库中布起激光线，向观众呈现预设的飞行轨迹，然后用一镜到底的方式，拍摄羽毛在艾美特电扇稳定且精确的风力控制下按照预定的轨迹飘出天窗。"哪怕拍摄三天四天，哪怕经历几十次上百次的拍摄，必须这么拍出来，在真实的状态下完成这些拍摄。"但是在实际拍摄时，制作公司不守信，前来执行的是一个视觉系的、缺乏实验经验的导演与团队。最后的片子没有完成他的设想："它只是一个看上去挺漂亮的东西，但缺乏真实的力量。虽然客户很满意，但对我来说它是一个失败的东西。"

马晓波说，我们平时关注到的成功案例都被大浪淘沙过。许多案例的初始设定其实非常精彩、创新，但最后因为种种原因没有达到预期。"广告有时候很冒险，从策略到创意是一道坎，从创意到执行又是一道。所以每一个出街的案子都不容易，都值得鼓励。"

放弃纯交易执行的促销业务，专注品牌核心创意和价值观

多年来胜加坚持提供核心的广告服务，对行业内外甚是流行的"双微"运营不屑一顾。在马晓波看来，双微营销没有实质的专业壁垒，属于非内行团队都能执行的运营，因此它并不符合胜加的定位。这类执行层面的营销模式也无法得到甲方公司内高层的注意。相比于关注乙方所发出的双微内容，企业的高层更关心的是乙方能够提供什么样的品牌策略与主张。这种需求对胜加定位的选择是关键性的。胜加相信，只有通过与高层对话，才能掌握更多执行的话语权，以便更好地实行方案。

马晓波觉得，他从双微运行中所能获得的价值感太微小了。他认为，他们正在创造我们这个时代的经验。这也符合他们一开始做创意的初衷：留下一些可以被下一代创作者借鉴的内容。因此，他们对成功广告的定义就是制作出一些更富有长期影响力的创意作品。

另一方面，从生意角度来看，双微运行费时费力。团队必须每天24小时保持时刻高度关注的状态，随时准备跟上任何如其来的热点。这并不是马晓波追求的生活："我不想这么过日子，我觉得这样做太苦了，没意思。"

在接客户时，胜加也是精挑细选。他们倾向于选择和胜加总体气质、价值观较为匹配的合作方。胜加一般不接对专业性要求度不高的促销型广告，期望制作出的方案和合作的品牌能对大众输出正确的价值观。这是胜加的专长，也是他们的关注焦点。

现在的中国广告业处于黄金时期，广告人的话语权变得更大。这个时代的宽容度有显著提升，它可以允许各种各样的广告公司去做不同的事情，去丰富行业面貌，去尝试，去挑战。

提到胜加在中国广告行业里扮演什么角色时，马晓波这么说："做一些和自身的气质相匹配的事情。我们更喜欢做像品牌核心创意和价值观这样更加持久的东西。"确实如此，上海胜加广告到目前为止完成的众多案例都有一大特点——用故事来表达观点，并且胜加表达的观点通常是偏于价值层面的。也正是因为这样的业务偏好，胜加广告公司会放掉一些东西，例如以阿里系电商为代表的纯交易的促销业务等。

马晓波坦言：在中国，在做广告核心创意方面，没有几家广告公司比胜加更优秀。胜加广告公司对核心业务的自信一方面来源于这十多年来业绩的不断提升，另一方面

源于他们在做最喜欢的东西的同时，也在为社会创造一些价值、传递一些想法。

宏观层面的核心创意业务并非凌驾于其他的广告业务之上的，真正健康的广告行业是能够容纳众多不同类型的企业的，比如说有些公司专注在策略层面，有些就是把创意做到极致，有些则提供非常多元化的整合服务。此外，不同公司的业务对接的领域也不同：有些公司做汽车行业的广告特别厉害，有些则擅长化妆品领域，还有些公司只做电商转化。

只要做的内容没有违反公序良俗和广告的行业规则，时代都允许他们的存在。对越来越开放的社会来说，风格多元化是好事，从审美上来说没有绝对的对错。

至于不同价值内容的广告业得到的公众流量是否平衡这一话题，马晓波老师认为，它可能不是绝对公平的，一些哗众取宠、投机取巧的文字或设计可能会吸引大批目光，但这并不能长久；真正能留存的东西一定不是这些为了博人眼球而生产的内容。所以，应该用正确的价值态度去做广告，用开放的态度去看待行业百态。

种类更加多元的广告公司，才能适应目前行业多元化的发展。因为中国的体量很大，客户的类型和发展状态也是千姿百态的。所以从本公司的角度来说，做自己最想做也最擅长的东西就足够了。"广告公司没有上下之分，只有创作能力的高低；三千弱水取一瓢，你就喝你想喝的那一口就行。"马晓波老师这样说。

"把握国内广告业的决策权"，"做能留存下来的东西"

中国的广告业正在经历数字化转型。"数字化"是当下行业发展无法避开的一大趋势，数字化环境逐渐渗透到传统广告行业之中，面对新浪微博、微信公众号、哔哩哔哩、自媒体人营销等数字化方式的挑战，走传统道路的"讲故事"模式如何能站稳脚跟并得到持久发展和壮大？

胜加自 2003 年成立以来，一直以"把握国内广告业的决策权"为目标，这也恰好和胜加业务的偏好相符——加更喜欢和客户高层进行对话，帮助客户实现品牌核心创意的表达。这样的方式看似传统，但也正是因为用传统的"讲故事"的方式，胜加才可以在广告行业日新月异的发展态势下把握最核心的东西——人，了解人们到底想看什么、人们到底在怎么思考。

马晓波用他对"品牌年轻化"的看法具体说明了什么才叫"把握人这一最核心的东西"。"品牌年轻化"这个词常被人挂在嘴边，随着年轻消费群体的消费能力的提升，他们确实成了各大品牌的关注点，但要做到品牌年轻化，可不只是吸引年轻人的目光这种表面上的事情。马晓波认为，"品牌年轻化"是一个长期的命题。品牌保持年轻的方式并不是让宣传一味地跟随热点、迎合年轻消费者的口味，而是需要专业的广告人多听、多看、多了解，形成更完善的知识架构，在此基础上努力做好创意和内容。好的创意和内容自然可以吸引消费者，而不用费心劝说消费者。

在广告圈摸索了 16 年，马晓波得出的经验是在广告制作中，制作团队的洞察力和整体策略依然是最重要的。这个领悟反映在了胜加在广告制作方式上的转变。在创立前期，胜加更注重研究客户的产品，以便完整地传达出产品的所有卖点。而现在，胜加则更注重于为产品和品牌创造一个个独特的故事。

"故事就是用更加巧妙的方法去完成对一个信息的包装。故事的维度有很多。"如马晓波所言，除了情节以外，人物、地点和冲突都是故事构成的一部分。胜加的强项就是能够为产品量身定做属于它们的独特故事，帮助客户把一个复杂的科技原理表述成简单易懂的资讯。

讲好一个让观众产生代入感的故事需要的不只是灵感的爆发，还需要精心打磨大量的细节。马晓波说："这些细节，只要平时稍微多关注一下自己的生活，再做一些艺术化的处理，就差不多了。有时候去观察人情世故的东西，职场也好、家人之间的关系也好，它就会产生出很多微妙的东西来。"

胜加的很多创意方案都是创作团队成员们各自生活的照映。胜加的主创团队主要由 70 后和 80 后组成。这个年龄层的人有充分的家庭生活和生活阅历去发掘日常生活中的不平凡。马晓波自己方案的审核方式之一就是在写完后先让身边最亲的家人过目，让他们的评价。他认为，有时候家人给予的反馈是最为真实直接的。

对于说故事这一任务，马晓波也强调必须带有策略性。除了表达出的产品基本信息不出现错误以外，胜加也会针对不同的目标群体制作不同的广告策略。马晓波认为，在广告制作中，策略和创意必须并存。再优秀的创意也需好的策略来指导。"无论是针对年轻人、针对新人，还是针对中产，面对不同的圈层，你都要讲他们感兴趣的东西。我觉得这两者（创意和策略）并不冲突。"

经过十多年的发展，胜加将"观点用故事来表达"的能力发挥到全新的高度。胜加经历了发展的不同阶段，面对的竞争对手也在发生变化。发展早期，胜加主要和国内本土相类似的广告公司竞争；当胜加把团队发展到百人以上后，竞争者主要来自服务业；再到近几年，胜加对标对象已经从创意热店转化为国际 4A 公司和咨询公司。胜加始终坚持做最想做的事情，公司的业务能力在稳步上升，现在的胜加正在和 4A 公司、咨询公司竞争全案的代理。

广告虽然是商业性质的东西，但从价值层面去理解，这一代出色的广告人正在创造当下时代的经验和价值，"做能留存下来的东西"是马晓波在接受采访时多次强调的。胜加喜欢做宏大的重要的东西，不喜欢做短平快的应用。他举例说：在二十年前，广告人谈论什么是好广告的时候，会想到立邦漆的广告；那么未来十年的广告人会谈论什么呢？这就是现在的广告人要的任务——做可以留存下来的东西。

立邦漆的经典广告（内蒙篇）

该广告是立邦漆在 20 多年前投放在中国市场的，视频的主要内容是：在中国内蒙大草原上，有一户人家用立邦漆将房子的屋顶和墙壁刷成了鲜艳美丽的颜色，吸引了当地人的目光，于是村落里家家户户都开始用立邦漆给房子刷上颜色，最后村落变成了五颜六色靓丽的样子。这则广告的主题广告语是"处处放光彩"。

广告灵感源于生活，广告话语权取决于专业

广告行业的从业门槛确实不高，但这并不意味着广告行业缺乏专业性。

一方面，广告是很生活化的产出，好的广告来源于生活的灵感。一些经典广告恰恰是运用触达人心的细节完成了一个较大的价值观的塑造，喊出了一群人的主张，讲明白了一些真理，所以当代广告人更应该多关注生活。

同时，如今的广告业也越来越专业化。国内外广告公司多如牛毛，出色的广告公司也不在少数，广告公司的生存质量较以往有了显著的提升，人们都认为广告应该交给专业的广告公司来做。但如今，也开始出现品牌方公司自己成立创意中心负责广告宣传的现象。马晓波认为，从"专业分工"的常识上判断，这样的创意中心远比不上专业的广告公司，这样的行为在某种意义上也是对广告专业性的蔑视。因为优秀的广告人不会去这些品牌公司下的广告部门，没有优秀的人才资源就很难有优秀的产出。

广告源自生活，但同时具备专业性，这是当代立志于从事广告行业的年轻人应该树立的观念。在信息泛滥的时代，网络信息良莠不齐，博眼球的东西不少。在此环境下，专业广告人的素养和责任心就显得尤为重要。创作出优质的内容并让更多人看见，歪门邪道的影响自然会变弱，广告人要学会用专业的内容巩固话语权。

（采访：罗晨霞　何其乐　顾嘉怡　曹宇琪　刘妍宁　许秀雯）

Chapter 11

"全球思维，中国市场"
——F5 创始人范耀威

范耀威，新一代创意机构 F5 首席创意官，2019 年戛纳国际创意节主题演讲嘉宾，2020 年美国 One Show 创意节评委，曾任上海恒美广告公司（DDB）执行创意总监、李戈斯雷尼（Leagas Delaney）创意总监、上海奥美创意总监，近二十年创意生涯，创造了辉瑞《莫扎特 80 岁音乐会》、美的空调 *Singing Window*、淘宝直播《功夫主播》、支付宝《赏个脸呗》、星巴克《用星说》社交礼品战役、央视公益广告《妈妈的心跳》等杰出案例。范耀威身上有着太多的光环，但这些光环并没有让范耀威有距离感。范耀威被戏称为"广告界的钟汉良"，他有着儒雅的外貌和气质，但待人接物毫无架子，让所有和他接触的人都觉得离真实的广告界近了许多，也能体会更深的生活感受和专业领悟。

成立 F5 是范耀威的选择，更是时代的选择

如今，中国经济总量虽然已经超越了日本，GDP 排名仅次于美国，位居世界第二，但是在人民富起来的同时，中国经济并没有大幅带动本土创意产业的发展。我国的创意产业依然还较为落后，排名仍在十名开外。与此同时，反观世界广告业，每一个发达国家基本都拥有一家能够代表这个国家创意产业发展水平的世界级广告公司，比如坐落于美国麦迪逊大道上的大量 4A 广告公司、英国的百比赫广告公司（BBH）、德国的戎马广告公司（Jung von Matt）、法国的阳狮、日本的电通。然而，中国却没有一家能在国际舞台上被广泛知晓的、代表着中国创意产业发展标杆的广告公司。

在这样的大背景之下，范耀威最终放弃了在奥美和 DDB 的创意总监工作，选择成立 F5。在范耀威眼里，成立一家全新的公司是挑战，更是时代赋予他的一次机遇。随着经济的高速发展，如今广告人将得到更多的机会去展现创意。此外，客户也愿意在广告上投入更多的资金。经济上的支持、社会需求的扩张和人才引进及高校广告学教育体系的逐步完善，让当代广告人在创新尝试的路上，不仅受到的阻力变小，甚至还能获得更多的推力。在这样的契机下，范耀威怀着创办一家能够真正代表中国水平的世界级广告公司的梦想，将 F5 推到了众人面前。

F5 是 2016 年成立的一家新型创意机构。"F5"在电脑键盘上为刷新键，用来刷新网页浏览器或资源管理器中当前所在窗口的内容。"我们以 F5 为公司的名号，时刻警醒自己，永远不要做第二个吃螃蟹的人。"范耀威说。F5 这个创意机构与数字营销紧密相连。"我们打破传统与数字的界限，视所有的产品为品牌内容，每一件作品都应当在社会上引发广泛的反响。"

F5 的人才观：全球思维，中国市场

在范耀威看来，目前中国市场上的广告人大致可以分为三种。第一种是来自其他国家的优秀广告创意人。他们在国外成长与生活多年，来中国做一些广告创意、策略和经营管理工作。他们的优点在于掌握了国际上先进的管理经验和创意思维，但是他们对中国文化、中国社会和中国人的洞察与理解相对较弱。

第二种是在中国本土公司工作的广告人。他们是土生土长的中国人，在广告行业奋斗打拼多年。他们非常了解中国文化与市场，但是缺乏一定的全球化思维，在和国外同行交流时相对困难，不能够及时地吸纳国际上先进的管理理念和创意思维。

第三种人则是深耕中国市场，却同时拥有海外经历的广告人。他们本身是土生土长的中国人，但是因为具备了国外留学与工作的相关经历，不仅能顺利地与国外同行交流，及时且广泛地学习国际上的优秀经验，同时他们还能精准洞察和理解中国用户的消费心理，擅长运用世界上最先进的思维方式、最好的资源和工具来经营本土生意，与众多国际品牌合作，创造出许多精彩绝伦的广告作品。

F5 要吸纳的正是上述三种中的最后一种。

广告人是锤子，世上任何问题就都是钉子

在人才的选拔和培养上，F5 特别注重以下三类人才。第一类是策略型人才。在 F5 的考核标准里，广告策略非常重要。他们就像战争中的谋略家，为军队提供军事指导思想，在运筹帷幄之中，决胜千里之外。第二类是创意型人才。他们代表着军队的战斗力，是一支军队中最重要的力量。在广告业里，军队正是靠着创意去与敌人厮杀较量的。范耀威就是创意军队中的一员猛将。第三类则是技术型人才。在如今的数字化传播时代，技术可以创造出很多前所未有的体验，能帮助品牌在消费者心中留下更为深刻的印象。由此，创意、策略和技术类人才在一支优秀的广告业战队里，已然成为非常重要，且环环相扣、必不可少的战斗力量。

值得一提的是，F5 在选择人才的时候并不过多地看重面试者在广告专业知识上

的积累。相反，F5 认为，比起照本宣科来，真正投身广告行业进行实践才是更好的学习方法。但这并不意味着 F5 就没有自己的人才考量标准。

范耀威表示，公司更看重员工对专业以外事物的认知和理解。如何理解社会、看待热点事件、解读人，是否对于天文、地理、文化、历史等领域知识都有所涉猎，才是公司考量员工的重要指标。因为创意就是旧元素的新组合，只有当广告人的脑袋里已经具备了大量的学识与思考，才能最终将其编织成创意的素材。假如广告人只是一把锤子，那么在他眼里，世上任何问题就都是一枚钉子，本身只能匹配一个解决方案。但是如果广告人能有很多想法、创意和解决方案的话，做起事情就会更加顺畅和高效。

F5 的公司文化从来就不是加班文化。员工们做到下班时间就可以结束工作了，而这样固定的工作时间就意味着员工必须是能干且高效的。创意人、广告人不应该花太多时间在工作上，而应该多花一点时间在体验生活上，去旅行、读书、看电影，去玩，去认识陌生人。广告人应该从各个方面汲取创意的营养，这样才能变得更好，形成一个良性循环。否则，日日夜夜沉醉于工作与加班，人的思维自然就会变得落后和迟缓，难以想出好的创意。而这样恶性的结果将导致更多源源不断的加班，最终使得整个公司的氛围变得毫无生气。

拒绝跟风，做第一个吃螃蟹的人

好的广告创意讲求出奇制胜。当所有人都认为应按照某种方式去做时，广告人大可以尝试选择另一条路。当所有人都向左看齐时，偶尔向右看看，会发现一番不一样的风景。就像一大堆白色的羊中混入一只黑色的羊羔，一簇簇绿叶中绽放一朵鲜红的玫瑰，都会变得非常显眼。广告并不需要随大流，随大流在最好的情况下也只会成为第二个吃螃蟹的人，相应地会失去在这个市场上抓住别人眼球的能力，所以创新也意味着做一些不跟风的、彰显自己个性的事情。比如大众汽车曾经创造过一个很经典的广告，叫作 Think Small（想想还是小的好），这就是一个伟大的创意，至今无出其右者。

1960 年，大众汽车在美国市场上毫无竞争优势。他们所生产的小型甲壳虫汽车在美国既不受欢迎，也毫无影响力。在当时，政府大力鼓吹"美国梦"，人民忙着奔向小康，这意味着"大"才是成功的标配。在街上走走就会发现，人们喜欢烫大大的爆炸头，举办伍德斯托克等大型音乐节，支持国家大冒险"登月计划"。密歇根大学罗斯商学院玛德琳·梅纳德（Madeline Maynard）认为，"在这一时期，汽车比任何商品都更能象征成功"。而大型汽车则是成功与身份的象征。

除此之外，由于大众汽车在二战期间始终被认为是纳粹的战争机器，直到战争结束后，人们依然将甲壳虫称为"希特勒车"，认为美国本土品牌凯迪拉克和通用等才是正确之选。大众品牌因此吃了大亏。在这种环境下，1958 年，甲壳虫在美国仅仅销售了可怜的 15 万辆车，眼看就要关门大吉。然而，在 1959 年推出的 *Think Small* 等一系列创意爆棚的广告却拯救了这家公司。到 1963 年，大众在美国市场上的销售量就已经突破 100 万辆！

1960 年，大众汽车旗下的甲壳虫品牌汽车销量不佳，DDB 广告公司开创了一种前所未有的运作模式，伯恩巴克创造的这句"想想还是小的好"（Think Small）的广告语，运用广告的力量，改变了美国人的汽车观念，使美国人认识到小型车的优点。广告中，一辆小小的汽车停在广告画面的中央，周围是广阔的空间。大众公司的甲壳虫轿车的广告创意适时地拯救了大众，使得甲壳虫轿车迅速打开美国市场，并在很长一段时间内稳执美国汽车市场之牛耳。

本质上，*Think Small* 的成功之处在于对大众文化的挑战。"这是看起来很低调，但实际上让读者很震惊的一件事"，它让读者思考"也许买一辆小型车也是件好事"。有专家评价这次营销事件：在不断地追求着更"大"的时代里，"想想还是小的好"

才是真正巨大的改变。其实这也从侧面反映出很多大型企业往往要等到大难临头时才敢做创意广告，在破釜沉舟之际狠下心来放大招。而很多好的广告创意本身就需要真正的胆大才能做好。

全球跨界共创：F5 的新型商业模式

"2020 年，全球疫情促使商业巨头们重新思考自身使命。作为 2019 年全球制药企业 50 强之一的、号称"宇宙大药厂"的辉瑞制药意识到，在长远的未来，世界公共卫生和生物医药领域需要的不仅是大量的资金投入，还需要更多新鲜血液的加入。面对这个史上最难毕业季，辉瑞希望通过一场品牌营销，向医药行业的年轻人传达品牌的社会责任感和价值，吸引更多年轻的血液加入辉瑞。

对于当下的毕业生和在校年轻人来说，各大企业校招片子层出不穷，但普遍缺乏记忆点和参与感。如何在校招季成功突围，引起年轻人的关注？如何在有限的预算内，提高品牌的影响力和知名度？不按常理出牌的 F5，决定用一场创新的线下活动，集中体现品牌的科技感、精英感和社会关怀。

创意基于一个大胆的猜想：莫扎特 35 岁死于细菌感染，假如他的生命得以延续，我们的文明星河是否会更加璀璨？

基于此猜想，F5 开启全球共创模式，利用 OpenAI 发布的 AI 音乐创作的深度神经网络——MuseNet[1]，联合荷兰多媒体艺术家特奥曼·萨利赫·阿戈兹（Teoman Salih Açıkgöz）、奥地利知名作曲家库尔特·施密德（Kurt Schmid）、国内知名音乐家郑仁清教授，结合莫扎特的作品风格和时代特征，编写了莫扎特在 40 岁、60 岁、80 岁的三首交响乐。邀请到上海爱乐乐团、钢琴家葛灏和何南南、指挥家赵晓鸥，科学可视化研究机构美丽科学在上海交响乐团音乐厅开启了一场顶配的奇幻音乐盛典，实现了新技术与想象力的完美联姻。

1.OpenAI，是一家由硅谷、西雅图诸多科技大亨联合建立的人工智能非营利组织。2019 年 4 月，OpenAI 发布了其 AI 音乐创作的深度神经网络——MuseNet，它可以使用 10 种不同风格如乡村乐、莫扎特、披头士乐队等，生成 4 分钟的音乐。

莫扎特 80 岁音乐会

利用新技术复活莫扎特，就是向选择医药行业的年轻人传达行业的使命：让更多生命得以延续，让每一个人都能为人类文明留下更多生命的乐章。

F5 利用 OpenAI 发布的 AI 音乐创作的深度神经网络——MuseNet 进行创作。第一步，让机器学习莫扎特大量的音乐作品；第二步，根据莫扎特 40 岁、60 岁和 80 岁所处时代的古典音乐流派及特征，生成三首全新的钢琴曲目；第三步，由著名的音乐家将曲目改编成钢琴协奏曲和交响乐。

三首乐曲各具非凡的喻意：

（1）《莱茵河钢琴奏鸣曲》：40 岁的莫扎特回忆起参加利奥波德二世加冕礼时，途经莱因河畔时的所见所闻。旋律优美，充满明亮光泽。

（2）《自由与命运钢琴合奏曲》：1816 年，莫扎特时年 60 岁，46 岁的贝多芬终于叩开他的家门莫扎特明白他此时备受耳疾困扰但希望贝多芬在扼住命运喉咙时，依旧能感受到自由与希望。

（3）《阿波罗交响曲》：1836 年，80 岁的莫扎特依旧保有强大的创作热情，与该曲所描述的古希腊神话中光明与音乐之神阿波罗乘着马车将光明带给全世界的模样交相辉映。

当下，光有一个好的故事是不够的，如何将这个破天荒的想法落地才是挑战所

Piano Prima

Mozart 40 60 80

concert for one piano with 4 hands and orchestra

Kurt Schmid, Opus 677

Kurt Schmid © 05.09.2020
Mit freundlichen Grüßen/Best regards Univ. Prof. Mag. Dr. h. c. Kurt Schmid
Managing Vice-president Wiener MusikSeminar.

在。最初 F5 提供给客户的构想只是"用 AI 生成莫扎特 80 岁的钢琴曲，找一架自动钢琴，在一个学校礼堂演奏"。经过内部讨论之后，大家达成共识，向人类最伟大的音乐家致敬，不应这么潦草，要做就做成世界级的（创意又给自己挖坑了）。

乐谱是重中之重，懂技术又懂音乐的人很少。荷兰的多媒体艺术家特奥曼·萨利赫·阿戈兹收到合作邀约邮件后，马上答应担任项目的技术顾问，前后花了两个多星期的时间，协助 F5 利用 OpenAI 的深度神经网络创作乐谱。有了钢琴谱之后，需要找高人改写成交响曲。莫扎特是奥地利人，创意团队认为，只有找当地人，做出来的东西才更贴近莫扎特的手笔。团队顺利联系到奥地利著名音乐家库尔特·施密德教授。国内知名音乐家郑仁清教授也提供了帮助。

演出的音乐厅里有三块巨大的屏幕，如果音乐会能配上绝美的画面，给观众的视听感觉将会是无与伦比的。团队联系上致力于科学视效开发的教育机构美丽科学（Beauty of Science），为本次音乐会匹配视效。该机构创始人梁琰是美国明尼苏达大学材料学博士，2012 年开始作为科学动画师参与开发苹果公司具有革命意义的数字教科书《地球上的生命》（*E. O. Wilson's Life on Earth*）。

广告行业单打独斗的时代已经过去，只有和最优秀的团队合作，才能让创意真正闪耀。如果按市场价，我们无法支付多位海内外专家的昂贵费用。他们象征性地收取了一些费用，因为他们认为"莫扎特 80 岁音乐会"想法很棒，被辉瑞的情怀所感动，希望利用音乐激励更多年轻人为人类健康而努力。这给了 F5 启示：心有善念，世界会与你共鸣。

罗杰斯曾说："当我看这个世界的时候，我是悲观主义者；当我审视这个世界的人们时，我是乐观主义者。"这句话无疑是对当下社会环境最真实的写照。疫情虽然给国际社会带来巨大的创伤，待到山河复苏，我们看到的是一群更有情怀、更有勇气、更有创新精神的年轻人。

音乐会现场

为了让更多大学生可以欣赏音乐会，现场通过 9 部摄像机，多机位拍摄视频，通过"实习僧"和抖音辉瑞官方平台直播，观众达数万人。

活动最终取得了令人意想不到的效果，不仅在医药领域以及大学生群体中获得了广泛好评，还获得新华网、央广网、中国日报网、澎湃新闻等国内专业媒体的报道，以及音乐圈的关注，让品牌真正做到了全方位"出圈"。

不应该只为客户负责，更应该为品牌负责

在中国市场上，曾经存在过于保守的问题，许多大胆的创意都不能得到实践。特别是在传统的 4A 大公司内，创意团队经常会碰到许多客户因为创意太具颠覆性和冒险性而不愿尝试的情况。即便是执行创意总监，能控制的东西依旧非常少，需要在创意提案过程中不断地放弃和妥协，但这一问题现在正在被慢慢纠正。更多年轻的品牌负责人和市场负责人开始在品牌活动中占据主导地位，相比过去，他们更加开明和大胆，更愿意尝试和挑战全新的、冒险的事物。"莫扎特 80 岁音乐会"就是由一大群年轻人共同创造和运营的，他们希望做一些叫好又叫座的事情，也更加愿意做冒险的尝试。同时，市场也逐步发现，大众能够且乐于接受新奇的事物，也更容易被一些大胆且有态度的创意吸引。

此外，除了大环境正在慢慢改变之外，广告人也应该首先明白，一个好的广告人不应该只为客户负责，更应该为品牌负责。客户的要求可能融合了个人很多喜好，但品牌才是最终的、最重要的服务对象。所以广告人应对品牌负责，做一些能让消费者喜欢上这个品牌的事情，而不是只听从和遵守客户的一家之言。要明白在传播领域，广告人才是专家。这就好比去看医生，病人自己开好单子再让医生下药，那医生的价值何在呢？

那么如何才能达成目标，更好地为品牌本身服务呢？范耀威坦言，在做创意和接案子之前，团队一般都会先和客户见面，通过交流想法，寻求一致的目标和思路。如果广告主的要求只是将事情顺利完成和解决，保证宣传过程当中不要出现乱子，那么 F5 将会拒绝这样的合作。因为团队的做法本身就是比较颠覆和先锋的，无法使用平常的套路来帮助广告主完成任务。对于 F5 这家新型广告公司而言，坚持创新是极为重要的一部分。

始终保持对客户的知识和智力的不对称

在 F5 工作，团队需要始终保持对客户的知识不对称和智力不对称。因为所有的

尊重和崇拜都源于知识和智力的不对称。一个人为什么值得另一个人尊重，是因为"你需要我"，你才尊重我。对于广告公司和客户而言，也概莫能外。为此，团队在和客户讨论提案时，都需要思考自己到底值不值得别人尊重，提案能不能给客户带来惊喜，团队本身是否比客户知道得更多，且更加理解消费者。

源源不断的创意和惊喜来自源源不断的学习和聪明的大脑。F5 内部会为员工提供相关前沿知识和科技的培训，同时也要求员工积极自学。只有不断地更新大脑知识库，以更快的速度进行学习和吸纳知识，才能一直跟客户保持不对称。奥格威曾经说过："广告人要像猪搜寻松露一样去搜寻知识。"广告人想要提升自身地位，做出好的东西来，就需要勤奋地学习。天道酬勤这件事放到每一个行业都是行之有效的。只有真正成为传播领域的专家，广告人才不会最终沦为客户的工具。

此外，广告人还需要培养自己的发散性思维，培养将两个看似互不相关的东西联系起来的能力，并尝试从不同的侧面分析问题，试图将很多旧的元素放在一起产生新的东西，这种能力会更有助于创意的诞生。好的品牌推广就是讲故事，所谓的广告内容就是故事。这里的讲故事并不只是复述一个传说或者典故，而是通过故事这一载体，去叙述产品内容。做广告就是要赋予品牌以故事，人都是喜欢听故事的，建议想要从事创意行业的学子们可以多多阅读《故事会》，激发灵感和脑洞。

广告人要修炼内心，提高"胆商"

范耀威回忆起自己的大学生涯，坦言自己在读书求学期间是一个玩心比较重的学生，在大学里只学好了英语和计算机这两门课，一些广告专业课都没怎么学，但对于实践性的课程如摄影和广播电视广告，却都学得非常上心。平时，他还会花大量的时间泡在图书馆里，看很多杂志与书籍，了解许多稀奇古怪的事情。

在范耀威看来，大学生选择实习地点，首先不要冲着公司的名声去，其次不要冲着实习工资去，而应该更多地考虑自己可以跟谁一起工作，这比在哪家公司实习、会获得怎样的报酬来得更重要。广告在某种意义上还是一门需要通过"言传身教"的学徒方式进行学习的学科。一个好的师傅，他的价值观和思维方式在很大程度上会影响学徒一辈子，这需要每一位学子慎重选择。

作为 F5 的掌舵人，范耀威始终坚信每个人的内心都是需要修炼的，修炼内心会让人在面对问题和困难时变得从容不迫，而阅读和旅行就是修炼内心的两种途径。范耀威非常热爱阅读，他在家里安置了一个大书柜，用来存放上千本书籍，许多创意的灵感就源于书本的字里行间当中。

而旅行则会让人接触到许多平常生活里难以接触到的人与事，遇见贫困的人、痛苦的人，或者是富裕的人，都会让人发现原来世界上还存在着如此多的、独特的生活方式。慢慢地，等见识积累到一定程度后，我们的内心就会成熟和丰满起来，做事情也会变得更加淡定，不再轻易激动，能用比较平等的态度去看待事情。而人只有在淡定和内心从容的情况下，才更容易达到人生的目的。

这个时代最缺的不是智商和情商，而是胆商，即大家日常所说的"勇气"。当你勇敢地向前迈进时，全宇宙的力量都会汇集在你身上，助你实现梦想。

助力中国智造出海

2020 年初，F5 为美的空调出海北美打造了一支广告，名为 Singing Window，主角是美的空调新品 Midea U。

Midea U 专攻北美市场，是一款颠覆传统的创新机型。机身上有一个 U 形槽，允许窗户随时打开或关上。而传统窗机装上后，须用螺丝把窗户封死。

美国东部时间 2020 年 4 月 2 日（北京时间 4 月 3 日），美的全球云发布这款革命性新品。在正式发售之前，Midea U 就在众筹网站 indiegogo 收到超过预期 70 倍的筹款，可见北美消费者对它的推许非同一般。

窗式空调在国内非常少见，但在北美地区却大有市场。还记得希区柯克的电影《后窗》中的那种公寓吗？由于当地许多楼房建造于二战前，并没有给今天的分体式空调预留位置，如果要使用中央空调，得对旧建筑进行穿墙、布线等改造，又复杂又贵。对经济条件有限的住客来说，安装窗机更加明智，一是不必支付高昂的人工费，二是方便搬迁，便于携带。Midea U 正是这个细分市场的颠覆者。

音乐剧 *Singing Window* 的画面

基于这款产品的独特优势，F5 提出的传播主题是"Free the window to open and shut"（窗户开合自由），这个诉求有两个好处：第一，这是产品的 USP（独特销售主张），人无我有，解决传统窗机的安装难题，无须用螺丝钉封闭窗户；第二，Free（自由）是西方消费者血液里的基因，如果一个新发明能够给生活带来更多自由，它会受到老百姓欢迎，比如苹果的无线耳机。

在脚本创作中，创意团队思考得最多的，是如何在短短 2 分钟内，把技术与人文融合起来。窗口获得自由，随意开合，它多像嘴巴说话呀！如果一台 Midea U 来到它们的世界，它们会不会齐声歌唱，夹道欢迎，就像那些典型的百老汇音乐剧？窗户唱啥呢？唱自由的好处呀！自由开合多好呀，打开得到新鲜空气，曼哈顿逼仄的公寓应当经常透气；关上隔绝喧哗，布鲁克林的人声鼎沸从此绝缘。

单单看到窗户唱歌，看久了会太单调吧，能不能展现公寓楼里的生活？那些并不宽敞的老式公寓，每日上演着真实的情景剧，把烟火气拍出来，片子会更立体吧！想象力是这支广告的重头戏。北美人民信奉爱因斯坦那句"想象力比知识更重要"。创意团队决定放飞自我。然而，广告永远是戴着脚镣跳舞。

什么样的脑洞场景，符合当地消费者的口味呢？创意团队深挖当地文化，给出可圈可点的答案：小孩在窗前梦想"冲上云宵"，因为北美的民用航空发达；大胡子皮衣男骑着哈雷摩托车招摇过市，这在当地很常见；来自布拉德·皮特《本杰明·巴顿奇事》的返老还童的老人；《鸟人》开头的浮在半空的禅修男子……

Singing Window 的创意虽然由中国团队负责，但为符合西方消费者的审美，拍摄上选择西方优秀团队操刀。导演凯沃尔克（Kevork）执导的短片《以健康的方式发胖》（*Getting fat in a healthy way*）获得了 36 个国际奖项，他曾任乐队的吉它手，*Singing Window* 这部音乐剧正好能发挥他的音乐天分；编曲塞巴斯蒂安（Sebastián）服务过耐克、大众、福特、探索频道等大品牌；歌手埃杜（Edu）拥有出色的嗓音，也是一个很优秀的吉它手和鼓手。

由于制作公司在国内没有驻点，大部分的沟通都是通过线上。F5 多位同事都有长期的欧美生活、工作经历，一些人还通晓意大利语、西班牙语，他们能够直接联系国外的合作伙伴，在出海制作上并无沟通障碍。当越来越多的中国品牌走向海外，中国需要更多的世界公民助品牌开疆拓土。这些世界公民首先是中国人，但他们具有全球视野，他们深刻理解当地文化、消费者心理、竞争格局。

现在，越来越多的中国品牌通过创新，在全球消费者面前争奇斗艳。范耀威相信，颠覆传统的野心与充满想象力的设计，将是征服世界的必杀技。

策略与创意团队讨论中

导演凯沃尔克（前左）

创意来自你看过的每一本书，听过的每一个故事

在 2016 年 6 月，当范耀威还在 DDB 就职时，曾经接手了央视"器官移植"公益广告，并做出了出色的成绩。其实就在范耀威接手该项目前的 5 月，他的父亲正好做完肾结石手术。因为结石尺寸太大，手术期间几个医生轮流上阵，费了好大劲才完成。而范耀威却只能和自己的母亲与妹妹焦急地等在手术室门外。足足 4 个半小时的等待，使他对病人及其家属所必须经历的等待的痛苦，有了更深层的理解，并最终在广告片中传递和表达了这一痛苦。

接手项目后，范耀威受主办方邀请，参加了央视举办的主题策划会，并与国家卫计委、红十字会器官捐献管理中心、器官移植医生、器官捐献协调员等多方专家讨

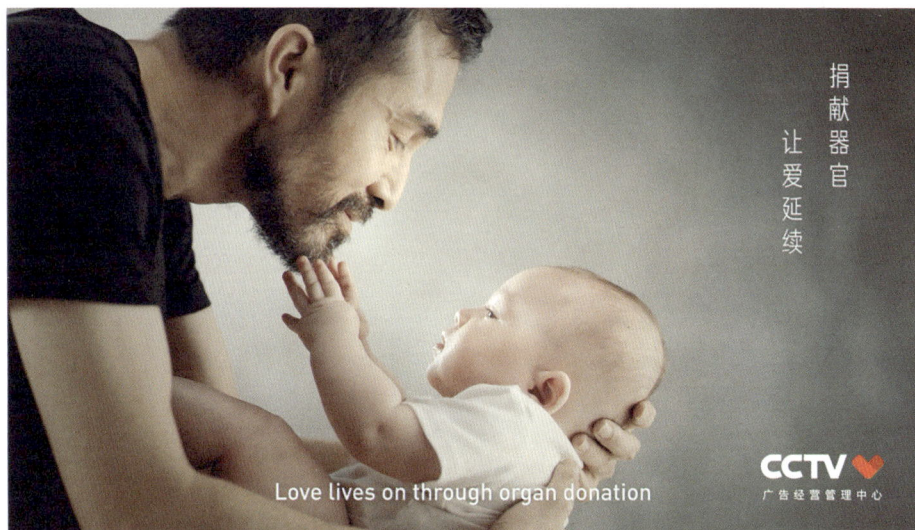

《心跳篇》器官捐献公益广告

2015 年，器官捐献率仅 0.03/100 万，每年只有几千人有幸接受器官移植，而我国每年需要器官移植的人数则超过 150 万，同时每年以 10 万人以上的速度递增。很多人等不到器官移植就离开人世。

器官捐献兹事体大，政府相当重视。《心跳篇》被赋予海量播放资源，90 秒、60 秒和 30 秒三个版本，在 CCTV 全部 16 个频道播出，播放时间长达 1 年。社交媒体方面，单单"央视新闻"的微博迄今就收获 1,176 万的播放量，25780 个点赞。此外，还得到《人民日报》、澎湃新闻、暴走漫画、《环球时报》、凤凰卫视、《中国日报》、《广州日报》、《中国新闻周刊》等媒体转发。

论交流，获益良多。会议给出的创意要求是，"不搞道德绑架，鼓励大家捐，也尊重人们不捐的自由"，"不要恐怖诉求，捐献是一件很美好的事情"。这就意味着这部片子要做到点到即止，但又要扣人心弦，这才符合国情和民心。有十几家公司提交创意方案，最后范耀威所带领的团队拔得头筹。

影片的创意其实诞生于 2016 年 6 月的一个清晨。范耀威躺在床上，在半梦半醒之间，灵感突然降临。直觉告诉他，这个故事一定会打动人心。范耀威于是马上伸手拿起手机，潦草地记在了备忘录里。回到公司后，他马上找到制片人 Cherry，和盘托出了自己的想法，Cherry 大为赞赏："虐心，很虐心！为什么会想到这样一个点子呢？"事后范耀威仔细地回想，才发现创意原来起源于曾经阅读过的一则新闻。

所以说，创意来自你看的每一本书，读的每一个帖子，听过的每一个故事，你经历过的一切。

（采访：崔银亭　吴懿瑶　施佳蔚　李加欣　孙悦珊）

Chapter 12

让生活成为创意灵感的不竭之源

——"MATCH·马马也"联合创始人 & 创意合伙人孙涛

孙涛（Tao Sun），"MATCH·马马也"联合创始人、创意合伙人。他原为上海麦肯光明创意群总监，2017 年携手多位伙伴，创建独立创意公司"MATCH·马马也"。历任纽约广告节国际评审、台湾时报华文广告节终审评审、中国 4A 广告奖评审、时报金犊奖评审、中国广告节黄河奖评审、龙玺华文广告奖评审、金瞳奖评审、艾菲奖评审，吉林动画学院客座教授。

荣获 ONE SHOW 国际创意节、伦敦广告节、纽约广告节、夏纳广告节、龙玺广告奖、亚太广告节、亚洲创意节、中国 4A 广告奖、台湾时报亚太广告奖、金投赏、艾菲奖、长城奖、中国元素国际创意大赛、金鹰奖、星光奖、国家新闻出版广电总局年度奖等国内外 100 多个顶级广告赛事的全场大奖以及各不同类别的奖项。

作为年轻一代广告创意人中的佼佼者，孙涛在商业广告和公益广告两个领域灵活地切换着自己的角色，又通过众多广告创意大赛的评委与青年导师两个身份构建起与年轻广告人沟通的桥梁。从业多年，他坦言"创意无时无刻不在改变，创意正在跨界、跨学科、跨领域地综合在一起"，但是"每一个创意人，都是生活在自己的价值观里的，他对美学的认知，对世界的看法，所有的一切组成了不同气质的创意思路与方式，生活本身才是创意最大的灵感来源"。

2013 年春晚中，孙涛与莫康孙一起创作的《春节回家》成为春晚开播 31 年来第一次播出的公益广告，引起了巨大的反响。从那以后，公益广告项变成了春晚的一个固定项，2014 年春晚及春节期间播出的两则公益广告《筷子篇》和《感谢不平凡的自己》引起了亿万中国人的情感共鸣。《筷子篇》的创意思路来自孙涛自己小时候接受的叫停教育，即父母教育子女的让长辈先夹菜的就餐规矩。《感谢不平凡的自己》的创意灵感同样来自身边一个个真实的普通百姓，他们身上所体现的平凡中的伟大，才是最深刻的共情。

而在商业广告中，孙涛让广告作品携带着人性的温度，去触摸每个人最真实、最柔软的内心世界，让品牌在诗意荡漾中走近和感染观众。

生活是创意灵感的不竭之源，但灵感往往又是不可控制的，所以在很多时候，灵感就变成了一个很玄妙的东西。在孙涛看来，我们不可能抓住生活中的所有灵感，但自身的阅历、知识储备、审美趣味与灵感的获得息息相关。他举例，"就像巴塞罗那建筑的灵魂人物——安东尼奥·高迪 (Antonio Gaudi) 那样，让整个城市都烙印上了他个人强烈的美学印记，那些绝美的建筑就带着他极度个人化的设计风格。而在高迪的建筑中，世界万物都是他的灵感来源，天空、云层、水面、山脉以及各种动植物的造型都能应用于建筑上。我们的创意工作者，也需要从文学、音乐、电影、绘画、大自然、生活等所有的一切中寻找创意及设计的灵感源泉"，"创意可以来自任何地方"，广告人先把自己的生活装点得丰富多彩，再把自己的心灵装点得丰富多彩，那么创意灵感就会取之不尽，用之不竭了。

用心挖掘和颂扬生活中的点滴温情

　　"公益广告对很多创意人来说，是一件有心力就会义不容辞去做的事情。透过公益广告让每一位受众都得到感动和提升是每一位创意人应尽的责任。"

　　公益广告作品的背后不仅承载着一个广告人和广告企业对于社会应有的担当，也是创意人对生活中平凡却又伟大的温情的发现与颂扬。

　　自 1983 年首届春晚开始，历经三十余年的成长，春晚已不单是一场纯粹的联欢晚会，它承载了中国百姓对新一年的希望，成了海外华侨华人一解思乡之情的渠道，已成为中国人对于春节的念想和习惯。2013 年，央视开始新的尝试，首度在春晚中播出公益广告。这则《春节回家》系列公益广告感动了无数在外打拼的中国人，"家"永远是游子魂牵梦绕的归宿，春节回家已是全世界中国人心中根深蒂固的乡愁情结，而每个人回家的旅途都是一个个曲折动人的故事。创意人把普通中国人的回家故事浓缩到四个真实的场景当中，并将它放大，将最自然、最真实的中国人的血脉情感通过这则公益广告表现出来。

《春节回家》公益广告封面

《春节回家》公益广告拍摄场景

《春节回家》：寻找最好的回家故事

与春节、回家相关的广告千千万，选择一个新颖且能打动人的题材至关重要。《春节回家》公益广告记录的是亿万中国人不平凡的回家之路，既有创意，又不失打动人心的温暖。创作之初，孙涛无意中在东方卫视看到一部纪录片，其中讲述了春节来临时广州"摩托大军"回家的故事，几十万外来务工人员骑着摩托车，历经几天几夜回到老家，过程十分艰辛，场面震撼，给孙涛留下了很深刻的印象。这个故事给了他强烈冲击，孙涛认为，拍出形形色色的回家路是一个不错的新颖选题，就将其作为一个广告创意构想提报给了央视。央视团队认可后，该创意被采纳为最终拍摄的思路，就成了《春节回家》的雏形。

有了大体思路之后，为了寻找最合适的广告故事，孙涛和他的团队还做了许多努力。一方面，那段时间孙涛每天询问身边的同事朋友，打听他们春节回家的故事。另一方面，他们通过网络寻找更多的资源，从每年春节期间央视或者其他媒体制作的与春运有关的纪录片或者类似的新闻报道中，寻找一些亮眼的故事。《迟来的新衣》这则故事本身已被拍成一部纪录片，但是如果把它拍成一个公益广告在春晚上播，就可以让更多的人知道，影响力就会不一样。最终，孙涛团队从几百个春节回家的故事中，挑出了在公益广告中展现的四个故事。

《迟来的新衣》公益广告画面

考虑到该则春节公益广告，面对的传播群体是十三亿中国人，所以孙涛团队从地域和人群身份的角度出发，选择了最具有代表性的故事。广告中有重庆的，有东北的，也有台湾的故事，地域覆盖非常广泛。有城市和乡村的故事，《迟来的新衣》这个故事其实是贵州乡下和广州之间的故事，体现了城乡的联系。也有跨地域的故事，比如《63年后的团圆》这个故事就跨越了台湾地区和上海。还有国外的故事，《家乡的滋味》的主人公从喀麦隆到东北。把地理的线索和人物身份的线索，一一拆分开来，就形成了代表中国几个不同状态的人群的故事集。

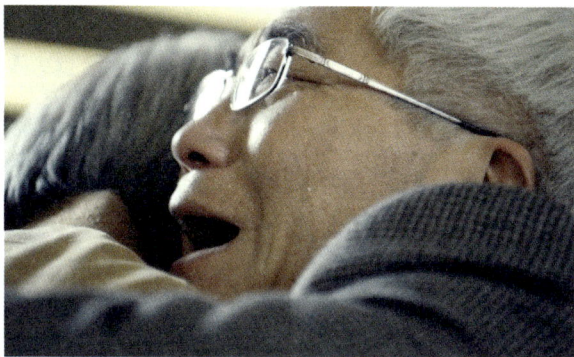

《63年后的团圆》公益广告画面

虽然所有故事的主题都是"回家"，但每个故事所传达的回家的意义却不尽相同。《迟来的新衣》是给小孩买件衣服，但母亲因为不经常回去，小孩的尺寸都不容易掌握。而《过门的忐忑》这个故事中回家的意义是见未曾谋面的婆婆。《家乡的滋味》描述了一个去非洲援建的工程师一两年才能回家团聚一次，展现了当今中国大量派驻海外援建的工程师的思乡情。每个人回家的意义不同，目的也不同，通过这几个故事，孙涛团队希望传达出多层次、更加丰富的情感。

"全中国，让心回家"是团队在拍摄前最先定下来的主旨，后来团队又提出了"这一生我们都走在回家的路上"的核心文案。这句话是在漫长的拍摄过程中慢慢体悟后定下来的，也是孙涛团队在制作这部片子时的一种特殊感悟。在文案的筛选、斟酌方面，最终还是通过感受片子拍摄出来的整体氛围来决定。

为了让纪录片更"走心"，让观众感受到"真情实感"的流露，《春节回家》是用非常真实的手法拍摄的。同时，在演员的选择上，除了外表有写实的感觉外，每一位演员本身也拥有能让观众感觉到"他就是那个人"的特质。在《迟来的新衣》中，演员就是原故事的主人公，包括他的太太和其他家人，展现的都是真人真事，就是他

《家乡的滋味》公益广告画面

《过门的忐忑》公益广告画面

们每年回家的真实情况，只要把真实的情感充分表达出来就完成了这个作品。其他的故事虽然用的是演员，但是故事在哪里发生，就用哪里的演员，他们的每一句话每一句乡音，都带有家的亲切感。

不平凡的力量来自最平凡的生活

2014 年春晚决定继续沿袭插播公益广告这一做法，为亿万观众带来温暖和感动。孙涛和莫康孙从朴实真挚的故事入手，创作了两部温情脉脉的公益广告片，给大家留下了深刻的印象。《筷子篇》中，长辈用筷子教婴儿辨别酸甜苦辣，而在这背后所表达的是婴儿即将面临人生的百般滋味及长辈的祝福与寄望；一位父亲敲打了一下先下筷夹菜的男孩，所传递的育人与明礼……春晚破天荒地在节目中播出了这条90秒的公益广告，短片通过八个场景、八个故事，将"启迪、传承、明礼、关爱、思念、守望、睦邻、感恩"等感情和传统美德真实地表达了出来。在另一则广告《感谢不平凡的自己》中，无论是劳动中磨出老茧的双手、贫寒境遇中家人团聚的笑容，还是艰辛生活中肩膀上的重担及挫折下永不言弃的梦想，都诠释着平凡生活中不平凡的人们。无关职业、身份和地位，情感和希望永远是平凡生活中最不平凡的力量。

因为已经参与过2013年春节公益广告的创作，如何拍摄出不同于往年广告的视角成为摆在团队面前的难题。在这次创作与拍摄中，孙涛和莫康孙一直坚持着"来自生活，高于生活"的创作思路，他和团队相信中国人普通而真实的生活就是创意的源泉。在《筷子篇》的创作和执行环节前，团队进行了60天的讨论与准备。当时执行伙伴观池的团队和专家一起研究讨论了古今南北的筷子文化，而后在一个月的时间中，从南到北奔波了8000公里，紧锣密鼓地进行拍摄，最终将精彩呈现给了观众。

《筷子篇》的拍摄中，团队辗转于祖国的东西南北乃至海外的许多地方，有很多客观存在却难以控制的困难，例如小孩子的情绪不易调动、动作不好捕捉，让团队非常头疼。然而在拍摄过程中，拍摄人员让一个不会用筷子的小朋友现场学习如何拿筷子吃饭，无意当中透露出了一种文化的传承感。在四川的留守老人老王家过年时，中国人邻里之间的那种纯朴情感让拍摄团队动容。他们意识到，只要把真实的场景更全面地体现出来，就能够把这种感情完整地表达出来。

以往的广告中，大家都会宣传感谢家人、友人或者身边默默付出的人，而在《感

《筷子篇》公益广告画面

谢不平凡的自己》当中,感谢的对象成了每一个人自己,这也让很多电视前的观众感同身受。其实这个灵感也不是突然出现的,而是在孙涛的脑海中存在了很久的。1999年孙涛还在上大学的时候,看到了《南方周末》刊登的新年发刊词,叫"总有一种力量让人泪流满面",文章给了他非常大的震撼。孙涛感觉到每个人的生活其实是很平淡的,有顺流也会有逆境,但是很多的普通人依旧在努力前行,因此这部片子的整个基调也就是当时《南方周末》的一个基调。而在创作之前,团队也进行了一番调研,他们发现当时社会上极少有这种公益广告,即用电影平实的写实感去拍平凡人的生活。其他很多作品都是采用长文案的方式来空洞地表述,团队觉得这样的手法有点过于炫技、过度表达,不够"直戳人心",所以当时就立刻决定做这样一部片子出来。在这部片子中,有一个故事就是在北京冬夜的寒风中,一个男人在卖他的梨,妻儿来了苦劝不回,因为他觉得自己要为这个家担负责任,只有卖掉梨才能带给家人好的生活,所以当时孙涛配的文案叫作"感谢责任"。

《感谢不平凡的自己》公益广告画面

孙涛的拍摄团队有 100 多人,经过了 10000 多千米的行程,花费了大概 2 个月的时间制作。在拍摄漠河边防军的时候,由于户外气温达到零下 39 度,极端恶劣的环境不仅剧组难以适应,拍摄器材也需要不停地更换,耗时一天的野外拍摄没有休息,随部队巡防战士拍摄了 8 个多小时,身心都经历了极端的考验。

2016 年春节,孙涛和央视团队一起,再次带来公益广告的诚意之作《梦想照进故乡》,为大家平凡生活中的幸福。这个公益广告没有使用春节团聚、中华文化等传统题材,而是用陕西农妇在窑洞里建起养鸡场、云南退伍军人重新打理起老家的柑橘园、福建大学生毕业后回村里建起学校等三个普通人回故乡创业的温情故事,讲述普通人的故乡情怀与亲情理念，传达一种"在一起，才是家"的淳朴情感。他们将对家人的爱化作动力，在故乡实现创业的梦想，赋予"回家"更深远、更现实的意义。

《让故乡成为有梦的地方》公益广告画面

　　团队在拍摄《让故乡成为有梦的地方》这部片子时，发现当时中国社会的城市和乡村之间存在着非常严重的割裂问题，但是很少有人去关注这个社会现象，就将其拍成了纪录片。其中有一段是关于农村淘宝的，讲述了淘宝给农村带来的一系列变化，这个故事给了孙涛很大的感触。

　　在选择故事立意的时候，拍摄团队经过了很多探讨。当时东方卫视有一档节目讲了一个农妇在窑洞里办养鸡场的故事，农妇说她办这个养鸡场的目的就是想把这个养鸡场办好了之后，她的丈夫可以回家来给她打工，他们一家人就可以团聚，不用再两地分离了。对一个农村的村妇来说，她特别淳朴的愿望就是我把自己的事做好，老公就不用在外面漂泊了，就可以回家跟她一起好好地过日子了。拍摄团队普遍觉得这个点非常地有人性，这种人性的厚度打动了拍摄团队，这与以往普通人表达思念的方式不同，是通过自己的方式、通过自己的双手创造另外一种可能，团队觉得这个非常有新意。

　　《甜蜜的事业》讲述了云南的返乡军人为了守护母亲与爱人，重新打理老家山坡上的一片橘园的故事。其实这个角色的身份无论是退伍军人也好，或者是在家务农的农民也好，都不重要，重要的是他觉得用自己的这双手可以在这块土地上通过辛勤耕作，养活自己一家人。《山村里的学堂》讲述了山村里走出的大学生回到家乡，用先进的思路与教育方式改变乡村教育，让自己的人生有另外一种选择的故事。创意核心就是大学生说的"山村把我养大，我能再把山村养大，就能一生都快乐"。

公益广告是个独特的品类，创作空间比商业广告更大

在连续拍摄了三年央视春晚的公益宣传片后，2016 年，孙涛需要暂停一下这个创作节奏。第一个原因是他发现找好的题材有点困难；第二个是孙涛想让自己静一静，因为每年都在做这个东西，他觉得自己缺少思考的空间，不如让自己静静，看看有没有一些更好的出发点或者真正能打动自己的东西。

孙涛认为，未来的公益广告也一定是和每个人的生活息息相关的，它需要用普通百姓更能理解的方式来传递公益的信息。公益广告创作最关键的是选题要接地气，其次是内容要能够打动受众，而后要有具体而明确的主张和行动上的号召力，能够清楚、生动地告诉受众该去做什么。

与商业广告相比，公益广告性质有些不太一样，例如央视春晚的公益广告，它的受众是 13 亿国人，主体是中央电视台，他们想给 13 亿国人创造一种状态，这个状态是一种理念，具体的主题可以是文化，是爱，是友谊，是环境，不受限制。在这样的广告片中，对分类的表达一定要特别清晰。但就整个公益广告而言，它是可以成为一个品类的东西，与传统的商业广告还是有很大区别的。公益广告的创作空间比较大，它不像商业广告，不用很固定。公益其实也有一些讲究调性的东西，但是它的关键是你能用情感打动人，表述有力量，这也是孙涛团队做了许多年的公益广告感受到的与商业广告片存在最大不同的地方。

广告匠心：优秀的创意要善于转换视角

在 15 年的从业经历中，孙涛坚持不懈地寻找最好的创意，在这个过程中他对创意有了更为深刻的理解。说到创意的积累过程，孙涛提到，很多人觉得创意是广告行业特有的一个属性，但他并不这样认为。他认为，社会每个行业都是有创意需求存在的。其实创意更多地是一种思考的价值和方式，广告创意亦是如此。孙涛提到，广告公司经常会有关于创意提案的讨论会，也就是大脑风暴。这是一种有趣的形式，这个词最开始是一个精神病理学用语，说的是精神病病人在精神错乱的时候进入一种无意

识的状态。广告行业的从业者觉得创意需要灵感，但很多时候创意又是有一定方法可以归纳的。通过归纳的方法也许能得出一个 60 分到 70 分的创意，但是想要得到 80 分到 90 分的创意，需要的便是灵感。孙涛认为，创意这个东西很微妙，说不清楚，跟个人的学识、修养、爱好、知识体系等方面都有关系。

一个好的广告创意往往就是某一个创意点很打动人，给人一种豁然开朗的感觉。而在实践中，孙涛的广告创意点来自很多地方，有的是从消费者来，有的是从品牌本身来，如果产品本身就非常棒，足够给创作者一个非常好的点，其实从产品出发也可以。但是孙涛时刻注意，挖出的创意点一定要较独特，这样作品才会不一样。

创意有时候需要创作者正着看，有时候也需要反着看。换一个思维方式和文化背景去看，得出的结论可能就会大不一样，这就是广告从业人员的一个思维路径。

谈到对广告行业的认识，孙涛认为，广告业是一个残酷的行业，有时候存在比较严重的加班现象，因为有时工作量比较大。但广告业也是一个很好玩的行业，因为在一个月之内可能会接触到两到三个不同的客户，创意的大脑不停地在不同的客户之间切换，不会觉得枯燥。很多人一辈子只做一件事情，虽然我们经常说匠心精神非常可贵，当然是需要这样的，但是如果想变得更好玩一点，广告业就很符合要求。在大学学习期间，理论基础也一定是要打好的，工作之后你会发现，那些理论可能今年用不到明年用不到，后年有可能用得到，因此必须要掌握并且要做到活学活用。首先要懂，才能会用，但是懂了之后不能被理论束缚住。

"饿了么"+ 科比：根据品牌形象寻找创意尺度

2016 年体育营销风起云涌，7 月的第一周，科比的身影频频出现在上海各大高级写字楼的移动广告屏里，笑容率真的他留下了一个线索：一句 "You hungry?（你饿了么？）"的提问和 "Kobe is back" 几个字。饿了么正式宣布科比成为公司品牌代言人，将同王祖蓝进行联合代言，随后由二人共同出演的首部饿了么电视广告《乒乓球篇》上线。短片主要通过科比因王祖蓝为其点餐而重获力量的情节来表现产品功能，科比在片中并没有展现篮球的球技，反而是大秀乒乓球的扣杀镜头，给科比的球迷们和广大受众带来别样的惊喜。

这则广告是孙涛和团队在麦肯光明的时候创作的。孙涛表示，选择科比其实有很多考虑。首先，饿了么觉得需要在体育大年有一些更大的营销动作，让消费者和合作伙伴相信自己的品牌是有足够的发展潜力的，因此需要选择一个重量级人物。在 2016 年这个体育营销的大年，饿了么希望借此机会继续保持品牌幽默的调性，也希望把这个调性上升到国际的高度。饿了么觉得用这种恶搞、直接的风格去跟大众沟通，虽然便于消费者认知与记忆，但是对品牌长期的成长也会产生不好的影响。制作这则广告之前，孙涛问饿了么是否还要保持这种恶搞的风格，客户给出的答案是他们希望保持一个比较幽默的状态，同时因为 2016 年正好是奥运年，饿了么方面想要和奥运会相关联。但是他们觉得用科比做一些恶搞内容，并不符合科比的身份。所以孙涛需要在这些要求中寻求一种平衡，第一个要满足客户的相应需求，第二个要根据不同明星的风格找到一种合适的创意尺度。

最开始孙涛提出的创意点是"Chinese kongfu"，取"空腹"的谐音，但是客户没有接受，他们觉得 2016 年夏天所有的广告、营销都是围绕奥运来做的，他们的广告也希望如此。所以最后出来的这个创意，虽然保持了一贯的幽默度，但是和品牌之间的关联程度却并不高。有时候超大牌的明星对客户来说，可以创造市场上的声量，匹配度没那么重要，仅仅是完成品牌在这一个阶段的目标。对互联网公司来说，他们的目标跟广告公司想象的并不一样。互联网公司首先是要活下去，其次才是要火，假如广告的创意做得非常好，但是产品大家不知道，对他们来说没有用。对互联网公司来说，话题性有时候比创意来得更重要，这也就是当时要用科比的另一个主要的原因了。

但要与超级大牌明星合作拍广告其实并不是那么容易的。因为科比是在洛杉矶拍的，王祖蓝是在上海拍的，所有的画面都要通过后期合成，因此工作量也会变得很大。另外，明星的协调也有一个非常复杂的流程，明星的经纪人团队，包括明星本人，可能会对创意脚本有一些考虑和一些顾虑，拍摄团队在拍摄的时候都要考虑这些东西。同样的情况也出现在孙涛刚与吴亦凡合作的水星家纺广告片的拍摄过程中。吴亦凡本人比较好沟通，但他的经纪团队就会考虑更多的情况，因为他们在很多方面评估对明星的综合影响。孙涛与科比合作的时候发现，明星的腕儿越大，也越谦虚，事情反而越好做，他觉得这点很有趣。

"饿了么"和科比合作的广告

"饿了么"《乒乓球篇》广告

广告内容化的未来：新闻性、吸引力、娱乐性

孙涛认为，现在这个时代有一个问题，就是创意要做得特别有效果，或者说在市场上声量特别大的话，就要使创意慢慢变成一种内容。人们平时看电视、看电影、玩手机，经常看优质的内容。孙涛认为，创意在未来的趋势一定是以吸引人为前提，必须得有优质的、过硬的内容，所以他提出创意要变得新闻化、娱乐化，因为它本身就具有话题性。比如上面提到的科比的例子，它本身就是个话题。

无论是公益广告还是商业广告，都无法避开成本的问题。孙涛举到了一个这样的例子，团队曾经拍过一个公益广告片，是呼吁小孩读书的，呼吁家庭阅读、亲子阅读。团队觉得给每个孩子留盏灯，未来就会被希望点亮。每个家庭中都应该有一个夜晚，或者有那么一个时刻是爸爸妈妈陪伴孩子读书的。所以拍摄过程中团队找了很多瞬间场景，比如山区的房子中有一盏灯，海边的渔船上的一盏灯，在很多不同的环境当中只有一盏灯亮着，由此构成亲子阅读的一部小片。这就是一个小成本制作的片子，但是在这样很低的成本下拍这种片也能做出不一样的味道来。小成本的东西可以用小成本的方式做。

孙涛建议，学生如果拍摄广告片没有那么多经费，就自己用相机拍摄，自己动手剪辑，在这个过程中一定要聪明地选择良好的方式，用蛮力做不过那些专业的选手。孙涛认为，同学们需要仔细考虑怎么用有限的技术能把观点用很独特的方式表达出来。比如，手绘功底好的同学可以用动画的形式去做，摄影好的同学可以用很单纯的一些影像去表现。因为现在的技术各方面都已经很好了，包括手机摄影都已经能把一些慢速的东西做得很好了，每个人都完全可以用一种很特殊的影像去表现一些不一样的创意。

（采访：赵 婷 朴真义等）

Chapter 13

广告界的少数派，生活中的艺术家

——KARMA 公司创始人、创意领袖张俊杰（Kama Zhang）

张俊杰（Kama Zhang），KARMA 公司的创始人和创意领袖。在公司官网上，他介绍自己是一个三十出头的童颜胖子，一个驾着 JEEP 在都市越野的梦想家，一个万分努力地跟自己过不去的非标准精神病患者。

在六岁的时候，张俊杰考入上海电视台小荧星艺术团，学习表演。自那以后，他就对艺术产生了浓厚的兴趣。从小学习表演的经历，给他日后从事广告制作工作带来了很大的帮助。与人沟通、换位思考、体悟别人的感情，这是张俊杰在艺术团学到的表演精髓。

从美院毕业后，张俊杰在一家杂志社担任美术编辑。但不甘平凡的他总觉得自己的工作差了点意思，不太合适自己，为了做更有创意、更有意思的事情，他离开了杂志社，先后在多家广告公司做起了广告。多年的美术经验让张俊杰觉得，自己不只是一个做广告的人，更是一个创造艺术的美术家。"美术是我的一个工具，用它来表达我的想法。"

2012 年 12 月 22 日，张俊杰创立了自己的广告公司 KARMA。虽然公司成立还不到 10 年，但正铆足了劲冲向世界。如今，New Balance、李维斯、必胜客、潘多拉等世界级企业，以及天猫、支付宝、饿了么等本土巨头企业是 KARMA 团队的主要客户。团队也曾斩获不少含金量十足的奖项：金投赏创意服务 - 网络病毒营销、平面类金奖、金投赏创意服务 - 平面类金奖、广告金像奖社会化媒介类金奖、广告金像奖影视类金奖等。

尽管张俊杰在业内已然是位有名气的人物，但在与人相处时，他从未给人距离感。他是一个爱表演、爱艺术、十分接地气的"戏精"广告人。工作时的他格外认真，而在生活中他又很喜欢搞怪。也许正是那有趣的灵魂与认真的态度，成就了今天的张俊杰。

KARMA 理念是"相信广告界的因果轮回"

公司为什么要取名为 KARMA？除了与创始人 Kama 的名字读音相近外，KARMA 还有更深的含义。

KARMA 本身为佛教术语，意译作"业"，指一个人生命中的自然与必然事件，由前世的作为所决定，它含有善恶、苦乐果报的意味。张俊杰想要传达的公司理念便是如此。"播下一颗好的种子，就会收获一颗好的果实；播下了一颗不好的种子，一定会收获一颗恶果。"张俊杰理解的播种，即团队做一个广告，大众对它的反馈其实就是一个果实的形成。他认为，这就是传播所带来的循环。

"你做的广告一定是好意思拿给你家人看的。"如果广告的出发点与动机都不善良，把别人当"白痴"，那一定会收获一个恶果；如果最初就希望受众等着被广告洗脑，然后买广告商品，那一定会收获一个恶果。所以"KARMA"这个名字代表了张俊杰对广告的态度。他希望，他的团队在做广告的时候，能向外界传播"KARMA"的文化与价值观。"KARMA"也时刻提醒着他做事要谨慎，在提醒自己及团队的同时也在提醒更广泛的品牌客户。

KARMA 公司 logo

KARMA 公司工作照

灵感来自生命的每个瞬间，洞悉生活创造打动人的故事

张俊杰认为，创意的灵感来自生活，来自生命中的每一个瞬间。那些瞬间会住到人的潜意识里去，可能当时不会在意它，但突然有一天，碰到一句话、一样物品，

走在一条什么样的路上或者听到的某一个新闻，某种创意就突然出现，好像有个声音一下子就把自己想表达的东西呼唤出来了。

2018年春节前夕，KARMA团队接到了欧派的任务简报，当时定的传播目标是：与年轻消费者对话，并完成欧派从橱柜到全屋定制的品牌认知升级。团队邀请老戏骨金士杰担任主角，拍摄出了《多住几天的家》这则广告，一举获得了成功，案例被许多电视台报道讨论。

这则广告反映了一个社会话题：年轻人在城市打拼，回老家看望老人的机会很少。即使回到老家，由于老家没暖气、采光差、房间小等原因，在家没待两天就匆匆离开，甚至吃饭在家，却住在宾馆。这其中的一个原因是，年轻人在大城市生活惯了，面对老家的房子很难适应。

在张俊杰看来，这是中国的一个普遍现象，所以他们借助影片讲了这样一个故事：一个独居的老人，为了他的孩子一年能回来住上几天，将自己住了几十年的房子进行了翻天覆地的改造，把他的家变成了孩子的家。"这是一个有魔法的故事，片子拍得很高级。我们讲的是一个悲伤的、感人的故事，但却没有用悲剧的手法，而是用喜剧的手法，这是我个人很喜欢的创意的方法。"张俊杰说道。

广告片里，金士杰老人召集家中的老家具召开"会议"。他对厨房说："人家叫你开放一点，现在不是讲究开放式厨房吗？"墙已经开裂了，他拿着把大锤对墙说："你

《欧派 x 金士杰：多住几天的家》视频广告画面[1]

如何在策略和创意上从春节营销战中突围，是KARMA在这则广告中需要解决的问题。当春节里所有广告都在讲回家时，团队选择用魔法来展现老人的孤独和改变，在充满想象力的滤镜下，故事呈现多了一分浪漫主义。此外，老戏骨金士杰的演出，也让所有人为之感动与折服。

1.KARMA官网，《欧派×金士杰：多住几天的家》，http://www.karmais.me/works_117.html 。

动手还是我动手？要不你自己来。"而这些家具似乎真的听到了他的话而有所反应。

老人用这种玩笑式的话语跟所有的家具商量着怎么改造房子。他想要让这个家庭做出改变。当他想去发动所有老家具改变的时候，魔法发生了，所有的家具和墙都动了起来，一场变换之后，新家出现，他的愿望实现了。而这期间，并未出现任何有关欧派的信息，没有 logo，没有装修工人。

愿望实现以后，老人对着一张全家福，对着照片中去世的太太，告诉她这么做的原因："快过年了，孩子们马上就要回来了。"家里都被改造了，他看起来很高兴："现在什么都好了。""家里的门从原来的老门改成院子里进来的门了，你要是哪天回来，可别找不到门。"动情的老人一边抹着眼泪一边说道。不一会儿，他含着泪睡着了，身边的毯子飞了起来盖在他的身上。

结尾处老人两分多钟的独白是一镜到底的，中途没有剪辑。经过这段独白，观众才明白他为什么要这么做，为什么会有这场魔法。毯子飞起盖在他身上，表现出了这些魔法并非梦境，而是现实。这一幕之后，画面中才出现 "想着你的家，也在为

《欧派 x 金士杰：多住几天的家》视频广告画面

KARMA 通过这则广告，想让欧派全屋定制替每个家庭说出那句心声："想着你的家，也为你在改变。"

你改变""有家有爱有欧派"的字样。字幕滚动时，可以看到欧派的装修工人来现场工作的场景，通过这样处理来体现全屋定制的卖点。

张俊杰说，当初想全屋定制的广告时，想到这一定是为了人，为了满足不同人的不同需求。什么才是人们的需求？什么才是新春中和别人沟通的话题？当他们构思广告创意时，想法有很多，而最终的想法来自组里的一个女生。这个女生说了一个发生在自己身上的故事：她以前喜欢看书，所以到爷爷家里也爱看书，但是爷爷家里有一堵高墙挡着，导致没有很好的自然光。有一年再回老家，她发现爷爷把那堵墙给砸了，自然光因此能很好地照进来。

很多广告都来自真实生活，他们所做的欧派广告就是从生活中的一个行为获得的洞察。对于团队里那名女生的经历，可以这样思考：假设女孩是偶尔来的一位客人，没有良好的自然光，可以简单地通过台灯来解决。但由于女孩是自己亲爱的孙女，所以爷爷才会为她做出改变。再将这个小故事进行升华，就得到了片中愿意为了子女而把家完全改造的老人的故事。因此，做广告需要敏锐的观察力和思辨能力，首先要找到一个能打动人的点，如果这个点是具有共性的，那它就能打动一群人。

要讲好"人的故事"，首先从了解"人"开始

可能是早年间学过表演的缘故，张俊杰一直以来对"人的故事"都有着浓厚的兴趣。无论是自己的故事，还是周围人的故事，都能成为创作的灵感源泉。"有一些奇怪的人出现在你的生命中，你听说过他们，接触过他们，或者陪伴过他们，然后这也许就成了你未来作品里的故事来源。"张俊杰认为，要在广告中讲出能打动人心的好故事，首先得了解人，了解他们背后真实的故事。也只有真正了解消费者了，知道他们的需求了，才能更好地用故事向他们传达品牌的理念，让品牌真正吸引消费者的关注。

KARMA 公司长期以来为运动平台 Keep 做了很多广告，提出了具有建设性的广告战略，给 Keep 的品牌文化传播做出了不小的贡献。在这些广告中，KARMA 就是先了解"人"，再通过"人的故事"打动消费者的。

对 Keep 稍有了解的人想必知道"自律给我自由"这句最核心的广告语，这句广告语体现了 Keep 的品牌理念，给人留下非常深刻的印象。自信的人能够掌控自己的欲望，而掌控则是自律的结果。那些我们所不能握在手中的，正是自由的出口。人生如此，运动亦是如此。于是，KARMA 通过 "自律给我自由"传递了这一饱含思辨之美的运动哲学。

KARMA 清晰地掌握了消费者的痛点，即他们对于自由的向往，对成功的渴望。而为了实现自由和成功，就必须掌控自己的欲望，也就是通过自律来实现。在有了这一概念后，如何在广告中诠释自由成了新的问题。团队在这时想到了运动界的传奇人物迈克尔·乔丹。为什么他滞空的时间能比别人多 1.5 秒？答案是，因为他的腰腹力量非同一般，所以在大家同时起跳的时候，他能比别人更晚落地。乔丹就如同有超能力一样，能够对抗地心引力，而这点似乎又让人觉得，他比其他人更自由。放眼其他热爱运动、自律的人，其实也是如此。所以在广告影片中，KARMA 向观众展现了大量"不可思议"的人。那些运动者在高速奔跑时，时间相对变得缓慢起来；那些体操运动者，在吊环上长时间保持停留，相比之下时间就如流水一般变得飞快。在这些超强的运动者面前，时间、空间、地心引力……原本不可能改变的似乎都能被改变，而这种"不可思议"其实并非我们表面看到的那样光鲜亮丽。在"不可思议"的背后，他们付出的是大量的汗水与每天的坚持。"哪有什么天生如此，只是我们天天坚持。"只有坚持、自律，才能突破常规，冲出不可能的边界，实现自由。

"自律给我自由"是 KARMA 在 Keep 正式突破 3000 万用户量之际操刀的广告首秀，而之后 KARMA 为 Keep 做的延伸主题"怕就对了"，更是走近了消费者，实现了打动人心的效果。

在主题筹备前期，KARMA 团队对消费者内心进行了深入的挖掘工作。他们想知道，在运动中，隐藏在表面之下的东西是什么？运动中有什么样的痛苦？运动者真正想要的是什么？真正激发运动的因素又是什么？于是，他们去找消费者聊天，通过仔细的观察，找到痛点与真相。

在这组广告中，KARMA 在真实故事中挖掘共情力，通过瑜伽胖女孩、盲人跑者、老年泳者、冠军骑手、跳水女孩这 5 个人突破畏惧的故事，投射到每一个普通人在现实中有关社会评价、安全感、时间、得失、目标等方面的畏惧，展现畏惧是阻力也是动力的辩证内核，从而产生"怕就对了"的共鸣。这五个故事都来源于现实，是真实的案例改编而成的故事。比如在拍盲人跑者的故事前，团队就前往上海的一个盲人跑协，与那里的人交流，融入群体，甚至一起参与他们的跑步活动。只有在对这个群体有了真正深入的了解以后，才能在作品中更生动地讲好故事。其他几则故事亦是如此。由于个人的经历是有限的，在多去观察、了解其他不同的人和群体后，才能有更丰富、更有内涵的故事向人们讲述。

有着对消费者的洞察了解，从真实生活中汲取灵感，是 KARMA 作品故事打动人心的"制胜法宝"。

《keep：自律给我自由》视频广告画面[1]

千禧一代，不知不觉在广告中被贴上了太多"天生"的标签。而这部作品所表达的却正好与这种"无为"的价值观相反，那些近乎神力的画面，并非来自超人，也并非天赋异禀，而是长年累月的坚持。

1.KARMA 官网，《Keep：自律给我自由》，http://www.karmais.me/works_84.html。

《Keep：怕就对了》视频广告画面 [1]

　　每个人都可能在运动中产生过一丝畏惧，总会找借口好让自己能心安理得地放弃。其实畏惧是阻力，也是动力。KARMA 策划的这则广告，通过点破有关畏惧的辩证关系，向每一个面对运动有畏惧感的人直接喊话，"怕就对了"。

　　广告在创意内容上环环相扣，层层递进，触达用户心智。《我怕》篇 TVC 是从精神层面来传达观点，着力展现畏惧是阻力也是动力的辩证内核。平面长文案进一步展现 KEEP 帮助用户突破畏惧、实现超越的理念。

用创意为客户打好每一场"诺曼底战役"

　　KARMA 最突出的是什么？张俊杰认为，作为一家以创意为主导的广告公司，KARMA 用其独特的创意，帮助客户做一些伟大的、里程碑式的事情，如同为他们打一场"诺曼底战役"。比如 Keep，比如饿了么，都是在品牌初创时期由 KARMA 给他们做出了有冲击力和影响力的广告策划，在行业内撑起一片天。

---

1. KARMA 官网，《Keep：怕就对了》，http://www.karmais.me/works139.html。

在为饿了么做策划时，KARMA 团队首先考虑的是从品牌名出发，从而洞悉广大消费者的行为习惯。在每个人印象中，在家的时候，只要饿了，就会很自然地叫妈。团队决定利用这个洞察，提炼出创意概念："饿了别叫妈，叫'饿了么'"，力图让"饿了么"与"饿了，妈"产生情感上的联系，引发消费者的集体共鸣。

除了洞察够精准，想法够犀利，在创意执行上也一丝不苟，始终以超高标准来对待每一件作品，这也是 KARMA 作品深受业界认可的原因。在"饿了别叫妈"案例中。为了对创意做出精准表达，团队选择了不同白领群体的生活场景，设计了荒诞有趣的情节，并大胆向品牌建议邀请当下的一线谐星王祖蓝，充分利用他扎实且搞怪的演技，让他一人分饰多角来演绎 3 部不同的 TVC。

在这组广告拍摄期间，饿了么的 CEO 曾问过张俊杰，为什么饿了么在 KARMA 这里变得这么搞笑，品牌调性十分搞怪。张俊杰答道，那是因为，吃外卖其实是一件不开心的事。由于没有时间好好出去吃一餐，或者给自己做顿饭，忙碌的工作让人们不得不选择外卖来填饱肚子。如果点外卖的时候是不快乐的，而吃饭本身应该是件快乐的事情，那么怎么能让人快乐一点呢？基于这一思路，KARMA 才决定请谐星王祖蓝担任代言人，以幽默风趣的方式演绎饿了么的广告。"点饿了么会比点其他平台的外卖要更开心一点"，这就是 KARMA 想要为饿了么做到的。是广告给了消费者对于品牌无法抹去的深刻印象。

《饿了么，饿了别叫妈》视频广告画面[1]

因为 KARMA 之前为饿了么打造了一系列动图海报，成功助力品牌进行了一波校园推广活动，所以在 2015 年品牌委托 KARMA 继续为其进行品牌塑造，扩大知名度，进一步将饿了么与消费者，尤其是白领消费者的点餐行为关联起来。让消费者将点外卖与点饿了么画上等号，宣告饿了么在点餐行业的市场领导地位。

1.KARMA 官网，《饿了么，饿了别叫妈》，http://www.karmais.me/works_51.html。

在如今的广告行业里，广告公司、创意公司层出不穷，激烈的竞争导致每家公司似乎都面临着潜在的生存危机。当被问到会不会有这样的顾虑时，张俊杰说："当你是处于少数派位置的时候，你就会被看到，所以我们不害怕。"在饿了么的案例中，KARMA 用他们的创意和独到的洞察见解，做出了一系列具有广泛影响力的广告。也正是因为这些广告，人们知道了饿了么品牌，代言人王祖蓝也因此大大提升了知名度。"外卖界的第一则广告是我们做的，我们很高兴地看到品牌因为我们的广告，在市场中从无到有，发生了巨大的转变。这是让我们很骄傲的事情。"除了饿了么之外，KARMA 的创意与用心也为其他不少品牌打赢了各自的"诺曼底战役"。越努力，越幸运，他们的高水平、高质量、高要求，在业内形成了很不错的口碑，吸引了越来越多的品牌前来合作。

用愤怒和叛逆的力量来做最有趣的事

KARMA 留给人们的印象一直以来都是有个性、有态度，甚至是有点叛逆的一家公司。对此，张俊杰很乐于接受并发扬这种"叛逆精神"，毕竟只论做别人不敢做的事的这份勇气，就已经足够从众人中脱颖而出了。

"我觉得愤怒就是一种力量，有的时候你看不惯一个东西，你就会做一些东西去打破它。"紧接着张俊杰道出这份让别人看不透的叛逆来源。每个人或多或少都会有愤怒的时候，但大部分时候人们都是随意地发泄掉自己的不满，为什么不利用好这些愤怒的力量去做一些事情呢？对于一件事，有可能不光是自己，别人也和你一样有着不满。而作为创作者，既然有能力去做一些事去表达这些观点、这些态度，那么何乐而不为？

在利用这些愤怒力量的时候，KARMA 秉持的心态，是希望它变得有趣，天马行空的想法都被用于做同一件事——表达叛逆。

"我想赚钱，但我不要每天都赚钱，一年中我要找一些时间，让大家花点钱，玩一下属于自己的东西。"KARMA 创造了自己的人物动画片，用这些故事去参加淘宝造物节。这也是团队在"玩"的一个体现。公司盈利，有钱就开开脑洞、办活动好好玩一场，没钱就暂时不去玩，这是张俊杰简单但有趣，且行之有效言之有物的逻辑。

KARMA 每年都会做饱含团队特色的个性月饼，这些月饼不会售卖，团队只是将它们作为礼品赠送出去，送给合作伙伴或者客户。此外，KARMA 每年还会做自己的创意T恤，当然这也是不出售的，因为那是文化，而张俊杰认为文化是不可以被买卖的。"我们觉得这都是很偏执的想法，反正就是天马行空，想到什么就玩什么，可能坐在马桶上就有了一个点子。"当然，张俊杰也在玩的过程中做好了公司的建设。

"小黑月"月饼 [1]

在如今的时代，行业媒体良莠不齐。有的客观评价案例，有的却出于利益粉饰平庸的创意。作为创作者的 KARMA，同样也是消费者，更应当去伪存真，持有理性客观的立场。于是，KARMA 在中秋节推出了"小黑月"月饼，希望每个创意人带着"黑月在头，明镜在心"的态度去明辨好坏。

KARMA 引用公正客观的代表性人物包公头上的月亮形状，再度联合当红甜品店 PINK PIG，将月饼制作成一口一个的迷你大小，颠覆了传统月饼因分量较大带来的甜腻感。

KARMA 的小伙伴们更是扮演包公出镜，并制成系列海报，配合有趣的"吐槽"文案，以轻松的方式对"难辨好坏"的现象进行调侃。而包装上也将 KARMA 人融入设计，以自身的态度去号召创意人坚定内心判断。

"我觉得可能跟年轻化也有关系，这家公司很年轻，我也只有三十几岁，我们有很多年轻的小伙伴，我觉得年轻人做一些叛逆的事情很正常。如果 KARMA 有幸活到中年的话，这家公司我觉得他可能也不会叛逆，也不能再叛逆了。"活在当下，做年轻人想做的事，没有约束没有限制地表达，这是 KARMA 带给他们的限定狂欢。

虽然在某些问题上 KARMA 表现出了令人惊讶的叛逆，但对于工作、对于客户，它又能保持极其专业的素养和认真投入的态度。因此 KARMA 的"叛逆"在业内也广受好评。"大家还是很喜欢我们的叛逆的，而且很多时候客户跟我们的想法是一样的，只是他没有说而已。因为叛逆并不影响我们工作，就没有人会来指责你。因为我们是专业的，我们的态度和成果就在那里，那么我就有叛逆的底气，我是不怕别人说的。"

1.KARMA 官网，《"小黑月"中秋月饼》，http://www.karmais.me/works_143.html。

做广告最大的挑战是时间和金钱

任何辉煌亮丽的成就背后，总是有无数次的失败和教训，优秀广告人张俊杰也毫不例外。在张俊杰看来，做广告的过程中面临的最大挑战就是时间和金钱，而这也是一个优秀广告作品成功出炉的两个必不可少的先决条件。

尽管 KARMA 做过很多富有创意的精彩作品（如上文所述的小黑月等），但公司主营的还是商业广告。商业广告是在甲方给的预算范围内去实现效果的最大化，而所要达到的效果不外乎直销型和品牌型。然而往往预算之内的效果是有限的，如果想做得更多、想得更远，信息量更丰富的话，就必须在创意、制作以及人力上加大投入，这些自然需要更多的金钱作为支撑。比如，接到一个全球执行的案子，他们有非常好的想法和创意，但因为甲方提供的预算不够，不得不调整原先的创意，这会影响广告的效果，也会或多或少地影响创作者的设计满足感。在张俊杰看来，这和做电影是一样的道理。有时投资不够，那些需要耗费大量人力、物力、财力的镜头可能就不得不大大缩减，甚至以替代品来取而代之，而这自然会影响最终需要达到的效果。做广告也一样，在条件不那么充分、预算不够的情况下，他们也必须站在甲方的立场，去考虑如何将原来的创意和概念最大化地表达出来，这是他们在广告创作中遇到的最大挑战之一。

做广告还有一个挑战是时间。如果广告要想达到好的效果，不仅需要创意的制作，对及时性与有效性也有要求，特别是商业广告。比如，虽然冬天是羽绒服畅销的季节，但是相关的宣传广告却不能在冬天才出台，因为在秋天人们已经通过各种广告或品牌宣传在选购自己属意的羽绒服，而冬天投放广告就错过了它的黄金宣传期。在国外，真正既有创意又能呈现出最佳效果的广告方案都需要提前很长一段时间，甚至一年时间的制作准备。但是在中国，很少有广告人能做到今年冬天构思好明年冬天的案子。因为中国的互联网信息更新太快，每天都瞬息万变，某些互联网品牌（包括大牌电商苏宁）经常会在碰到某些商业契机时，需要能在很短的时间（比如十天之内），帮它上线一个创意广告作品。但很多好的作品、好的创作并不是短时间内就能做到的，它们需要很长时间才能打磨出来。这也是张俊杰认为没有哪个作品是令人 100% 满意的原因。时间和金钱，在张俊杰看来，是做广告最大的两个挑战。

广告人应当触类旁通，跨界学习

张俊杰认为，我们不能用自己的优势去对比别人的短板，却忽视自己的劣势，这就是为什么我们需要去学习、去跨界、去尝试不同的领域。广告需要不断地创新。跨界让广告人离开原来的领域，但不等于抛弃它。广告人应当锻炼自己表达的能力，清楚自己在广告上所需呈现的事物是什么样子。

在合作方面，如果与合作伙伴一起探讨广告方案时，没有储备好的想法，那么可能就将失去机会，这对于广告人来说是万万不能出现的情况。如果对身边的事物不擅于观察和思考，一旦有人不认可或否决自己的方案时，就会对自己的能力产生怀疑。"其实，你并不用气馁，因为不是自己的能力不行，而是自己需要去学习更多的知识，充实自己，去接触更多的事物。"广告人只有学会触类旁通了，才能创作出有新意的内容。

张俊杰是美术生出身，在写作方面并没有过多的涉及，但是经过日积月累的学习，他也慢慢摸索出门道来，写了很多关于美术、广告与生活的故事。跨出自己原有的领域，会发现另外一个天地。跨界能力越强的人，未来成长的高度和空间会越大。奉献了时间成本，就能得到相应的果实。张俊杰每天工作时间都超过 12 个小时，好像除了工作以外，就没有了自己的私人生活。但他认为，他的工作和生活是交融在一起的，因为非常喜欢这个行业，所以张俊杰并不会觉得这只是一项工作。在工作以外的时间，他会选择看些电影，在电影中汲取灵感。他会花一些时间和不同的人聊天，自称不擅长社交的他，却很喜欢和人近距离地聊聊天。这些习惯其实也是受工作的影响。无论是看电影还是与人交流，都是在了解人，了解别人在想什么，思考如何与人沟通，如何将品牌好的价值观转化成人们听得懂的语言、能接受的东西。他建议，在生活中，应该坚持读书、看电影，在放空自己的同时，汲取生活洞察，感悟生活灵感。最后，它们都能转化成工作中的很多奇妙的想法与构思。

品牌诉求、传播策略和创意构成广告金字塔

张俊杰认为，广告的金字塔结构保持了它的稳定性。金字塔地基，也是最基础

的一层是品牌诉求，然后才是传播策略，这是金字塔的中间层，再上面才是创意，是图形、文字。做广告案例，首先得有一个中心的思想，然后再从中心思想出发，发散思考。广告的创作，包括我们做海报，一定都是遵循这个程序的，要先明白要表达的观点是什么，其次才是思考用什么样的故事来表达。

学生时代做广告设计，经常是先想到一个有意思的图案，却想不出后续应该从什么角度去发散。这就是因为金字塔没有地基，只有一个尖尖角，因而不能成型。品牌诉求最根本的一点是品牌方要卖什么，是要把产品卖出去，让产品和品牌被别人知道。当然，我们平时看到的、最耀眼的一定是创意，但传递的实际上是最下面的地基部分。"为什么说创意是金字塔的塔尖呢？因为创意要足够尖锐。不尖锐，捅不开你跟消费者的沟通障碍，他凭什么看到你？但这种尖锐不是满减优惠，不是洗脑式的传播。你只有在建好下层建筑，以策略作为中间轴导流好的时候，才能发挥创意的作用。这时候你上面金字塔再怎么尖锐都没关系，他跑不了，他一定是一根直线上来的。"

如果只是想到一个好玩的点子，没有地基，那这个想法一定是飘着的。当明确了品牌诉求，传播策略就成了进一步要解决的问题，怎样才能让自己的广告达到更好的传播效果，这是广告公司每天在思考的事情。这跟创意有关，跟策略有关，跟传播也有关。在什么样的媒介上采用什么样的策略，如何做到精准投放，这些都是需要考虑的事情。

张俊杰 认为，每个案子都想让它的传播效果更好，但是现在最好的效果是什么？像快手、抖音那种比较受下沉市场欢迎的模式吗？如果想要结合一下，我觉得是可以结合，但关键是怎么结合，而且这并不意味着所有的品牌都可以使用这样的传播媒介。

不是所有品牌都会一味地满足一些人在某种层面上的趣味需求。甚至有些有品牌力的品牌是坚持不做这样的事情的。只有没有号召力的牌子才有可能会以这样一种形式出现在大众视野当中。"他想要做生意，他想赚钱，才去选择这样的渠道。"

今天很多时候，广告是在往"下层"走的，普罗大众喜爱的可能是抖音、快手，对一些广告不能理解甚至拒绝。张俊杰和他的团队做过很多实测，把欧美广告翻译成中文后呈现给中国消费者，许多人都看不太懂，但对于广告人来说，这些广告却太巧妙、太幽默了。如何让广告被广大群众理解，并且逐渐培养他们的鉴赏能力，对于广告人而言，是个难题。

在广告中，美术和文案都是手段，其目的是把品牌价值、产品好处讲清楚。低级的讲法是在很多分众媒介上可以看到的，那种"洗脑"的方式。如果广告都是这样的，那广告创意公司存在的价值就不高了。张俊杰说，他们不会为了迎合这样的人去改变内容，如果做了，他就不再是原来的自己了。

实际上，作为创意总监，他可以坚决地拒绝做低端的广告内容；但从公司运营层面考虑，就需要想其他的问题。该不该为"五斗米而折腰"？如果是"十斗米"呢？张俊杰很实在地跟大家说，他一年不能超过两次做"为十斗米折腰"这样的事情。在张俊杰眼里，他们是一家很小的广告公司，他们要做的是服务好自己的客户。好在这些客户通常是一些很好的品牌，不会有低端化的广告要求。"有些东西（下沉式的 / 低端的广告内容）我也不是很会做，给我'十斗米'也没办法完成。这相当于把我的理论知识、实践经验、人生阅历都化为乌有了。那么和请我爸来想创意有什么区别呢？你不如请我爸来做广告好了。"张俊杰言语中透露出调侃的意味。

中国广告行业将进入一个混沌期

张俊杰认为，当市场持续不景气的时候，大品牌会在营销支出上收缩，而小品牌为了卖货会无章法、无底线，所以各种营销乱象会出现。混乱产生机会，广告公司会越来越多，像 KARMA 这样的独立机构也会越来越多，很多广告人在大公司历练之后跳出来自己开公司了。这些在国际 4A 公司和优秀本土公司培养下的一代年轻人非常厉害，他们是 4A 公司的佼佼者，也是创意热店的领袖。但现在整个市场的扩张、网络平台的繁荣，让很多人都转变成了广告人，广告人的门槛变得特别低，人人都号称自己在做广告，实际上不是所有人都受过正规的训练，他们中的一些人其实是不够格的。随着市场变化，很多公司会被淘汰，被整编，但从公司的角度来看，市场可能会缺失人才。

在KARMA,收费其实和4A公司一样,因为他们觉得自己符合4A公司那样的水准,能提供高质量的服务。伴随着经济形势的日趋严峻，市场竞争主体日渐增多，为了生存，鱼龙混杂的广告公司可能会做坏市场。比如把价格降低，作品的品质也会大打折扣，甚至催生出诸如数据造假、流量劫持等一些歪门邪道的做法。

由于中国地域广阔，地区文化差异大，人们对广告的接受度与国外有较大差异。在美国，由于城市化程度高，彼此的思想文化差异小，全国可以看同一个广告。而在中国则不行，需要针对不同人做不同的广告。品牌是根据一个大战略来做广告的，所以就会发现有的人能看懂的东西，有的人却看不懂，一些人很喜欢的内容，另一些人却很讨厌。中国的主要市场原本集中于沿海地区，广告只需要做给 4% 的人口看，但如今的市场范围扩大了，市场下沉了，张俊杰认为，广告在退潮，而不是涨潮，这是大环境决定的。

数字营销没有改变传播策略

对于数字营销，张俊杰给出了属于他的犀利观点。在他看来，大家都在谈论的数字营销，实际上只是消费者把时间花在了新的数字媒介上而已。而所有的理论体系、与人沟通的方式、沟通的内容，没有发生本质性的改变，仅仅是载体不一样，在不一样的载体上可能物料的形式会有所变化，时长、格式、切入的点不一样。

数字营销有一个好处，那就是以前不太会有人转发广告，因为它太"广告"了，而现在借助数字营销，很多人把广告做得不那么像"广告"了，在社交平台、在数字媒介上，大家会转发扩散。从这个方面看，数字营销还是有所裨益的，甚至于一些央媒都会讨论被转发的广告，因为这时候的广告对社会建设是有帮助的。

"我们为唯品会做过一个广告《父亲的求职信》，这个案子过了一年以后，官媒把它拿出来，讲了这件事情。当然他们没有讲这是广告，只说有一个品牌讲了这么个故事，就想和人们谈谈这个社会问题。我觉得这很有意思。"

我们都在大谈未来科技即将改变人类，张俊杰认为，在广告领域，目前谈的东西可能还只是停留在概念上。"你可以谈一些新的技术、新的交互，但它不会给我们创意本身带来一些本质上的改变。"这些新的技术，如 VR、AR……其实就是一种工具。"比如说传统平面广告，没有影像，不能跑不能动，就一个 logo，一个很开心的

唯品会广告《父亲的求职信》视频画面[1]

"爱与暖"是唯品会一直想要传递给大众的理念。临近父亲节，KARMA 团队通过一个父亲和女儿的故事呈现爱的温度，引发消费者共情。爱是有温度的，唯品会也是。

以退休父亲再求职的方式吸引人们去观看，用最普通也最朴实的情感触及受众的心理，让受众反思父辈与我们的关系，在快节奏的当下，寻求一个爱的平衡点。

团队想借此说出父亲们的心里话：你的独立，是爸爸的骄傲也是他的落寞。能干的你不想再麻烦父亲，可其实被你需要就是他的幸福。所以，别太"懂事"，去"烦"老爸吧！

1.KARMA 官网，《唯品会 6.16< 父亲的求职信 >》，http://www.karmais.me/works_124.html。

人，及一群男男女女在一起跳舞，它就是在讲一个故事。后来有影视广告了，他只是把静态的图片变成了 15 秒的，可以动、可以有两句对白的简单影像。有了 AR 以后呢？交互一下，它就多了一个媒介，但你原本要传达的概念，比如可口可乐的 Taste the Feeling、'这感觉够爽'，这个核心是没有变的，所有的广告还是得围绕着这根主轴。这个核心从来没有被新媒体改变过。"

科技给我们提供了创意的一些表现手法，利用数字的技术，增强人们的体验。广告的本质、对消费者的洞察、广告的策略、输出的信息等，一直以来都不曾改变。"只是说今天烧饭用炉子烧，明天烧饭用煤气烧，后天用天然气烧，但它的最终目的是一样的，只是体验有点不太一样。"

作为广告公司的创意人，的确需要了解数字营销的变化，得知道现在新流行的是什么，玩法是怎样的，但是策略不应该变，也永远不会变。"你不会因为突然之间换了一把枪的型号，就把作战的战略整个颠覆，那是不太可能的一件事情。"

"在源头上，你如何去执行这个战略，是拍照片好，还是就做一个视频好？或者请明星发一条微博更能达到效果？我们应该利用好数字媒介，延续创意的策略，而不是大谈什么数字营销。"

在今天没有哪个营销案子能离开数字化手段。"现在没有哪个品牌不是在做数字营销的。"张俊杰如是说。广告公司在思考所有案子的时候，都会思考传统渠道和数字渠道。在张俊杰眼中，这跟以前没什么两样，只是现在需要考虑在不一样的媒介上不一样的使用习惯而已。因为新生代在手机上停留的时间越来越长，给创作者的空间就越来越大，可以做的事情、表达的内容就越来越多。在数字环境之下，广告公司的工作也更加辛苦。"原本你只要 3 页 PPT 就能讲完的方案，今天你可能需要 15 页、20 页、30 页 PPT 去讲。"可以看出，数字营销一定程度上也给广告公司带来了压力与挑战。

（采访：沈怡雯　谭艺凡　刘　航　李侑拿　梁礼赞）

Chapter 14

站在故事背后的广告人

——上海火橙广告股份有限公司创意合伙人屈伸、TVC 导演廖义源

　　屈伸，上海火橙广告股份有限公司董事，他经历丰富，做过大学老师，开过酒吧，靠卖画维过生，当然也在许多的大型广告集团工作过。从设计师一直做到创意总监，工作经历包括李奥贝纳、TBWA、阳狮、盛世长城、睿狮、威汉等广告公司。获 2010 年法国夏纳广告节户外类银狮奖、促销类铜狮奖，2011 年美国 One Show 广告奖银铅笔奖，2011 年美国克里奥广告奖银奖，2011 年美国纽约艺术指导俱乐部年奖银奖，2011 年新加坡亚洲顶尖创意奖（Spikes Asia Awards）金奖。

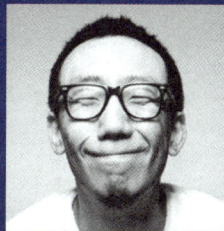

　　廖义源，上海火橙广告股份有限公司 TVC 导演，创意人出身的新锐广告导演。2004—2006 年在北京睿狮广告公司任资深美术指导，2006—2008 年在上海李奥贝纳任创作组组长，2008—2010 年在香港恒美广告公司任副创意总监，2012—2014 年回到上海睿狮任创意总监。他擅长把握风格强烈的影片，能切身了解客户的传播诉求，在代理商的创意基础上深入挖掘广告核心精神，让商业和艺术得到完美的结合。代表作：蚂蚁金服系列微电影广告。

　　火橙广告股份有限公司前身为上海晶橙广告有限公司，2013 年组建并吸引了众多专业人才加入。目前有六大事业部独立运营，业务涉及广告创意、公关、影视制作、数字营销、娱乐营销、技术开发等，专业资深的团队协力作战，为客户提供高质、高效的整合传播服务。2015 年为了谋求更大的发展，融资近一亿元人民币推出 360°传播内容解决平台——火橙优选，以人为核心、内容为入口，重构边界，建立传播内容的垂直生态链。

　　在火橙的办公区，一张大桌子，周边随意摆放着各种东西，有躺椅，有健身器材，有玩偶，甚至还有一个台球桌。与其说这是一家公司，倒不如说是一个休闲娱乐中心。就像廖义源为蚂蚁金服拍摄的广告微电影《五分钟》一样，几个兄弟，三五好友，一群为理想奋斗的伙伴，在一间屋子内拼搏、努力，燃烧着青春。屈伸认为："广告公司就是这个样子，很随意，大

家在这里都很自由，创意不是压抑出来的，是在自由快乐的环境中迸发出来的。所以广告公司大多非常的舒适和随意。"

　　廖义源兼任编剧和创意文案，为蚂蚁金服拍摄了系列广告：《早与晚》《信与不信》《五分钟》，这是廖义源从创意人转型导演过程中的三部代表性的微电影作品。这个案子是直接与客户沟通的，没有经过中间环节或代理商。在谈到这个案子的时候，廖义源颇为感慨，作为一个创意人转行出来做导演，有人质疑或者是不信任，这是在情理之中的，因为你可以是个不错的创意总监或美术指导，但不一定就是一个能讲好故事的导演。所以廖义源非常感谢支付宝和火橙的高层，感谢在他角色转变期间，这些敢于冒风险帮助他的人。廖义源经常说："有想法的人很多，需要有办法的人帮你落地。"

创意来源：构建从产品到故事的逻辑线

好的故事创意并非凭空而来的。廖义源认为，首先需要考虑产品本身的属性。在案例中，蚂蚁金服关注的人物都是底层的创业人士，他们通过拼搏获得成功。这些人物的故事来源于真实生活，同时这样的前后对比也是能够打动目标用户的因素。客户提供了9位真实的独立软件开发商用户，火橙从中再挑选三个有代表性的故事来做拓展。比如《五分钟》主人公的原型叶海鹏原来是开餐厅的，他带了三四个合伙人，一起从公司出来转行做独立软件开发商，利用支付宝这个平台上的口碑数据，开发替换餐厅中原来的线上互动参与软件，而这个故事即《五分钟》的创意来源。

有了这些故事，下一步便是去寻找一条能将产品与故事连接起来的逻辑线。从产品功能来说，蚂蚁金服基于其实名制的特点能够提供大量数据给独立软件开发商；从故事逻辑来说，独立软件开发商在初创时期往往缺乏数据和平台的支持，很多餐厅不相信故事主人公叶海鹏们能帮他们实现盈利，因此创业遇到了瓶颈。而广告故事中的高潮就来源于这两者间所能形成的转折关系，从故事开始时遇到创业瓶颈，到使用产品后发生了巨大转变，这就形成了一个简单而合理的故事逻辑线。

抓住每个人物背后最能够打动人的戏剧点

简单的故事要拍得生动好看，最重要的就是感人，从故事本身出发，去寻找有趣的或是煽情的共性，以引发受众的共鸣。这种共鸣没有脚本可以参考，要从一个个的创业故事的情节中抓取，要从细节着手。

在《五分钟》这部广告片中，故事中的主人公在没有蚂蚁金服产品的几年内，曾向无数餐厅老板介绍他开发的软件能给餐厅带来好处并寻求投资，而那些老板常常会以没有时间为由拒绝他，这样的故事情节包含着广告受众们能够普遍理解的生活经验。而火橙所做的是在这个普遍经验中创造出一个戏剧冲突，他们把"五分钟"打造成故事中独特的概念，即主人公每次找餐厅老板时，老板连五分钟时间都不愿意给他，这恰恰就是目标用户的痛点，而这样的处理能够更深刻地将这一点传达给目标用户。

当有了核心的戏剧冲突后，就需要通过一个个人物和画面的细节对其刻画雕琢。

在《五分钟》开头部分的场景中，在餐厅的后厨，叶海鹏正跟着一位老板在一条极为狭长的通道中穿梭。餐厅老板被设定为一个胖胖的迂腐的形象，他不耐烦地对身后的叶海鹏说"我今天没空"，然后转头就对厨师说"包间的菜准备好没有"；而后当他们来到餐厅门口时，叶海鹏又急忙说"5 分钟！就给我 5 分钟"，在这里将"5分钟"设定成一个口头禅。在这个场景中，餐厅老板应酬多多，餐厅包间的细节暗示了有头有脸的大人物，因而自然地体现出老板无暇听主人公的介绍，他的产品也没有吸引力。在老板将门关上的一瞬间，镜头放大，对准主人公，响起主人公的独白，"又一次被拒之门外，从一〇年到一五年我一直是个失败者，五年来……"。在关上门的一瞬间，交代原来这样一个一直被拒绝的人物叫叶海鹏，他是什么公司的创始人，他是干什么的，为什么会被拒之门外，通过具体的场景交代这个人物，交代故事环境，用这种方式代替了平铺直叙式的背景交代。其实，在本就不长的时间内，每一个短暂的镜头都有其意义。

这一部分在三分钟的片长中占据了一分多钟。廖义源表示，这是为了要第一时间抓住观众的眼球，通过这样一件事情就交代了这个人物和故事环境，吸引观众看下去。这就是设计这样一个开头的目的。之后，镜头就进入了快速的切换来表现主人公创业的艰辛。在画面中，他走过街头，走进另一家餐厅，走到餐厅的员工宿舍，和一群穿着白衣服的服务员在一起工作，然后把一个二维码贴到桌子上，扫描后出现一个菜单，过程十分方便。这样的细节交代了主人公的产品可以解决餐厅服务员过于繁忙的问题，但是没有支付宝的数据支持，叶海鹏的这个产品还是被别人拒之门外。

这整个过程中也不乏廖义源对细节的安排，在主人公为服务员介绍二维码菜单便利性的同时，画外音开始介绍：为了研究餐饮业的痛点，他走遍这里的大街小巷，他今年 37 岁，有老婆孩子，可是天天和餐厅服务员混在一起，甚至一住就是 3 个月。这些家庭背景也来源于真实的故事。之后，他穿上服务员的衣服，为需要点餐的客人介绍扫码点餐，顾客却对他非常不耐烦，叶海鹏刚想解释就被餐厅老板赶出来，之后一瞬间那个餐厅老板就把他贴在桌子上的很多二维码都撕下来扔在地上。这时，又通过被撕下的二维码到创业伙伴的烟蒂的画面叠加，用蒙太奇的手法表现出创业虽然有压力和痛苦，但更多的是兄弟们的坚持和互相的鼓励，以此来激励目标用户。

另外，"五分钟"这一细节也贯穿始终。"时间会告诉你坚持的价值"是这个广告的核心主题。从开始的老板不愿意给主人公五分钟时间，到最后主人公回到那个包间对老板说"五分钟到了，该忙就忙吧"，利用了"时间"这一概念，把整个故事的逻辑和重点凸显出来。

虽然细节很重要，不过廖义源表示，如果仅从细节去剖析故事，能看到的只是局部，其实他们原有的脚本和最后拍出来的故事也有很多的不同。他认为，更重要的是去抓住每个人物背后最能够打动人的部分和戏剧点。应当从更宏大的视角来看这些创业故事中有什么地方是值得推敲的，然后去改编，改编成自己想要的东西。

《五分钟》微电影剧照

《五分钟》开头部分的镜头

有无数的痛苦和挫折

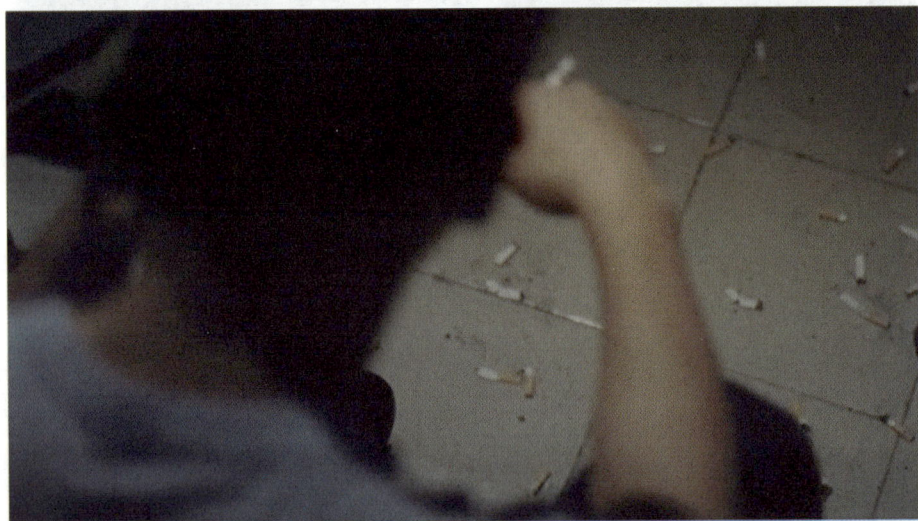

《五分钟》里餐厅老板撕下二维码的镜头和创业伙伴的烟蒂的镜头

如何感动人？在共性之中寻求个性

廖义源在构架整个故事之前，与几位原型人物聊过很久。他感觉聊完后并没有特别大的感触，因为创业对于当今社会的人而言都不陌生，对创业中存在的理想与激情、痛苦与起伏，大家心知肚明。那到底要用什么来感动别人呢？廖义源决定分别去刻画三个片子中的三个不同的人物，在共性之中寻求个性。

商业广告要有共性才能引起受众最大的共鸣。在这个案例中，共性便是故事里三位中年男人，到了三四十岁的年纪，他们的身份既是老板又是父亲，有理想同时又不能逃避现实，所以又要兼顾又要舍弃，这就是矛盾与戏剧点所在。坚守创业精神的叶海鹏（《五分钟》）、眷顾家庭的冯越海（《早与晚》）、洋溢着理想和情怀的黄麒（《信与不信》），他们身上有昂扬的精神和巨大的压力，这是所有三四十岁左右、事业处于上升期的男人们身上的共性。当然，在创作中廖义源也会加入自己与身边朋友的故事，他认为广告艺术同样源于生活。

《早与晚》讲述了米雅科技的冯越海利用开放平台强大的数据，在 37 岁开始的创业生涯逆袭的故事。廖义源用"早起"与"晚归"之间的冲突和张力更多地表现冯越海担负亲情的一面。主人公为了推销自己的产品，每天四点起床出去敲门，吃了无数的闭门羹，深夜回家错过了儿子的生日，最后还被儿子关在门外。廖义源在他说出"门会关上，也就一定会打开"的时候，穿插了一个过渡性的镜头——他

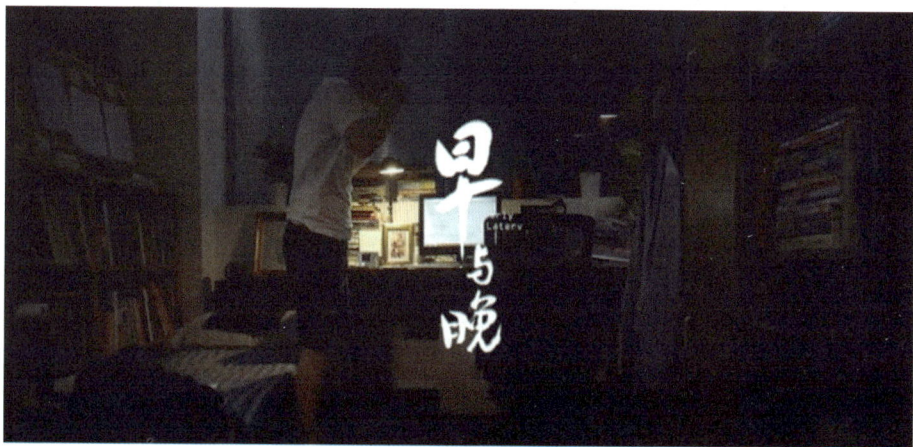

《早与晚》剧照

儿子的画。那个被很精致的油画框装裱起来的幼稚的画，表示冯越海很重视家庭，重视儿子，但无法陪在他身边。现实很无奈，他只有通过猫眼对着镜头唱生日歌哄儿子开心。廖义源相信，这个镜头可以打动千千万万惦记着家庭的男人、女人和渴望父母回家的儿女。

不仅要对商业、公关敏感，更要注重创意与细节

猫眼镜头是浮现在廖义源脑海中很久的一个画面。作为美工出身的导演，廖义源有自己的视觉要求，他甚至觉得这个要求多少有一点偏执——希望拍出来的每个镜头都有意思。他认为，人之所以会对一些特别的镜头留下深刻印象，是因为人日常的视线高度是一米七，或者是坐下的一米二左右。因此，他就想把摄像机放在一些人们眼睛看不到的地方，比如从很低的角度拍人走路的皮鞋底，从很高的角度拍一个脑袋，或是从很微观的角度拍一个猫眼。廖义源认为："做广告的人，不仅要对商业、公关敏感，更要注重创意与细节。"

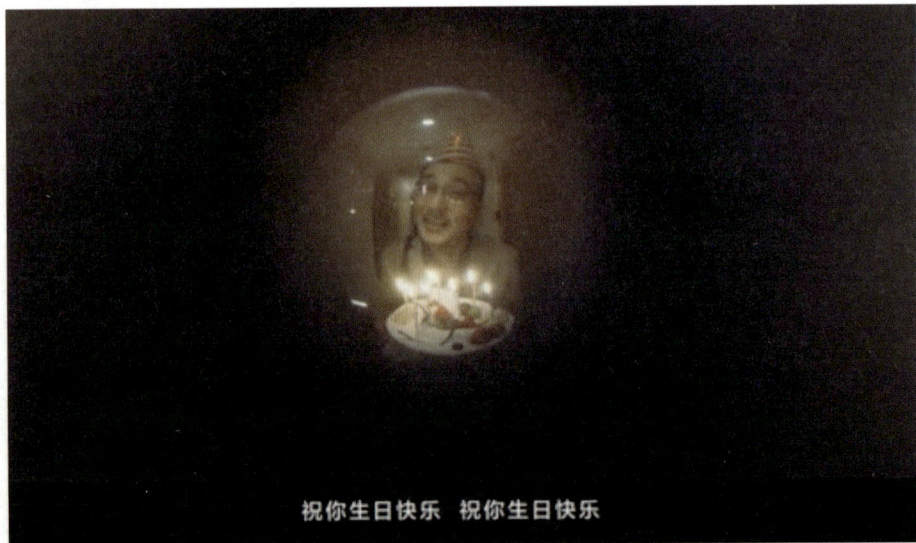

祝你生日快乐 祝你生日快乐

《早与晚》中冯越海在猫眼里给儿子唱生日歌的镜头

《五分钟》中，做点菜软件的叶海鹏到餐厅服务员的宿舍，房子墙上贴满了周星驰的《食神》之类的海报，其实是有意为之。廖义源说："我希望我的片子耐看，一闪而过的镜头能让人来回反复看……周星驰我也喜欢，我觉得拍片首先要导演自己喜欢，自己不喜欢不来劲凭什么要求别人喜欢呢？其次，这些就是为了营造一个气氛，有真实的气氛才能让演员融入进去。"

有了它 你们就不会忙不过来了

《五分钟》里叶海鹏在餐厅服务员宿舍的镜头

《早与晚》中，两本有关于马云的书分别在片头和片尾中出现，这也是廖义源的特别设置。对创业者来讲，大家都把他当偶像。廖义源说："记得有一次去一个哥们的创业公司，老板办公室装修得很体面。当时他腿翘在几丈宽的老板桌上看马云的书，书架上摆满了各种马老师的书籍。他对马云说过的话倒背如流，对马老师的奋斗史如数家珍，这让我印象非常深刻。"

熟悉广告行业的人知道，在这三部微电影中，有20来个广告人客串出演。廖义源解释说："除了预算的问题外，首先，我相信一句话，没有不合适的演员，只有不合适的角色，每个人都有适合自己的角色，就看导演能不能把他放在他觉得合适的、舒服的环境里去。因为我都算了解这些人，我知道他们适合什么，每个人的台词都是根据他们自己的'口音'来写的；其次，我比较害怕陌生环境，我喜欢跟自己熟悉的人待在一起，有他们在，我就可以在现场保持一种恶作剧的心态，拍片我觉得好玩为主，苦哈哈的各种难受不是我要的。另外，我跟团长很多年的朋友了，我很了解他，团长本身就是个性色彩非常鲜明的一个人。再一个其实我是把他当广告植入了，你想他这么大一腕能出现在这片子里，得受到多大的关注和转发啊，所谓'惊鸿一瞥倾倒众生'就是这个意思。"

蚂蚁金服三部微电影中出现的广告人：上排左起为团长[1]、火橙屈总，下排左起为 Hom、火橙黄总

---

1. 百度百科，《陈绍团》，广告人，人称"团长"，从业 20 年，有国内公司与国际 4A 的双重经历。为万科、奥迪、凯迪拉克、本田雅阁、小天鹅等品牌策划过诸多著名案例。2014 年创建找马品牌管理与创意（上海）有限公司，致力于互联网大潮下的品牌年轻化转型，以及产品创新、传播创新、品牌结构与引擎整合创新。陈绍团拥有出众的大局观和洞察力，以结构性与平台化思维见长，尤其擅长从竞争环境、行业趋势与社会背景中，洞察品牌、产品与人性的最强联系，并据此寻求品牌营销一体化解决方案。

有故事才有节奏，节奏只是故事的表象

要把握好故事性广告片的节奏，首先要有一个负责任的态度。廖义源认为，在拍摄之前，脑海中一定要有这个故事，有故事才有节奏；而节奏只是故事的表象，是可以用后期的剪辑来解决的。最好能做到刚拍出来的片子就和脑中想要拍的东西很接近。

广告拍摄整个过程牵涉的人和元素非常多，所以在拍摄之前脑中就一定要很清楚地看到这个故事的轮廓，不能到现场去创作。刚刚拍出来的故事成品，和最初的导演脚本能有 70% 到 80% 的符合就已经很不错了。

比如《五分钟》中，服务员端来一盘鸡送进包间，紧接着下一个镜头，叶海鹏坐在路边吃一碗拉面。从丰盛的鸡叠化成在路边的一碗面，廖义源通过这样的画面制造出一种戏剧性的张力，这种强烈的对比会让观众感觉到这个人物的心酸，这便是导演讲故事的手法和方式，会让观众觉得节奏特别舒服。

《五分钟》里叶海鹏在街边摊吃面的镜头

另外，《五分钟》作为一个创业故事，它有丰富的背景故事和情节，而在成片的表现中，只需要交代一个故事，把一个具体的例子讲好，之后只需要快节奏地切换画面即可做到丰富情节的效果。例如，片头主人公提出五分钟的请求一直被老板拒绝，这个情节是整个广告片的核心，需要完整交代清楚。因此，3 分钟的广告片中，

必须至少花 45 秒到 1 分钟来交代这个主体内容，而后中间 1 分钟快速交待一些情节以展现他创业中遇到的挫折。这些所谓的"佐料"如要展开讲 10 分钟都讲不完，而在片中，只需要用快速剪辑来呈现，为主体服务。之后用一个主人公在阳台上聊梦想和车来车往的画面，展现时间飞逝的感觉，之后自然地过渡到产品。介绍产品也要结合只属于这个故事的戏剧性，最后主人公又回到了片头的餐厅，与片头呼应，使得整个故事的叙事更加饱满。

当然，如果拍摄现场气氛很好，临时加拍一些东西也是可以的，只要不影响故事的大框架。例如叶海鹏被关在门外的一瞬间，服务员端上一盘菜这个镜头原先在脚本里是没有的，而在拍摄中偶然发现，这一镜头能加强故事的冲突性。节奏和剧情都是隐藏在这一个个镜头中的，关键就是要让故事情节更加流畅，这样观众看起来才更舒服。

连五分钟我们都拿不到

《五分钟》脚本里原来没有的镜头

广告公司的业务运作流程及部门分工

屈伸认为，广告公司业务运作流程主要分为以下几个步骤：

客户接洽与客户委托。这是广告公司具体业务活动的起点。只有客户下达正式的代理委托书，这一阶段的工作才算完成。

代理议案。广告公司在接受客户的正式代理委托之后，召开业务工作会议，对客户委托代理的业务项目进行具体的讨论和分析，确认业务推广的重点和难点，并确认具体的工作计划。

制订广告计划。这是广告公司业务运作的重点，是广告公司代理水平与服务能力的集中体现。这一流程的工作内容就是建立具体的广告目标以及为达成这一目标要采取的策略手段。

代理提案的审准与确认，形成广告策划方案或广告计划书。

广告执行，即具体执行客户签字认可的广告方案和广告计划。

广告活动的事后评估与总结。依据广告公司与客户双方的评估方案，对此次广告活动进行事后评估。广告公司还应以报告会的形式完成对客户的报告与总结。

广告公司一般有以下这些部门：

客户服务部，下设客户服务部总监、分组客户总监、客户总监、客户主任，负责制订计划、策略及实施，与客户及公司内部各资源进行协调。

广告公司的一般组织架构

创作部，下设执行创意总监、创意总监、创意主任等，负责广告概念的细化及创意，以保证广告计划高质量的实施。

媒介部，下设媒介总监、媒介策划、媒介购买，负责媒介策划及高效媒介购买。

企划部，下设企划总监、企划经理，负责调研分析、全面的实际研讨。

做广告就三件事情：你是谁、跟谁说、怎么说

作为拥有多年广告经验的广告人，屈伸认为，对于广告公司而言，客户的要求太过细致未必是好事。广告公司要创新，做些不一样的东西，需要比较大的创作空间，就怕有些客户要求非常详细、非常严格，比如说要求这句话十个字或八个字，有两个字一定要是什么字，又要有什么功能阐释，体现什么企业文化理念，这就很难写。不要依赖客户给你一个很详细的计划，而应让他给你一个很大的空间，你反而容易做。如果客户给了一个较宽泛的想法，那要怎样去抓住重点？其实做广告就三个支柱："你是谁"，即你有什么，你的产品是什么，你公司是什么样；"和谁说"，即受众是谁；"怎么说"，即表达的方式。

安个家 CEO 梁伟平给廖义源的要求就是：公司刚刚成立，但是要在行业内发出声音，让业内知道我们是来改变这个行业的。至于怎么发声，你们看着办吧。就这么简单。在这个案例中，根据客户的要求，廖义源总结出了两个重点：第一，客户知道自己是一个做 O2O 房地产中介的公司；第二，他们是要对行业内人士说话。在明确这两点后，客户将表达的方式交给了公司（廖义源当时所在的公司是睿狮广告）。

屈伸认为，大多数客户能在简报中明确其中两点就已经很不错了。有时过于成熟的简报反而会束缚广告公司的创意，当客户给你一个空间比较大的委托，他甚至告诉你我尺寸很宽，我也不知道我要什么东西，但是我知道我在跟谁说话、我是谁，其实这样已经很好了。在这一过程中，对广告的品位格调的要求也很重要。有些客户比较懂广告，又明白自己要什么，他的品位在一定程度上也是好的，最差的是在中间的那种客户，觉得自己有品位，给你的空间又小，然后让你反复改，那会给广告公司带来麻烦。

廖义源为"安个家"执导的广告

"安个家"是一个全新的 O2O 互联网房屋买卖平台，它希望能改变这个行业的旧模式，把房产市场扩展到线上，从而使得地位低下的中介得到解放。廖义源把安个家的 CEO 塑造成了一个类似慈善家的形象，有着高尚的目标，去帮助底层的房产中介，并且要为以往备受争议的房产中介争取到大众的同情。

而与安个家不同，蚂蚁金服在简报中给出了一个主题广告语"让世界看到你的价值"，这句话是说每一个人都有自己的特长或是自己想去实现的梦想，你直接去做，而蚂蚁金服这个平台，是可以帮助你实现这个价值的。廖义源本人也很欣赏这句话，因此在创作中，便想在片尾直接引用这句话。不过客户希望每个故事有一句单独的话作为总结，最后，廖义源根据三个故事拟出了三句总结，如《五分钟》的总结句即"时间会告诉你坚持的价值"，在"价值"的核心主题下，阐释坚持的价值。这个故事更多的是讲他的坚持，他从一直被拒绝到被人接纳，表达了"时间会告诉你坚持的价值"这样一个逻辑。

享受俯瞰大地般的创作体验

廖义源在生活中就是一个爱讲故事的人，无论是广告人还是导演都完全是他的志趣所在，这份职业最让他迷恋的就是一个作品从无到有的那种创作体验。廖义源说，他的脑海中时时会呈现许多影像，创作也好，虚构或妄想也罢，当他拿起笔写下一个个分镜时，它们便活了过来。他闭上眼睛就能看到故事发展的脉络，看到故事里每一个人物的喜怒哀乐，如同俯瞰着大地一般。

广告人还有一个重要的特质，就是团队协作。每个人脑子里也许都会有很多创意，但那都是抽象的，别人理解不了说得再多也是痴人说梦。这个时候就需要沟通和协调，用一定的符号语言表达脑中的东西，让团队明白你看到了什么地方，看到了什么人，他们在欢笑还是在忧愁，说着什么话，讲着什么故事，背景又响起什么音乐等。作为一个广告人，你需要让团队和自己处于同一频道，然后再以同一节奏去实现自己的想法，共同协作去寻找创意中需要的地点、演员、衣服、美术、道具等。

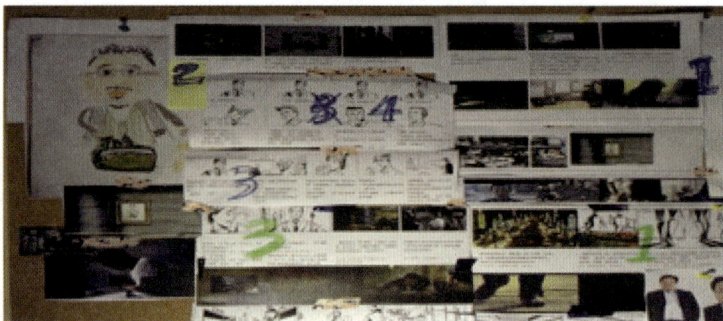

廖义源自己的故事墙

廖义源说，墙上这些记号能把自己脑子里抽象的故事翻译一下，但是这个得花时间去寻找感觉。蚂蚁金服的这三条片，是花了一个月的时间，才换来每条三分钟的高潮。

拍摄作品的时候，廖义源看见一群人从现实之中排队来到自己的梦境里，这个人与梦境比或许高了、矮了、胖了；又或许会突然闪进来一个人，刚好与他脑海中的想象重叠，然后他告诉服装，给这个人穿什么样的衣服，然后去找一个地方，把这个人放进去，让这个人说他的台词。这些人物在演绎着他梦中重复千万遍的故事。"当画面出来的那一刻，梦想照进了现实，这就是微电影广告拍摄让人迷恋的地方！"

屈伸也认为，做一个广告人首先得学会写故事。不管是文案、美术还是策划，最重要的都是写故事。他认为，应该要学会站在一个较远的位置，抓住每一个人物背后最能够打动人的部分和戏剧点，然后将之改编，使之成为自己想要的东西。"如果你连感动自己的故事都写不出来，还怎么感动别人？"

廖义源在讲到自己从创意人转型为导演的时候，给出了他对导演与作品关系的理解："在我心目当中，导演与作品最大的关系就是跟这个故事之间的关系，得是你自己写的或者经过你提升到另一个层面的，不然你就是一个执行者，因为那个故事跟你之间没有直接的关系。我看到很多导演拿着出街的作品说是自己的作品，我觉得那个作品基本的营养还是来自写这个故事的广告人。所以，我觉得广告人想做导演都是顺理成章的。"[1]

（采访：曹牧雨　徐广越　滨本奈里纱　潘彦彦）

1.《挖掘营销背后：安个家，告别最糟糕的工作！创作团队 Lowe 睿狮》，https://www.digitaling.com/articles/19997.html，2015 年 12 月 1 日。

Chapter 15

广告是可以达到艺术高度的

——oookini 广告公司创始人、合伙人王元元

　　王元元，oookini 广告公司创始人、合伙人，东京大学建筑系毕业，密苏里大学哥伦比亚分校新闻系交换生。曾任雅酷广告公司（AKQA）[1]策划总监、韦柯广告公司[2]（Wieden+Kennedy）数字策略与社会总监、《三联生活周刊》新媒体副总监、日本电通策划文案。做过的经典案例有：豌豆荚 Remix Me 跨界互动营销战役、陌陌《做一只动物》宣传片、耐克运动服 H5 广告、阿迪达斯能量跑项目。

　　广告是什么？有人说广告在商业进程中诞生，背后由金钱和利益驱动，一定有某种科学算法可以将广告的利益最大化。20 世纪初最出色的广告人之一的克劳德·霍普金斯[3]创作广告文案有一套科学的调研测试方法，他特别反对只为博眼球的广告。克劳德·霍普金斯认为，"广告创意人员放弃了他们的职责，他们把自己当作了一个演员，他们开始追求掌声，而不是销售额"。在他看来，销售额才是衡量广告的硬标准。广告有严谨的商业逻辑，如同科学一般，按照最完美的框架设计出来的广告一定是成功的。

　　也有人认为，广告具有美和艺术的价值，好的广告不仅能实现广告主的需求，还能给人以美的享受和心灵的慰藉。面对市场研究风气甚浓的广告业，有"广告界的莽夫""麦迪逊

---

1. 雅酷广告公司（AKQA）是世界领先的独立数字营销机构，在旧金山、纽约、华盛顿特区、伦敦、上海及其最新的阿姆斯特丹办事处拥有 750 多名员工。该公司为全球领先的营销商，提供数字战略、创意和技术解决方案。在全球范围内拥有许多大品牌客户，诸如耐克、联合利华、微软、可口可乐等。
2. 韦柯广告公司（Wieden+Kennedy）诞生于 1982 年，是随着耐克的成长而一路长大的一家以创意为导向的广告公司，推崇与大型代理公司不同的创意机制。目前，共有六个办公室，分别设在波特兰、纽约、阿姆斯特丹、伦敦、东京和上海。
3. 克劳德·霍普金斯（Claude C.Hopkins）是美国广告史上著名的广告文案撰稿人。他撰写的广告文案，使很多产品闻名于世。他发明了新产品强行销货的方法，发明了试销，发明了用兑换券散发样品的方法，发明了广告文案研究。他对奥格威等广告人产生了重要的影响。

大道上的疯子"之称的广告天才乔治·路易斯[1]就宣称"如果广告是一门科学，那我就是个女人"，"伟大的创意不能够被测试，只有平庸的才可以"。在这些人眼中，广告如同流水，没有固定的框架，可为涓涓细流，可为轰鸣瀑布，可为奔腾大江，可为深邃大海。

　　建筑专业出身的 oookini 创始人王元元对这两派都深有感触。工科教育背景带给他严谨的思考逻辑，让他能更快更好地洞察市场走向，而对艺术和美的追求使他对广告的制作和立意有着近乎苛刻的要求。出自他手的三得利乌龙茶广告 LINE 广告，就有着极致的美感，以至于王元元每次谈论起这些广告，眼里都闪着动人的光芒。

1. 乔治·路易斯（George Lois）是美籍希腊裔广告人，最叛逆另类的艺术指导。他是美国广告首席创意指导，是艺术指导名人堂（ART DIRECTOR HALL OF FAME）及创意名人堂（THE CREATIVE HALL OF FAME）的会员，身兼 LOIS/GGK 广告公司董事长及创意总监。他可能是美国历史上最有天分、作品最多的艺术指导，经典作品数不胜数。然而，他生性叛逆，轻蔑规则，无视权威；他的语言生气勃勃、离经叛道；他的作品奇特炫目、出人意料。

跳出圈子的人

或许在很多人眼里，拥有一份稳定又体面的工作是彰显人生价值的方式之一。一份安稳、靠谱的工作永远比不断尝试、创新来得轻松。然而总有一些人会选择在最安逸的上升期跳出原来的框架，开创属于自己的一片天地。

2014 年，供职于知名创意机构雅酷广告公司耐克项目组的王元元选择离职创立 oookini 工作室，这个小团队解释自己的创业是"抱着毕业的心情"。放弃 4A 公司的工作回国从零开始，并不是脑子一热的想法，也不是为了发展中国广告业这样口号式的理想主义，而是因为他们看到了当下许多优秀广告公司在体制及作业方式上面临的问题。在与王元元同期进入世界顶级广告公司的同行中，有许多人都已自立门户，这似乎已经成了一个全球趋势。一个旧的作业方式遇到问题之后必须跳出来，去做出一个新的模式，这样才能够去解决这些问题。如果没法在原来的体系下做出改变，为什么不自己创造一个全新的呢？

oookini

王元元认为，相比传统 4A 公司，雅酷广告公司这类成立于 20 世纪 90 年代左右的独立机构已经相当灵活小巧，但传播渠道的变化、新技术的出现和中国近年来的消费升级浪潮还是让其感到前所未有的机会正在到来。过去几十年，中国广告业服务的对象最关心的其实是生产和销售渠道，只有在消费升级、强调品牌独特性的过程中，创意的价值才会凸显。

逻辑与美的平衡

这位曾在雅酷广告公司、韦柯广告公司等著名 4A 广告公司任职过的资深广告人，实际上是建筑专业出身。在王元元眼里，广告行业是商业和艺术交会的地方。广告通过准确、快速地向市场传递商品或服务的信息，让消费者获取并接受广告主想传达的内容。盈利是广告的最终目的，因此商业性是广告最基础的性质。但纯粹的商业性容易让受众反感，而注重美与情感的广告风格能够以"走心"的方式俘获人心。广告不是硬生生的推销，它应该是柔软的、具有美感的。广告人一面是商人，另外的一面是艺术家，所以他在作业的过程当中需要在掌握商业的逻辑的同时又掌握艺术的想象力。广告设计需要两种技巧，一种叫作发想，另外一种叫作推演，发想和推演是广告设计的两种最基本的思考方式。建筑专业素养使王元元兼具了工科的逻辑和美与创意的洞察力，这让王元元在广告行业中如鱼得水。

作为广告人，好奇心和耐心是必须的品质。美国前总统富兰克林·罗斯福说："不做总统就做广告人。"广告是一个很有趣的行业，有些人混得好是因为他们肯留在这个行业里面，大多数人过了一定的年纪就会想离开。只有长期保持旺盛的好奇心，才能找到广告的乐趣，并坚持下去。广告也是一个压力很大的行业，如果没有百折不挠的"厚脸皮"，是难以承受质疑和高压的。王元元认为，如果决心踏入广告这一行，就最好不要离开，因为"猫吃过鱼后，猫粮都不是味儿了"，广告给人的感受是独一无二的。

有的公司将自己形容为"野狗"，喜欢招"不按套路走的人"，而王元元则将自己形容为"熊猫"，喜欢名校和有 4A 背景的人。"熊猫"意味着精英，在过去的国际公司环境中，中国人是被当作精英培养出来的。因此，王元元立志将 4A 公司的结构复制回国，开一家世界级的公司。所谓物以类聚，人以群分，作为"熊猫"的王元元希望能聚集更多的"熊猫"，让这些名校毕业、有国际视野并有野心的人一起做出一番事业。

自由而无用的灵魂

"自由而无用的灵魂"是王元元引以为傲的企业文化,自由就是 oookini 最大的个性。不同于其他公司有许多复杂拘谨的聚餐、内建,oookini 将一切化繁为简,放弃条条框框的束缚,给员工最大程度的自由感。一切流于形式的活动都被去掉,避免了上下级之间非工作时间交往的尴尬,员工的私人空间得到了尊重,故能以一种更舒服自在的方式工作及生活。公司对员工的出勤和作息也给予了最大程度的自由,考评员工的标准是工作完成的质量,而不是坐在办公室里的时间。

在这样"放飞自我"的办公环境中,员工需要有极高的自制力。虽然公司尊重了每个人的小圈子,但在协同合作时,大家需要齐心协力,否则会失去所有人对你的信任。公司的结构是扁平的,顶上是合伙人,下面是一群员工,没有老板,只有同事。在这种结构中,所有的要求都不是外力强加的,更多是靠一个人的自觉和能力。在共同完成任务时,谁付出得多,大家自然有目共睹。"能逃就逃"的懈怠者并不能在 oookini 生存下去。这种扁平的结构,看似自由,实则残酷。

这是一家非常低调的公司,在官网和微信公众号上都没有多少宣传,却能吸引到腾讯、耐克等大客户。王元元认为,广告人甘做黑衣人,oookini 成立以后也秉承了这样的原则,大家该注意的是客户和他的活动,而不是背后的广告公司。广告公司的声誉和影响力应该在客户之间口耳相传,而不是被消费者所知。公司并不担心不被了解,因为作品就是最好的宣传推广。

懂人心是一门重要学问

目前年轻人步入社会面临很多现实压力:房价上涨,毕业低薪的状态得不到解决,整个社会环境处于变动当中,谁都不知道什么时候会飞出一只"黑天鹅"来。在这样的情况下,个体会变得格外脆弱。在脆弱的时候,需要有外界的治愈力量,比如小确幸[1]。营销和传播的聪明之处就在于,人们缺少什么,他们就提供什么。当更高的物质需求没有办法满足,就只好去寻求自己能消费的快乐。一份好吃的外卖或许就成了拯救"丧人生"的契机。

因此，王元元提出 2017 年的营销词是"治愈"，这个经验其实来自 20 世纪 80 年代日本的经济泡沫破灭之时。当时的日本人生活状况很糟糕，房价跌，股票跌，很多人的工作没了，人生无望。如果留意当时日本的广告，就会发现清一色的是治愈系广告。在泡沫经济时期，广告也是极尽奢华之能事。当经济跌入谷底时，治愈系带来的小清新、小确幸则格外能抚慰人心。

◆背景介绍——20 世纪八九十年代的日本广告

80 年代：

日本某香槟广告画面

日本某调味品广告画面

从 20 世纪 80 年代的几个案例中，我们不难看出，日本泡沫经济时期的广告大多或采用精致奢侈的场景布置、华冠丽服的装扮，或采用夸张的拍摄手法，展现了日本年轻人的活力姿态，无不体现着生活水平的大幅提高、国民心态的乐观自信。

90 年代：

日本某拉面广告画面

日本某城市旅游广告画面

90 年代的两个案例是该时期治愈系广告的典型，画面的暖色调、温馨的场景布置、柔和的背景音乐无不体现着人文关怀与治愈性质，该类广告是针对经济泡沫破灭时期国民的普遍悲观心理而设计的。

广告不是一味的前瞻，而是要懂得观察人，读懂人心。消费者调研其实非常不可信，对广告人具有真正指导作用的是自己去观察生活是什么样子的。广告人需要及时获取社会上的各种信息，把自己的触角伸到社会的各个阶层里面去。

4A 体制的没落源自利益结构的僵化

近几年，有许多小型的创意公司开始崛起，但王元元并不认为传统的 4A 体制在没落。在 4A 的体系里面，它的利益结构一旦固化之后，很容易形成恶性循环。不干活的人越来越多，干活的人要养活的人也就越来越多。在这种状况下，这个体制就没办法运转下去了，因为它成本很高，反应速度也很慢。这时就需要进行改革，但改革如果是由这些既得利益者去发起的话是非常缓慢的，因此很多 4A 公司最后宁可倒闭也不会改自己身上的这些毛病。这时就会有一批新的公司崛起，最后取代这些老公司。但这不代表新的模式比老的先进多少，但至少新的整个利益结构更加清楚，所以也许再过三四十年或二三十年又有新的一批公司来取代它们。

相比其他许多从 4A 公司出来创业的广告人对 4A 体系的质疑，王元元表现出了全然不同的态度。王元元大学毕业之后就进入电通公司了，后来不管在雅酷广告公司还是在韦柯广告公司，他都被 4A 体系照顾得很好。他认为出问题的是 4A 的利益结构而非作业方式。当我们反思 4A 体制的没落时，不是说要反思这个体制有什么问题，而应该更多地反思它的利益结构的问题。

新载体、新技术的灵活应用

近十年来广告传播的载体在不断地进化，但最大的变化不在技术层面，真正需要我们去适应的是传播的去中心化，这才是这十年来传播环境变化的关键。过去我们传播信息需要通过权威媒体发布，但现在的传播渠道与手段非常多元，品牌和广告要如何生存是一个大问题。三四十年前商业广告刚恢复的时候，广告行业是和当时的传播机制相生相伴的。人们之所以会知道海飞丝能让"头屑去无踪，秀发更出众"，就是因为广告主只要投钱，就能通过权威的渠道达到自己的宣传目的。如今是广告直面消费者的时代，在这个时代里面变化的过程是很痛苦的，但是王元元相信，经风雨见世面之后的品牌才是真正强大的品牌。

oookini 一直在人工智能方面探索，致力于程序化创意。程序化创意，是指每个人看到同一创意时，这个创意的表现都是不同的。比如，两年前 oookini 跟豌豆荚合作时，对豌豆荚的下载量进行了算法分析。用户在豌豆荚下载 App，程序会把这个 App 的下载历史用算法做分类，分类完成之后，将每一类中的标签抓出来，这是第一步工作；第二步，找歌手阿肆写了一首歌，找编曲师给这首歌做了八种编曲方式，它可以是摇滚乐，可以是浩室音乐，可以是爵士乐等，与八种节奏排列组合，最后把它们两两之间做一个映射。用户的分类不同，他拿到的曲子是不一样的，从用户的下载历史当中撷取他最常用的那个 App 的提示铃音，放另一首歌当这首歌的配乐，最后用户就可以拿到一首与其他人拿到的完全不一样的歌曲。这首歌实际上会反映出用户的喜好。

这就是程序化创意的体现，每个用户都通过算法得到一个不一样的结果。这是王元元一直引以为傲的能力和创意方式，算法背后是挖掘用户深层需求和喜好的巨大空间。oookini 曾帮很多客户在这方面做尝试，比如淘宝的个性推荐或网易云音乐的音乐推荐。王元元形容，被推荐的东西在了解了用户是谁、喜欢什么、倾向什么之后，这个东西自己就能产生变化，变成用户想要的样子，就像为用户量身定制的一样。这就如同走进一个不可思议的酒吧，调酒师为每个人调制鸡尾酒。客人今天看过的新闻、买过的商品、听过的音乐都被放进了酒瓶，最后的鸡尾酒出现了专属分层——那些分层展现了客人的经历和体验过的一切。每个人都能端着属于自己的酒与他人社交，碰杯后就知道彼此的契合度是多少。程序化创意做的就是为用户调制鸡尾酒，并提供适合他们的交友建议。

◆背景介绍——今日头条

今日头条是一款基于数据挖掘的推荐引擎产品，它为用户推荐有价值的、个性化的信息，提供连接人与信息的新型服务，是国内移动互联网领域成长最快的产品之一。它由国内互联网创业者张一鸣于 2012 年 3 月创建，于 2012 年 8 月发布第一个版本，截至 2019 年 6 月底，今日头条月活跃用户数为 2.6 亿，日活跃用户数为 1.2 亿，单用户日均使用时长超过 76 分钟，日均启动次数 12 次。

◆背景介绍——程序化创意

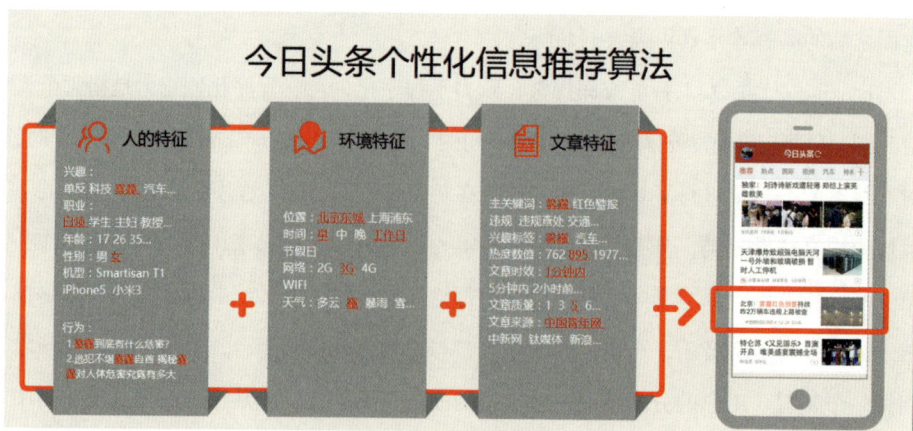

（图片来自智汇网）

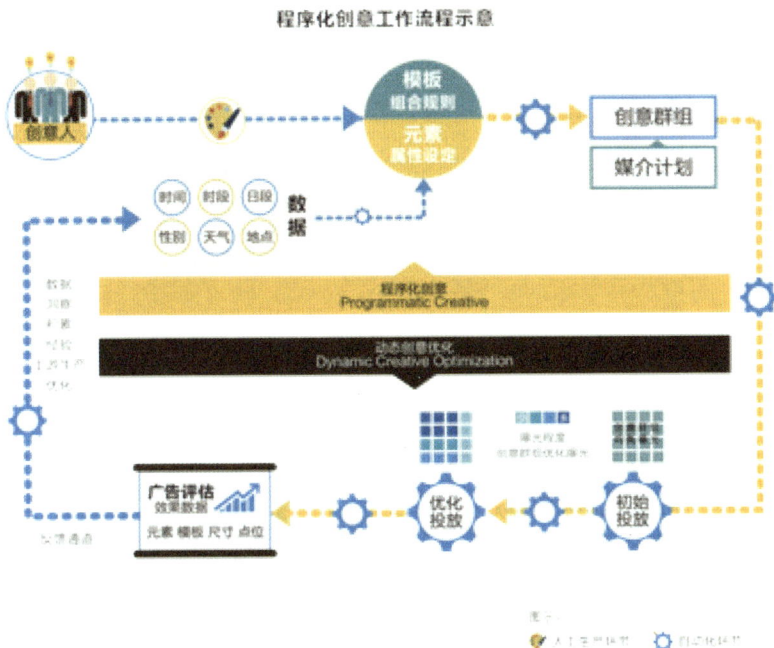

程序化创意工作流程示意

（图片来自百度百科）

程序化创意是一种由数据和算法驱动，通过对广告创意内容进行智能制作和创意优化，从而整合互联网创意产业上下游的技术。

程序化创意具有很多革命性的优点：

1. 规模上：实现"去中心化"的创意群组

2. 速度上：高效管理广告素材与投放物料，即时更新

3. 数据上：为创意生产到投放过程提供精细化支持

4. 协同上：让创意工作流程变得更有效和可控

◆背景介绍——豌豆荚"Remix Me"

2014 年 4 月 28 日，豌豆荚启动了全新的"Remix Me"跨界互动营销战役，活动请来独立音乐人炸鸡少女阿肆打造专属主题曲与虚拟大碟，并在草莓音乐节上有所披露，最后还请伦敦的动画团队制作了一支清新明快的创意 MV。活动上线之后立即得到大批歌迷网友的支持。

MV 中所展示的"炸鸡""来自星星的你""Flappy Bird"这些年轻人的娱乐潮流，无一不是从手机中流行，继而成为热门文化的。手机与娱乐的组合，已渗透到年轻人从起床、挤地铁、见朋友到睡觉的所有时间。为此，豌豆荚一改其在社交平台上的保守策略，以娱乐姿态进行移动互联网产品与网络流行音乐的跨界合作营销，将品牌营销寓于消费者生活习惯中。

豌豆荚 "Remix Me"

广告是可以被推到艺术高度的

2017 年 5 月，oookini 为 LINE 制作了一则广告。这则广告一直提醒着王元元，除了商人的一面，广告人也是艺术家，广告是可以达到艺术的高度的。说起广告人，有人就会想到营销和商人"唯利"的嘴脸，这是让人觉得无力的一点。广告主一直非常关心怎样让一块钱投入产出十块钱的效益来，他们大多是从这个视角去思考问题的，但 LINE 这个广告让王元元看到广告美好的那一面——广告是一门艺术。在为 LINE 制作的这个 TVC 中，在一个东京地下铁走道里，人来人往，黑压压一片，一束顶灯光忽然照在女孩的后脑勺上，她回头望向镜头方向。片子持续了 20 秒，整个构图非常精妙，是文艺复兴时代的构图思路，画面被人全部撑满，女孩背后被一束光照到，她在看谁在找她，然后出现广告语"万千人中找到你"，最后是 LINE 的广告语：爱与革新。这个片子看完让王元元感觉要落泪，它那种单纯的美感、纯美术的精妙构图和整个电影风格的把握，让王元元觉得广告还是可以做得很美的，广告可以成为艺术品。

◆背景介绍——LINE 东京广告

免费通话，免费短信，全天 24 小时，随时随地，免费享用无限制的通话和短信的全新交流工具——LINE。

愛と革新。
LINE MOBILE

https://mobile.line.me/

LINE 广告片剧照

LINE 由韩国互联网集团 NHN 的日本子公司 NHN Japan 推出，是一个起步较晚的通讯应用。广告中，拥挤阴暗的地铁站内，一束暖黄的灯光照在一位女子头上，她回过头看向光源方向，短短几十秒，有着巨大的视觉美感，内容与 LINE 的广告主题"万千人中找到你"相呼应，同时也凸显了"爱与革新"的广告语。

早年王元元在东京的时候，帮三得利乌龙茶拍过一个片子——"pure brown pure love"系列。三得利乌龙茶一直是使用中国演员在中国拍摄，那么如何在中国表现"pure"（纯净）呢？王元元选择在绿皮火车上拍摄：一对民工夫妇，女人拿出饭盒，里面是她做的饭菜，跟男人说"该吃饭了"，男人说"以后要是每天都能吃上你做的饭就好了"。外景是这列火车正在经过南京长江大桥，最后是广告语"加油，经过人生新的桥"。这个片子做出来的时候，王元元内心充满感动——广告是可以被推到艺术的高度的，它的感染力甚至是可以超过电影的。

（采访：樊嘉政 李继州 蔡雨伦 金在贤 施亦璟）

Chapter 16

成为有趣的人，做不安分的创意

——技能冷却（COOLDOWN）合伙人、首席执行官蔡萌

蔡萌，安索帕集团公司旗下社交创意公司维拉沃姆（Verawom-Linked by Isobar）的联合创始人，曾任公司执行创意总监。蔡萌自幼喜欢文学，并于 1999 年参加第二届新概念作文大赛，获得二等奖。毕业于青岛大学计算机系的他，早期做过程序员、设计师，并曾在大旗网创意部工作，正式投身广告行业则是参与创立维拉沃姆之后。也正因为背景的多元，他与团队打造了不少具有网感的精彩创意作品，代表作包括：六神"花露水的前世今生"、New Balance "致匠心"、红星美凯龙"爱木之心"、2016 年央视春晚公益广告"父亲的旅程"以及 2017 佰草集太极系列视频。

蔡萌先生的广告思想和维拉沃姆的广告案例，打破了广告固有的"框架"。"不像广告的广告"其实可能是一个真正的好广告。以夸张、感人、幽默为主的广告，可能使消费者买很多产品，促进销售，但正如蔡萌先生所说，广告不仅要促进销售，还要输出正确的价值观，只促进消费行为的广告可能是成功的广告，但不是好的广告。

蔡萌对中国目前的广告以及数字营销的前途有自己的判断。他认为评判一个时代的广告价值需要一个大的历史尺度，判断一则广告的价值也要有一个过程，往往是过了这段时期后才能判断该广告价值如何。蔡萌认为中国数字营销的前景目前很难预料，主要原因在于移动互联网的高速发展和消费者结构的快速变化。移动互联网特别是社交工具（例如微信）会给数字营销带来很大影响，尽快掌握新技术、能够预测趋势或具备不被别的公司模仿的优点，这才算是好的数字营销团队。另外，现代社会中，消费者的眼光越来越高，很多数字营销形式已越来越难以满足消费者，需要更多地进行创新探索。

关于什么是真正的广告人，蔡萌表达了他的意见：作为从事数字营销的人，不管喜不喜欢都要接触很多媒体、了解更多的资讯，因为局限于个人的喜好，是无法理解消费者心理的。从事广告业、数字营销业的人必须要真正理解目标受众。

找到消费者最想看的，品牌最想说的

维拉沃姆是中国领先的专注于社会化媒体营销的数字营销机构，成立于2006年，总部在中国上海。伴随WEB2.0的热潮，维拉沃姆整合网络社区、博客、社交网站、视频分享网站、搜索引擎、微博等媒介，运用视频、Flash、插件、图文等网民熟悉的创意形式，以专业的客户服务、项目执行管理、数据监测与分析、互联网营销策略咨询与事件策划，服务国内外优秀企业与品牌。目前服务对象涉母婴、汽车、数码、快速消费品、化妆品等行业，服务的世界500强品牌包括菲亚特、雅培、拜耳、LVMH、雪佛兰、百事、柯尼卡、美能达、诺基亚等，本土品牌包括上海家化之高夫与家安品牌、王品集团、东锦日加满与娇源品牌、永和大王、金士顿、PPG大师漆、统一、奇瑞等。

维拉沃姆平均每年销售额增长超过100%，目前拥有超过50人的专业创意、客户服务团队，以不制造虚假信息、不攻击竞争对手、为网民创造快乐以及坚守社会责任为公司准则，目前是口碑营销协会（WOMMA）中国会员。

蔡萌认为，维拉沃姆最大的优势在于同时理解消费者和品牌，这两端在其他公司看来可能不是最重要的，但维拉沃姆尊重消费者的智商，也尊重品牌想要的东西，寻求最好的平衡。维拉沃姆希望找到消费者最想看的，品牌最想说的，然后去寻找交集。这种交集会产生很好的效果，同时又非常有意义，这个意义不仅是今天有意义，可能到明天、明年都是有意义的。就像《致匠心》《更好的日常》一样，它们已经过去很多年，但仍然有存在的价值。

数字营销时代的"变"与"不变"

"新零售"使得营销的方法变得多元化。在蔡萌看来，大部分顾客的要求有两种：在线和离线。离线比如红星美凯龙，它希望更多的人来商场，更多的人到线下店里来参观。在线比如完全的电商平台，通过一个链接点过来，会有很明确的吸引消费者的东西，有很优惠的价格，点开立刻就能买了，这就是一种线上销售的模式。

新零售让这种可能变得更多，比如线上付钱但消费者可以到线下拿东西，或者在线上付了钱在线下收包裹，有各种各样的可能性。这个事情的好处就是让一些之前不能做的营销模式，可以发生一些变化，让营销的想象空间变得更大。

很多人都说数字营销是趋势，但蔡萌认为其实现在数字营销不是一个新的东西，因为中国互联网发展非常快，一切都在数字化，所以互联网行业其实已经变成一个传统行业。数字营销已经不能算是一个趋势了，每一个人都在这样做，现在大家比的是看谁做得更好，谁做得更超前，谁做得更不一样。所以中国数字营销的未来，其实在当下的这一刻很难看得清，很难猜到未来会变成什么样子。现在大家都觉得手机是核心，想让所有的东西都通过手机来完成，但是可能有一天，大家会觉得所有东西都在手机上面又非常无聊，还想要多元化，要有很丰富的体验，到时候可能就会一个一个地分散开。然后营销的形态随之也会发生变化。广告人的舞台就是这些吸引注意力的平台，再过个十年，也许舞台就变回了电视，这是说不定的。所以蔡萌觉得数字营销的趋势很难讲，这是一个有规律的不停变化的过程。但是去满足消费者想要的和品牌所要输出的，这个主题是永远不会变化的。

投放策略没有标准答案

如今数字营销投放费用向移动端倾斜，应该如何制定精确有效的跨屏投放策略？蔡萌觉得这个问题没有标准答案，因为每一种产品的消费者构成是不一样的。以年轻消费者为主的 App，毫无疑问肯定要以手机投放为主。如果说这个 App 是用来租房子的，针对的人群主要是白领，那就要在上班的人每天要经过的地方多投放一点。卖车的 App 又不一样了，买汽车的人不一定坐地铁，他们可能开车上班，那就要选择把钱花在电梯的屏幕上，手机可能仅仅作为补充，而且这样的人一般在手机上可能会看新闻，那么在新闻的 App 里面投放广告会更加有效。针对这一部分人，也可以在商务杂志，或者高铁、飞机上投放广告。

投放策略因每一个品牌、每一个产品以及它所处的阶段而完全不一样。比如可口可乐，每一个人都知道，所以它不需要去关注知名度的问题，只要它有新的产品就有新的号召。比如说可口可乐用了环保概念的瓶子，想要鼓励大家去买，只要去告知消费者这个信息即可。而且这个信息没有针对的人群，可能就应该选择电视这种所有人都能看到的媒体，这样的话不管消费者会不会看手机都能知道这个消息。

可口可乐"快乐重生"广告片

2014 年 12 月，可口可乐公司联合奥美中国在泰国和越南发起了"快乐重生"的活动。在活动中，可口可乐免费提供 16 种功能不同的瓶盖，只需将这些瓶盖拧到旧的可乐瓶上，就可以将瓶子变成各种各样的工具。

既销售商品，也销售价值观

在数字媒体时代，一则广告和创意好坏的衡量标准很难界定。比如《致匠心》是不像广告的广告，大家的脑海里有固定的广告样式，尤其是中国的广告。其实，现在几乎所有东西都没有固定的模式了。蔡萌相信韩国和日本都经历过这个阶段，都看过很傻的广告。现在广告越来越有意思了，有些广告大家可以连续看很久，甚至比电影、电视剧还好看。大家会学里面插入的歌曲、舞蹈。在这样的行业、这样的时代，一则好的广告可能更像一部好的电影、电视剧、小说。这些广告让大家可以有谈论、想象的空间，甚至还能从广告中得到有价值的内容。

《致匠心》是蔡萌和他的团队精心打造的代表作品，视频中出现两个男主角，一个是鞋匠，另一个是作曲人。然后在视频中交叉播放鞋匠造鞋子的镜头和作曲人亲手造一把吉他的镜头。之所以采用这种表现方式，蔡萌认为是因为造鞋子的动作和造吉他的动作很像，可给受众更深的印象。比如系鞋带的动作与系吉他弦的动作，加工皮革和刮木头等加工动作很像，所以在选了鞋匠和作曲家的同时，要强调他们一针一针地亲手加工的样子。这些镜头说明这则广告不仅仅要多卖鞋子，而且要告诉受众这是一个可信的品牌。

New Balance《致匠心》广告片

《致匠心》对蔡萌来说最有价值的地方，不在于卖很多鞋，这只是很基本的功能，更重要的意义在于，它教人们怎么去面对一辈子做一件事这种状态。不能说所有人的人生都要这样，但至少代表某一种可能性，在日本这种人可能很多，三百年一直做酱油，四百年一直做瓷器等。在中国这样的人越来越少了，但以前是很多的。如今大家都变得"我要快速地赚钱""我要快速地做大公司"等。以前时代的一些人特别踏实，花很长时间做某种事情，这是社会所需要的。但蔡萌认为，其实在高速变化的社会里，也需要很多人踏实地、默默地持续做一件事情。这种事情某种程度上能鼓舞很多人，给人以力量，可以让大家坚持做得更好。与其说这是好广告，倒不如说这是一个好短片，一个好的给人以积极能量的内容。其实，如果从专业方面来说，好的广告从来只有一个标准：销售。但是对蔡萌来说，这个销售不仅仅是销售商品，也是销售价值观。这个价值观植入消费者心里，会成为一种力量。

一个品牌既能卖商品，又能给价值观，而且这种价值观在相当长的时间内是保持一致的，那么这个品牌经过一段时间后，会收获很有价值的东西。当消费者看到这个品牌的时候，就能知道这是什么样的品牌。比如日本的富士相机，它卖的是一种对摄影的理解，回归摄影的本质。当消费者持续去理解的话，会发现相比佳能、尼康来说，富士是一个更懂摄影的品牌。这样就更能够产生心灵的沟通，使品牌变得有"人格"。品牌会有缺点，但不要紧，谁没有缺点？如同喜欢一个人，喜欢的原因并不在于他毫无缺点。所以如果要让一个品牌变得更美丽，传递的观点就要能够征服消费者，同时还能卖出商品，这就是一个完美的广告。

八分钟不是凭空想的，只能是八分钟

作为另外一个代表作，《更好的日常》这则广告有比较重要的一点：它针对的消费者年龄偏大。蔡萌认为，即使年轻人很喜欢看这则广告，也可能不会去买这个产品。所谓的"目标受众"不一样，这则广告针对的对象最起码三十岁以上，可能是三十到三十五岁，或者更大。他们已经有了家庭或者准备建立家庭，有了一定的经济储备，已经有了房子。他们准备装修，要构想自己未来的家。基于这样的情况，这个作品出现了。这则广告探讨的东西很简单。红星美凯龙是一个家具卖场，到底卖什么？卖的这个东西对顾客的人生有多大的影响？一把4000元的椅子和一把400元的其他卖场卖的椅子到底有什么区别？40000元的一把椅子跟这些又有什么区别？

质量好坏这是一个区别，但不是本质上的区别。深层的区别到底是什么？通过这个片子，蔡萌想告诉大家，很多时候去买很贵的东西，或者一个优秀设计师设计的东西，这个差异的部分其实是让你每天的生活变得好一点点。试想一下，椅子变得好一点点，床变得好一点点，桌子好了一点点，那么你的人生是不是变得好很多？每个一点点带来质的改变，生活比以前变得更好。但这个更好是哪来的？不可能换亲人，职业也不能随时选择，那生活怎么变得更好？就必须要通过日常这些东西：今天比昨天吃得更好，比昨天睡得更好，沙发比昨天坐得更舒服。这些部分都变得比昨天好了，生活肯定变得比昨天更好。这是非常简单的道理，但并不是所有人都明白。

蔡萌想通过这个片子，告诉消费者可以与坏的东西说再见，去买值得花钱的、优秀设计师设计的作品。它们有它们的价值，能使你的生活变得更好一点，所以这个作品的名字是"更好的日常"。它是一个需要消费者安静地、慢慢听的故事，所以八分钟不是凭空想的，只能是八分钟。五分钟太短，铺垫不够，它要缓缓地有一些打动人的场景。广告片的一开始非常平缓，然后慢慢地情绪起来，一点点地推上高潮。它必须要有这个过程，不可能只有后面高潮的部分，否则受众的情绪是不可能跟着广告走起来的。

红星美凯龙 30 周年品牌形象片《更好的日常》

当然，蔡萌并不认为广告一定要这么长，也不认为未来就会更长或更短，这都是不确定的事情，唯一确定的是消费者越来越聪明。他们看的东西越来越多，他们眼界越来越高。所以不管什么品牌，给消费者看的"背景"有什么区别，这其实和他们没有什么关系，消费者也不会因为这则广告片就花多少钱去买商品。对于消费者来说，背景不重要，重要的是这个东西本身到底是什么样子的，有没有触碰到消费者心理，以及如果把某一部分人群当成"目标受众"，那么有没有针对这部分人群说话。所以，卖家具的时候，要针对年龄大的人和收入比较高的人，采用他们喜欢的方式去跟他们说话。就好像音乐，年纪大的人喜欢听的音乐年轻人不一定喜欢，但不能说那个音乐就是不好的，当年轻人到了父母那个年纪很有可能也会喜欢那种音乐。

对蔡萌来说，不是所有大家喜欢的作品都是很令人满意的，它们也有缺陷。蔡萌表示，如果一定要说最满意的，可能《更好的日常》算一个。因为这种类型的广告很少，八分钟既不是一部电影，也不是一个传统意义上的广告片，它里面有人在说话，有不同的语言，很立体。广告片中甚至还有三个不同的段落，虽然它没有明确地切割开，但观众能明确地感受到。这则广告片讲了生活的方方面面，呈现了很多小人物的人生影子，它好的地方在于今天你看不进去，再过半年你可能就可以看进去了，再过几年你甚至可能更喜欢它。蔡萌请了日本很厉害的设计大师，他们都很喜欢这个片子，尤其在他们那个年纪会非常喜欢，这对蔡萌来说是非常大的认可。蔡萌认为他们都是自己设计上的启蒙老师，精神上的老师。这些大师写的书可以说是学设计必须研读的圣经，这个片子其实就是他作为学生的一个小小的课堂作业，而他得到了老师的认可。所以这对蔡萌来说是很开心的一件事情，也是蔡萌职业生涯里面的一个逗号，而不是句号，在这个基础上面可以继续下去，下次做出更好的东西。

好到别人不能轻易模仿

从王品台塑牛排《只款待心中最重要的人》的平面广告，到六神的一系列动画广告以及 2013 年的"美国是什么系列"，维拉沃姆都展现出了多变的创意。是什么样的动力驱使维拉沃姆不断地"走在第一个"？

王品台塑牛排：只款待心中最重要的人

王品台塑牛排是中国台湾地区知名企业台塑集团董事长王永庆先生招待贵宾的名菜，牛肉柔软嫩滑，牛筋爽口入味。2011年一系列温情而颇具创意的广告,树立了王品台塑牛排的最新品牌定位——只款待心中最重要的人。

蔡萌认为，他们只是做了一些不一样的，不同类型的东西，但是这些可能都是在所处的时代里比较拉风的东西。到底是什么原因促使维拉沃姆不断地改变，不断地去做这些尝试？可能对蔡萌来说，改变不是困难的，也不是痛苦的事情，反而是他最喜欢的事情。维拉沃姆跟那些很成熟的广告公司，比如说像电通这种百年品牌的广告公司相比，是非常新的。与那些非常资深的人去竞争，该怎么竞争？就得玩不一样。正是这个"不一样"形成了维拉沃姆最大的优势。但如果说发现市场对这个"不一样"的模式反应不错，那么当你第二次打这个牌的时候，"不一样"已经变成一样了。

这张牌打出去如果有效，那么其他人也能看到效果，也会迅速地更新。这在全球的任何市场都一样：当某种类型受欢迎，大家都做类似的东西，不管是产品、广告，还是电影、电视，都一样。所以一旦维拉沃姆看到了一个东西的很多效果，会立刻觉得这个是危险信号，不能再做类似的事情，只能换一种方式。或者还是用一样的方式，但比之前的更好，好到别人不能轻易地模仿。这是维拉沃姆主动要去做的一件事情，生存使然。当然这是客观的原因，主观上，蔡萌认为作为这家公司的创始人，作为创意的领导，他自己是特别不喜欢做一样东西的人。

可能对大家来说，一直做不同的东西可能很累，但对蔡萌来说，让他一直做一样的东西会很痛苦，会让他觉得自己不再年轻。这种感觉不是生命上的，而是心理上的。年轻人感兴趣的东西，喜欢玩的东西，他也喜欢玩，也觉得很好玩。所以维拉沃姆时刻都想做一些不一样的东西，不跟其他同行比，就是跟自己比，跟之前做的东西比，就这么简单。

要不停地"输入"，才有"输出"的欲望

关于平时如何积累广告的灵感和创意，蔡萌认为首先要看很多的广告，要去了解世界上最好的一些品牌，比如苹果、耐克这些品牌，看它们每天都在做些什么。除此之外，还要去看一些基础的东西，比如书、话剧、舞台剧、电影、国产电视剧、日剧、韩剧、美剧，听音乐等。不同类型的、喜欢的、不喜欢的都要看，都要听。不做创意的人只要去看自己感兴趣的东西就可以了，但是做创意的人不喜欢的东西也要看，否

韩国流行组合 bigbang

BIGBANG（빅뱅），韩国男子演唱组合，现以 G-DRAGON（权志龙）、T.O.P（崔胜铉）、TAEYANG（东永裴）、DAESUNG（姜大声）四名成员的组成形式展开活动，组合原成员 SEUNGRI（李胜贤）于 2019 年 3 月退出。[1]

则所有的东西就只是重复自己而已，根本就不可能去考虑别人在想什么。蔡萌自己会去看 bigbang 的每个 mv，因为必须要知道年轻人喜欢的点在哪里。看的东西多了，以后就会有很多素材可以用，会有很多思路。这些东西可以帮助广告人知道流行的趋势，帮助他们找到一些灵感。

蔡萌认为，优秀的创意人会为了自己所热爱的东西付出很多的时间，然后会有一样东西是他们特别喜欢的。他们可以付出任何代价去追求这个爱好。他们的兴趣爱好非常广泛，这种对于爱好的追逐使得他们可以永远保持年轻的心态，保持一种开放的心态。这种开放的心态或者说热情，让他们确保在拥有自我的同时，也能容纳其他的东西，这是非常非常重要的。

创意其实还有分类，复制品和艺术品。在数字营销领域里面，复制品和艺术品的施展舞台会变得更多元化。数字营销的载体不仅仅是手机，现在流行的 VR、AR，还有一些辅助的设备，通通都是数字创意人的舞台。如何在这些多样的舞台里创造自

---

1. 百度百科，《BIGBANG》，https://baike.baidu.com/item/BIGBANG/4232373?fr=aladdin。

己的价值？想在这些领域内体现自己的价值，创意人本身就得很喜欢这些领域，得有研究，有想法，有表达的欲望。

一个人得有表达的欲望，这是非常重要的。不仅仅是广告创意人，其实对于任何一个创造者，比如画家、摄影师、导演、小说家，他们都是需要表达的，甚至可以说最重要的东西就是表达的欲望，就是"我想说些什么"。表达必须建立在有大量的"输入"基础上，然后才会有"输出"的欲望。所以必须时刻保持"输出"的欲望，如果有一天不想说了，什么东西都不想表达，那就不可能成为一个好的创意人。

做商业的作品和做个人的作品是没有办法完全分离开的，商业作品里面一定有"个人"因素，一定有个人想要表达的东西。创意人只是找到商业和"个人"的交集，没法打动自己的东西肯定没法打动别人。所以好的创意人要不停地去"吃"更多的东西，各种各样的，喜欢的不喜欢的，让自己时刻有很多的话想说，时刻有很多的东西想要去分享。就像经历了一次全球的旅行，旅行者一定会迫不及待地把自己所有的朋友都拉过来，说一说在路上遇到的奇怪的人和事。有一段非常非常美妙的经历，特别想把这件事说给大家听，这就是创意人所需要的。要把心里面奇奇怪怪的东西透过作品说出来，然后变成非常非常吸引人的东西。

对当下商业社会趋势保持敏锐的洞察

应对数字营销趋势，蔡萌认为对于在校学生来说，最重要的是去了解这个行业当下的商业形态处于什么阶段，以及发生了什么变化。比如说，现在广告公司最大的竞争对手是自媒体，例如微信上的大号，对于广告主来说，某种程度上这些公众号也是广告公司。他们有渠道，有创造内容的能力，收很高的费用，也有很好的效果。他们有的会拍视频，会写文章，会画漫画，会做动画。这个现象其实是这一两年迅速发展起来的，是当下在商业上、在传播情景上的一个重要标志，对这种趋势的了解是要持续进行的。到了明年，它们也许就不流行了。所以在校学生一定要对当下商业社会趋势保持很敏锐的洞察，知道它们在干什么。

另外一个层面，对人们的生活，比如年轻人在看什么、玩什么、读什么、想什么、为什么，这些也需要去了解。比如吴亦凡、鹿晗、TFBOYS、SNH48 这些流量明星很红，又是受什么文化的影响？还有大家都在玩的手机游戏，比如王者荣耀，为什么这些游戏会红，为什么有些游戏不仅在中国红还可在国外上市推广？这些东西都是广告人，或者做传播的人需要去关注的。因为广告人研究的是注意力经济，即消费者的注意力在哪里，就要去研究什么，如此才能去创造吸引消费者注意力的广告。所以广告这个行业就是在研究什么东西火，什么东西在吸引关注以及为什么，去寻找规律，去创造符合消费者和品牌想法的东西。这是不变的法则，不管流行怎么变化，这个规律是不变的。建议多看一些行业的网站、杂志，用媒体的力量把当下的动态结合在一起，获得第一手资讯。

热爱一个东西，并且把它发展到极致

在蔡萌看来，数字营销这个行业对人的要求是很复杂的。其实并不需要在广告方面或者营销方面有多么的专业，更重要的是从业者至少要有一项特别擅长的东西。比如特别擅长喝酒，对全世界各地的酒都非常了解；或者说特别喜欢化妆品，对亚洲的、欧美的各种不同流派的化妆品都非常了解，甚至精深到可以拍教程跟大家去分享。如果能在某一个方面特别了解和精通，就能够把这种能力复制到其他地方，这个能力是非常重要的。因为在研究一个具体领域的时候，你就能知道消费者真正在意的是什么。比如说面对的消费者是一群很爱喝酒的人，想写一段文案打动他们，让他们去买一个新的酒，你就可以立刻去判断这是不是一个好的文案。因为只有本身擅长喝酒的人，才知道什么样的文案对于喝酒的人来说是有吸引力的。反过来说，要一个爱喝酒的人写一个化妆品文案，就不好办了，因为根本不懂。因此，至少要很懂一个行业，知道消费者的内心在想什么，从这一点出发，就可以去征服他们，让他们产生购买行为。

蔡萌认为，他需要的人才就是真的有一项爱好，并且把这项热爱发展到极致。他鼓励所有人发挥自己的想象力和热情去追求自己喜欢的东西，这种热爱不仅对维拉沃姆，对其他一些有个性的公司来说，都是受欢迎的。广告的专业知识其实很容易学，可能只需要三个月，但是想深入地喜欢一种东西，对一种东西有见解有钻研，这可能需要三年。

从计算机专业到广告行业的偶然与必然

蔡萌毕业于青岛大学计算机系，并不是毕业以后立刻就进入了广告行业，在中间也做了很多其他的工作，做过设计师，也做过程序员。蔡萌认为，其实他以前不知道能有什么样的方式可以让自己的各种各样的爱好全部都发挥出来，也不知道自己可以做广告。

蔡萌在 2007 年来到上海之前，有 4 年的时间在青岛工作。那个时候的他对广告业没有概念，也不知道将来有一天会从事这个行业。他更多的是觉得自己作为计算机专业人士，那么就要做相关的东西，比如程序、设计。但蔡萌是一个特别喜欢写东西的人，创造力旺盛，上高中的时候就参加比赛，那个时候和他一起参加比赛的人就有韩寒，韩寒后来当了导演，也是一个赛车手。

后来蔡萌开始写自己的博客，上传照片。直到一个很偶然的机会，一个只见过一次的朋友，告诉蔡萌上海有一个工作的机会，也是做设计，其薪水比青岛高，问他有没有兴趣来感受一下。蔡萌同意了，上海毕竟是一个更大的舞台，这之后他就在上海住了下来，开始工作。

介绍的工作只做了一年，朋友又叫蔡萌去别的公司，说那家公司做的是另外一件事情，蔡萌应该会更感兴趣，那件事情就是广告。那个时候的蔡萌，对广告其实毫无了解，但是朋友对他说，广告业可以把你喜欢的东西都用上。蔡萌一听觉得可能会有新的可能性，就接受了，慢慢地进入了广告这个行业。算是从一个旁门进来，然后对广告这个世界开始有所了解。

蔡萌的师傅是日本电通的创意总监。蔡萌认为，她教会了自己广告的一些基本的东西。她告诉蔡萌创意是很末端的，创意能决定的事情其实很少很少。她让蔡萌正视这一点，说不要以为创意好就能解决所有的问题，事实并不是这样的。创意前面还有策略，还要梳理客户的需求，要有对消费者的洞察，一切的前提是对商品、对品牌、对消费者的理解。把前面这些问题都解决了之后，创意再出来帮忙。创意相当于最后的射门，前面的那些传球、控球都不是创意能决定的。那个时候蔡萌才明白，一方面要把创意做好，另一方面则要去了解前面那些事情，要知道球是怎么传的。所以之后蔡萌在做创意的同时，也学会去了解前面那些过程，了解消费者的心理，了解策略是怎么一回事，了解怎么从一个品牌出发，然后形成最后的作品。广告作品应该是什么样子，讲什么样的话，这不是拍脑袋就能拍出来的，它必须有一个很严密的逻辑，而这个严密的逻辑蔡萌慢慢了解了。

可能因为蔡萌是学计算机的，曾经也写过程序，所以知道任何一个东西它不会是偶然的，都是一步一步走过来的。计算机专业对于蔡萌做广告这行最大的好处在于，会让蔡萌确保让自己的创意更加正确，在正确的范围以内选择最不一样的路。

（采访：林　峻　后藤留美　宋荣根）

图书在版编目（CIP）数据

全媒时代的品牌智造：超4A大咖数字营销思想录 /
张殿元, 肖广胜编著. 一 上海：东方出版中心, 2021.2
ISBN 978-7-5473-1765-5

Ⅰ.①全… Ⅱ.①张… ②肖… Ⅲ.①广告－策划
Ⅳ.①F713.81

中国版本图书馆CIP数据核字（2020）第271355号

复旦大学国家文化创新研究中心资助
复旦大学新闻学院一流学科项目支持

全媒时代的品牌智造——超4A大咖数字营销思想录

编　　著　张殿元　肖广胜
责任编辑　朱荣所
装帧设计　钟　颖

出版发行　东方出版中心有限公司
地　　址　上海市仙霞路345号
邮政编码　200336
电　　话　021-62417400
印 刷 者　上海盛通时代印刷有限公司

开　　本　720mm×1000mm　1/16
印　　张　18.75
字　　数　302千字
版　　次　2021年5月第1版
印　　次　2021年5月第1次印刷
定　　价　78.00元